DEDICATORIAS

En primer lugar, dedico la presente tesis doctoral a mi esposa e hijas, quienes se mantuvieron siempre firme a mi lado brindándome su apoyo incondicional en la consecución de este objetivo académico.

¡¡¡Gracias por su paciencia!!!

A mis abuelos, *Contralmirante ® Rafael B. Richardson Lightbourne, Armada de República Dominicana* y el *Mayor General ® Rafael E. Hernández Beato, Ejército de República Dominicana*, quienes fueron una fuente de inspiración en soñar vestir con orgullo y adornar con prestigio el uniforme militar. Se convirtieron en una pieza clave en la formación de mí persona, al heredar de ellos como el mejor de los tesoros que un hijo puede obtener de un padre su gran ejemplo de dignidad, humildad, valores inquebrantables, buenas costumbres, lealtad, disciplina, perseverancia, responsabilidad y amor al prójimo.

A mi abuela Ramona de Hernández, a quien le estaré eternamente agradecido por todo lo que me ha dado, y que el resultado de lo que soy como persona, se lo debo a su dedicación y empeño.

A mi madre María Isabel y mis hermanos (Héctor, Rafael Miguel y Rafael Emilio) por ser parte esencial de mi historia, por su apoyo silencioso y su amor constante. Cada uno, a su manera, ha contribuido a que este libro sea una realidad.

A la memoria de todas aquellas personas que fueron parte esencial en mi vida y que, de alguna manera u otra, contribuyeron en mi formación para forjar en mí la disciplina que me permitió conquistar este gran paso.

AGRADECIMIENTOS

A mi tutor, Dr. Giraldo León Rodríguez. Por su paciencia, confianza, y el desprendimiento de sus conocimientos y experiencias para ayudarme a obtener este logro.

A todos los amigos verdaderos que nunca dejaron de brindarme una palabra de aliento, contribuyendo a que nunca desmayara en la conquista de este nuevo peldaño en mi vida como profesional.

A todas aquellas personas que han confiado siempre en mí.

PRÓLOGO

En tiempos donde la educación enfrenta desafíos sin precedentes, surge la imperiosa necesidad de repensar la escuela primaria como el cimiento de una sociedad más preparada, equitativa y visionaria. Este libro es el resultado de esa urgencia: una invitación a transformar nuestras aulas en espacios vivos, interactivos y profundamente conectados con las realidades del siglo XXI.

No es una obra teórica más. Aquí se conjugan la experiencia de campo, la investigación aplicada y la convicción de que la tecnología —cuando se emplea con propósito pedagógico— puede ser una poderosa aliada en la formación integral de calidad de los estudiantes del siglo 21.

Desde las escuelas primarias de la República Dominicana, se propone un modelo que no solo responde a las particularidades de este contexto, sino que también ofrece un marco adaptable a otras realidades latinoamericanas y globales.

El lector encontrará una ruta clara para integrar las Tecnologías de la Información y la Comunicación (TIC) en el proceso enseñanza-aprendizaje, con estrategias viables, reflexiones honestas y propuestas que nacen del terreno, no de la teoría aislada. Este libro es, sobre todo, una herramienta para el cambio: un puente entre la educación tradicional y la innovación necesaria.

Está dirigido a docentes que sueñan con clases más significativas, a directores que desean liderar con visión, a investigadores en busca de propuestas transformadoras, y a cualquier persona que crea en el poder de la educación como motor de desarrollo.

Si alguna vez has querido saber cómo se transforma realmente una escuela desde adentro, con tecnología, compromiso y visión, este libro es para ti.

-El Autor-

ÍNDICE

LISTA DE TABLAS

LISTA DE GRÁFICAS

SIGLAS Y ACRÓNIMOS

EAC   Enseñanza Asistida por Computador

EAI   Enseñanza Asistida por Internet

EAR   Enseñanza Asistida por Radio

EAT   Enseñanza Asistida por Televisión

ISTE   International Society for Technology Education (Sociedad Internacional de Tecnología en la Educación)

LLECE   Laboratorio Latinoamericano de Evaluación de la Calidad de la Educación.

MINERD   Ministerio de Educación de República Dominicana.

MSDO   Municipio de Santo Domingo Oeste.

OCDE   Organización para la Cooperación y el Desarrollo Económico.

ONE   Oficina Nacional de Estadísticas.

PISA   Programme for International Student Assessment (Programa Internacional de Evaluación de Estudiantes).

TERCE   Tercer Estudio Regional de la Calidad de la Educación.

TIC   Tecnologías de la Información y Comunicación.

UNESCO   United Nations Educational, Scientific and Cultural Organization (Organización de las Naciones Unidas para la Educación, la Ciencia y la Cultura).

UNICEF   United Nations International Children´s Emergency Funds (Fondos de las Naciones Unidas para la Infancia).

CAPÍTULO I. INTRODUCCIÓN

Los organismos mundiales, regionales y locales, cuyo objetivo es velar por la calidad de la educación del mundo, desde finales del siglo pasado y principio del presente siglo, han reconocido la importancia que juega el uso de las Tecnologías de la Información y Comunicación (TIC) en la educación, como herramientas idóneas para crear un entorno en el aula que permita desarrollar en el individuo las competencias exigidas en el presente.

De acuerdo a Ortiz y Peña (2019, p.6), señala que de acuerdo al estándar ISTE, entre las principales habilidades que el estudiante del presente siglo debe tener están el pensamiento crítico, la solución de problemas, toma de decisiones, la creatividad e innovación, la comunicación y la colaboración, para que este pueda insertarse de manera productiva en la sociedad, y que de manera colateral se logre reducir la pobreza, lograr el fortalecimiento económico de los países, mediante una educación inclusiva cuyo objetivo es de edificar un desarrollo sostenible en cada nación.

Vistas las diferentes teorías de aprendizaje, que de acuerdo a varios estudios (UNESCO, 2004, pp. 28-34; Woolkfolk, 2006), entre las más importantes figuran la teoría sociocultural de Vygotsky, la del aprendizaje estudiada por Piaget, el aprendizaje basado en problemas, entre otras; donde el individuo construye el conocimiento, de acuerdo a las teorías, principalmente por la interacción social, los aprendizajes basados en experiencia y su relación con los demás, especialmente en los entornos que le facilitan el aprendizaje.

Es por tal razón, que varios autores han señalado (Graells, 2012, p.7; Domingo y Fuentes, 2010, p. 171) lo siguiente:

> Las TIC pueden ser utilizadas como instrumentos indispensables en el proceso de enseñanza / aprendizaje como fuente de información multimedia, ayudan a fomentar el pensamiento crítico y la resolución de problemas, también sirven como canal de comunicación, entorno de trabajo colaborativo, como medio didáctico, en la gestión escolar, con la finalidad de crear nuevos escenarios formativos, en donde los estudiantes puedan desarrollarse.

De acuerdo a Sunkel y Trucco (2010), una de las expectativas centrales que ha acompañado la incorporación de las TIC en el sistema escolar de la región de América Latina y el Caribe, es su impacto en la sociedad, indicando estos autores lo siguiente:

> Las TIC contribuyen a los procesos de integración social, lo que posibilita la reducción de la falta de accesos (o brechas) principalmente de aquellos sectores de la población de escasos recursos a una educación de calidad, y que a través de las herramientas tecnológicas vinculadas al proceso de enseñanza / aprendizaje en escuelas públicas, se aperturan las oportunidades a estos individuos para que puedan insertarse de manera productiva en el aparato productivo de su nación.

Así también opinan Trucco y Espejo (2013) cuando señalan que las TIC suponen reducir la brecha digital, aunque añaden, que este proceso ha creado lo que llaman una "superposición de brechas", dado que se ha tenido un avance considerable en cuanto al acceso a las tecnologías, sin embargo, se han creado otras brechas como, por ejemplo, la desigualdad de capacidades de los beneficios para hacer un buen uso al acceso de las TIC para desarrollar las competencias del individuo.

Por lo que el autor de esta investigación es de opinión que, aunque el uso de estas herramientas viene a resolver una necesidad en el aula, la complejidad de su implementación en los entornos de aprendizaje tributa a una problemática que resolver, principalmente en los países de América Latina y el Caribe (ALyC), carentes de los recursos necesarios y la planificación de estos, que este proceso un tanto complejo conlleva.

Esto hace que UNESCO estableciera una serie de elementos (identificación de las políticas y visión que exista en el país, planes de estudios y sistema de evaluación, pedagogía, uso de TIC, organización y administración del sistema escolar y formación profesional del docente) que han dado al traste con diversas propuestas de estándares que facilitaran el proceso de integración de las tecnologías en el aula, así como también, instrumentos e indicadores para medir la madurez (o estado de avance) del proceso mismo.

En ese sentido, en América Latina y el Caribe (ALyC), se han desarrollado varios estudios, cuya finalidad fue la de medir el estado de avance de la integración de las TIC en el aula, para establecer un diagnóstico por cada uno de los países de la región de acuerdo a los planes de acciones desarrollados por UNESCO.

Como antecedente de gran importancia a la actual investigación, el autor de la misma en el capítulo de las investigaciones previas, analiza un estudio llevado a cabo por UNESCO (2013a), en donde se realizó un diagnóstico del estado de situación (o avance) de los planes de acciones de integración de las TIC en el aula, en donde los países de la región, luego de los resultados publicados por UNESCO del diagnóstico realizado, iniciaron una serie de acciones para dar respuesta a los planes establecidos, y en el caso del país objeto de esta investigación, posteriormente, se aplicaron mediciones internas por parte de las entidades encargadas de velar por la educación, como lo es el caso de los estudios llevados a cabo por el Ministerio de Educación de República Dominicana (MINERD, 2016c; 2016d; 2016e), para medir el avance en base a los esfuerzos realizados.

En ambos estudios, tanto en el nacional como en el internacional, según el análisis realizado por el autor de esta investigación, la República Dominicana obtuvo resultados muy pobres en las diferentes categorías medidas, y esos resultados se ven evidenciados en los diferentes estudios de medición del nivel de calidad de educación, en donde el país ha obtenido los peores lugares en las calificaciones obtenidas (en lectura, matemáticas y ciencias) como lo son las pruebas LLECE que miden el nivel de competencia de los estudiantes en tercer y sexto grado de primaria, y en las pruebas PISA[1] para estudiantes que están próximo a salir del bachillerato, así como en los estudios del índice competitividad llevados a cabo por el Foro Económico Mundial (2014; 2015; 2016ª; 2017).

En ese sentido, a pesar de los esfuerzos que ha realizado el Estado Dominicano en inversión en educación e implementación de herramientas tecnológicas en el aula, según el presupuesto de inversión realizado que, de acuerdo al criterio del autor de esta investigación basado en un análisis realizado, este esfuerzo no ha sido suficiente para

---

[1] Programa Internacional para la Evaluación de Estudiantes o Informe PISA (por sus siglas en inglés: Programme For International Student Assessment).

lograr el proceso, ni tampoco, ha surtido los efectos esperados en lo relacionado al nivel de calidad de la educación.

Por lo tanto, la presente investigación se inscribe en ese contexto, en donde el autor de la misma dirige todo su accionar, en identificar cómo potenciar el proceso de integración de las TIC en la educación primaria en escuelas públicas de República Dominicana, con la finalidad de resolver la problemática del estancamiento en que se encuentra el proceso de incorporación, que de alguna manera ha empeorado la situación de la educación en la nación.

Visto y analizado todo lo anterior, una de las principales justificaciones de esta investigación consiste, en proveer una herramienta que permita, primero, realizar un diagnóstico del estado actual en que se encuentra el proceso de integración de las TIC en las escuelas públicas, y segundo, establecer su perfil tecnológico mediante los resultados obtenidos.

Finalmente, que se pueda realizar la debida planificación sustentada en una metodología en gestión de proyectos, del tiempo y los recursos necesarios, así como también, de metodologías existentes para el gobierno de tecnologías de la información, sustentada la herramienta en los elementos como políticas, competencias, metodologías, etc., para garantizar dar respuesta a la problemática planteada, en particular, en la educación primaria en escuelas públicas del Municipio de Santo Domingo Oeste (MSDO), caso de estudio de esta investigación.

Para lograr lo anteriormente planteado, la metodología utilizada para llevar a cabo esta investigación fue la *no experimental*, bajo un *enfoque mixto*, tomando como *prioridad o peso* el método cuantitativo, y el método cualitativo fue utilizado como un elemento de validación descriptivo de los datos.

Asimismo, para dar respuesta a las preguntas que nacen del problema identificado, a través de los objetivos formulados que se persiguen lograr en esta investigación, fue necesario llevar el desarrollo de esta, con una estructura de siete (7) capítulos los cuales se detalla su contenido brevemente a continuación.

En un *primer capítulo* se desarrolla su introducción.

En un *segundo capítulo* se describen los ejes sobre lo que se fundamenta la investigación.

En el *tercer capítulo*, se hace una revisión de la literatura que permite describir todo lo que envuelve el uso de las TIC en el proceso de enseñanza / aprendizaje, objeto de estudio de esta investigación.

En el *cuarto capítulo* se presentan otras investigaciones precedentes que ayudan a fortalecer la revisión de la literatura realizada e ir teniendo un referente del estado de situación del proceso de integración de las TIC en el aula en la educación primaria en escuelas públicas de República Dominicana.

En el *quinto capítulo*, se presenta el *diseño metodológico* utilizado para el desarrollo de esta investigación.

El *sexto capítulo* se divide en dos partes, en donde en una primera parte, se exponen los resultados de la aplicación del instrumento para la recogida de datos, su interpretación, y se establece el *perfil tecnológico* de las escuelas tomadas como muestras del Municipio de Santo Domingo Oeste, objeto de estudio de esta investigación; en la segunda parte, se describe la *fundamentación teórica* del modelo propuesto para potenciar la integración de las TIC en la educación primaria en escuelas públicas de República Dominicana.

Por último, en el *séptimo capítulo*, se presentan las conclusiones y limitaciones basadas en los resultados obtenidos, y se recomiendan estrategias fundamentales a seguir para potenciar la integración de las TIC en la educación primaria en escuelas públicas de República Dominicana.

Finalmente, como una limitante para lograr el desarrollo de la investigación, se puede citar las particularidades políticas que envuelven el sistema de educación público de República Dominicana, entre estas, el control de acceso a las escuelas públicas y, la necesidad de que el MINERD y la Asociación Dominicana de Profesores (ADP) puedan ponerse de acuerdo en temas relacionados a la actual investigación para que el proceso pueda ser más viable.

CAPÍTULO II. PLANTEAMIENTO DE LA INVESTIGACIÓN

2.1 Justificación

Para el año 1997, Puryear, hacía un análisis crítico del estado de situación de la educación en América Latina. Entre los problemas y desafíos imperantes, señala el autor el de la desigualdad, indicando que los sistemas educativos de la región son notoriamente desiguales. Puryear indicó que "las personas de escasos recursos están concentradas en las escuelas públicas, y que la gran mayoría no pasa más allá de este nivel, el cual lo enmarca como de baja calidad" (p. 10).

Puryear (1997, p. 10) fundamenta su posición cuando define el sistema educativo como "un sistema profundamente segmentado, en donde la clase pobre recibe una educación abiertamente inferior a la que reciben las clases sociales superiores". También añade que, los niveles socioeconómicos inferiores (de escasos recursos), cuando permanecen en la escuela tienden a aprender menos. Esto es un factor que incide a que el nivel de avance de conocimiento entre los estudiantes de primaria está directamente relacionado al nivel de ingresos de sus familiares.

En la actualidad, en los países de la región de Latinoamérica, la realidad sigue siendo prácticamente la misma respecto a la desigualdad en el contexto educativo, y la República Dominicana no escapa a la situación. Es por ello que UNESCO, tratando de apalancar la situación negativa que resulta de estas desigualdades sociales, inició el proceso de integración de las TIC en la educación a través de objetivos y metas mundiales cuyo impacto es analizado con el desarrollo de esta investigación, pero que como principal objetivo para lograr la calidad de la educación se encuentra la inclusión del uso de las Tecnologías de la Información y Comunicación (TIC) en el proceso de enseñanza / aprendizaje para garantizar la igualdad, erradicar la deserción, la equidad del acceso, entre otros factores.

De acuerdo a UNICEF (s/f), los principales problemas en la República Dominicana en cuanto a lograr un mejor nivel de calidad de la educación se señalan:

La baja cobertura, la no culminación, la sobre edad y la repitencia escolar. De acuerdo al análisis realizado por la entidad, la provincia Santo Domingo que es la

6

principal entre las del país, tiene un 49.7% de cobertura en educación. Un 19.3% de los alumnos, posee una mayor edad a la estipulada para el nivel educativo que cursa. Un 5.5% de los estudiantes a nivel nacional abandonan definitivamente la educación media, lo que limita considerablemente sus posibilidades de desarrollarse en el aparato productivo de la nación, lo que incrementa el nivel de pobreza dado que esos individuos difícilmente puedan tener las posibilidades de tener un empleo que les garantice una vida digna. Asimismo, con relación al nivel de calidad educativa y el rendimiento académico, el análisis arroja que los estudiantes de la República Dominicana tienen un nivel bajo. Las pruebas nacionales[2] impartidas a estudiantes de término del sistema escolar, y que están expresadas en una puntuación de 0 a 30 puntos, arrojan en promedio resultados deficientes en todas las asignaturas evaluadas, donde en lengua española se obtiene en promedio 18.21 puntos, en matemáticas 16.48, en ciencias sociales 17.62 y en ciencias naturales 16.48. El rendimiento global de los estudiantes es de 38.29 puntos en las (4) áreas académicas, donde el referente mínimo para su promoción es de 70 puntos.

De acuerdo a lo analizado por el autor de esta investigación, la currícula de educación de la República Dominicana no posee un atractivo en su contenido acorde a las exigencias del presente siglo, siendo esto uno de los principales inconvenientes de que en el proceso de enseñanza y aprendizaje se pueda tener una respuesta para que los estudiantes puedan desarrollar las competencias que le permitan insertarse de manera productiva en la sociedad, lo que va reduciendo su interés por el estudio, y es lo que provoca la no permanencia en el aula y la falta de motivación de la reinserción de aquellos estudiantes que ya han desertado.

En el mismo sentido de lo anteriormente expuesto, según la ONE (2010), el mayor índice de deserción escolar se da en un 37.5% a nivel básico, porcentaje cuatro veces mayor que el promedio en Latinoamérica. El 8.4% de quienes concluyen este nivel, deciden no seguir estudiando la educación media. De igual manera, existe un 25.7% de estudiantes entre los grupos de edades de 5 a 14 años que no asiste a la escuela.

---

[2] Pruebas para optar por el título de bachiller.

De acuerdo al Observatorio de Políticas Sociales y Desarrollo (OPSD), existe una alta correlación entre las variables de desempeño escolar, pobreza, marginalidad, estructura familiar y alimentación en lo que respecta a la deserción escolar por parte del individuo en la República Dominicana (2017, p. 4). En ese sentido, el Estado Dominicano ha tenido que hacer una gran inversión en programas de políticas públicas para apalancar esta situación, y aunque se ha reducido el nivel de deserción escolar de un 4.6% en el año 2010, a un 2.6% al año 2015, sigue siendo de gran dificultad reducir la deserción dado que el 38% de los hogares del país son monoparentales, situación que causa inestabilidad emocional en los niños y jóvenes, factores que salen fuera del contexto de la educación y que se hace complejo el control de los mismos (pp. 8-9).

Sin embargo, es de opinión del autor de esta investigación, que el principal problema para la deserción del estudiante y que también al finalizar el ciclo escolar el individuo no haya desarrollado las competencias necesarias, independientemente de todos los factores psicosociales expuestos, sigue siendo el contenido de las clases. En ese mismo sentido el OPSD (2017, p. 8) lo señala cuando se refiere al estudio "*Alerta Joven*", cuya razón principal para el abandono de la escuela es el problema del aburrimiento. Un 18.3% de los jóvenes que han tenido conflicto con la ley y que han abandonado la escuela la justificación dada fue por encontrar la escuela o las clases aburridas, es decir, falta de motivación e incentivo en el entorno del aula.

Siendo los factores que hasta ahora han sido señalados, como las situaciones que no han sido resueltas y que han llegado a un nivel crítico para lograr el avance de la sociedad dominicana, se convierten estos en la razón elemental para que la República Dominicana, iniciara el intento de integrar de alguna manera las TIC en su sistema educativo como herramienta idónea en el proceso de enseñanza / aprendizaje para la construcción del conocimiento, así como también las competencias que debe de adquirir el individuo del Siglo XXI desde su formación inicial, y que este pueda insertarse de manera beneficiosa en el aparato productivo buscando mitigar el amplio margen de la desigualdad, en especial, de la calidad en el contexto de educación.

En ese sentido, de acuerdo a Díaz, Maldonado y Peña (2019, p. 32), los ambientes educativos tienen que adaptarse al ritmo de avance que llevan las sociedades, y en ese mismo contexto, a la manera de cómo las personas tienen acceso al conocimiento, razón por la cual el uso de las TIC en ambientes pedagógico ayuda a renovar la metodología de enseñanza / aprendizaje a través de este medio.

En ese mismo sentido opinan Garrido y García (2016), cuando se refieren a la interacción TIC y educación, cuando señalan que en la sociedad del presente siglo el uso de la tecnología ha tenido un rol protagónico y que, esto ha obligado a que, la educación se haya visto obligada a adecuar su entorno para poder gestionar el proceso de enseñanza y aprendizaje apoyado en el uso de las TIC (p. 136).

En su documento de políticas, el Ministerio de Educación (MINERD, 2013, p.11) cita los principales proyectos llevados a cabo para promocionar la integración TIC en educación, entre los que están el Programa de Informática Educativa (PIE) en el cual se instalaron 324 laboratorios de informática; el proyecto de conexión de internet por parábola VSAT[3], implementado en un total de 311 centros educativos en el 1999; el Proyecto de Aulas Virtuales para la Enseñanza (AVE), el cual dotó de 90 centros tecnológicos con 10 computadores para formación docente con el programa "Maestro Conectado" y la enseñanza de estudiantes, ejecutado en el 2001, entre otros.

Sin embargo, de acuerdo a UNESCO (2013a), la integración de las TIC en la educación en República Dominicana ha sido insuficiente para lograr el objetivo deseado, de acuerdo a los datos arrojados por el estudio, en cuanto a la metodología de enseñanza asistida por computador, las políticas de integración de las TIC, la infraestructura, entre otros factores.

Esto ha dado al traste con un notable incremento de los niveles de las desigualdades sociales, de la brecha digital, y de los niveles de competencias del individuo, siendo estas las principales causales del mayor agravante del que padece la sociedad del país hoy día, que es el alto nivel de la inseguridad ciudadana, producto del incremento constante de la delincuencia que generan esos jóvenes que se han convertido en desertores del sistema de educación. Y es que la educación misma ha llegado a unos niveles alarmantes en lo que respecta a su calidad.

---

[3] Very Small Aperture Terminal - terminal de apertura muy pequeña.

Buscando contrarrestar lo anteriormente señalado, la Presidencia de la República Dominicana inició un ambicioso programa que procura reducir la brecha digital entre sus estudiantes, a través de la entrega de un computador a cada uno de ellos y de crear acceso a la conectividad. Este programa es llamado República Digital en Educación.

Sin embargo, a pesar de este gran esfuerzo del gobierno, la realidad en las escuelas públicas ha sido otra en cuanto al avance de la integración de las TIC en el proceso de enseñanza y aprendizaje. Esto posiblemente solo ha ayudado a apalancar la variable de equipamiento, pero no ha dado al traste con los resultados positivos esperados respecto a mejorar la calidad de la educación.

En ese sentido, surge la pregunta, ¿qué ha pasado en todo el proceso que no ha podido ser lograda la integración de las TIC en la educación en República Dominicana al año 2018? Para encontrar la respuesta a esta pregunta el autor de esta tesis hace una reflexión sobre lo que señala Kozna (2008) el cual declara que, para hacer sostenible la incorporación de las TIC en la educación, este proceso debe de realizarse a través de políticas estratégicas que generen planes de acciones razonables, mediante un conjunto de metas que incentiven a todos los actores de la sociedad a propiciar el cambio en la educación primaria en escuelas públicas de República Dominicana.

El autor de la presente investigación es de opinión de que en la República Dominicana se han llevado a cabo proyectos particulares, liderados o no por el Estado Dominicano, con la finalidad de integrar las TIC en la educación, pero estos han estado desprovistos desde su concepción de un modelo que esté debidamente encauzado hacia la incorporación de las TIC en el sector educativo de manera sostenible que es lo que le ha faltado posiblemente al MINERD como principal ejecutor del Estado Dominicano en este tipo de iniciativas de educación.

Por lo anterior, la presente investigación se enfocó en hacer un diagnóstico del estado de situación del proceso de integración de las TIC en el Municipio de Santo Domingo Oeste (SDO), con la finalidad de diseñar un modelo que permita potenciar el proceso de integración bajo el enfoque de gestión de proyectos, que aunque la incorporación de las TIC en el proceso de enseñanza / aprendizaje ha sido una tarea compleja para el Estado

Dominicano, se pretende arrojar a través de este estudio aportes que ayuden a lograr las transformaciones necesarias en el sistema de educación de la República Dominicana.

Asimismo se procura que, los cambios logrados a través del aporte de esta investigación, tributen en la reducción de las brechas y desigualdades existentes en la nación, principalmente la brecha digital, mitigando así la brecha generacional que ha causado que el individuo de la sociedad dominicana no logre ser parte del aparato productivo del país por la falta de competencias que le permitan escalar en cuanto a las conquistas deseadas (principalmente económicas), y cambiar la imagen de que la educación no es un medio capaz o un entorno atractivo para reducir la pobreza de la nación.

Con lo anteriormente dicho, y tomando en consideración los criterios definidos por Hernández, Fernández y Baptista (2014, p.40), la presente investigación se justifica por lo siguiente:

Se pretende, con esta investigación, hacer un análisis crítico del proceso de integración de las TIC en la educación de República Dominicana, con la finalidad de identificar las insuficiencias del proceso y establecer políticas que permitan potenciarlo mediante métodos y técnicas científicas, como *conveniencia* de realizar la investigación.

La *relevancia social* de esta investigación es la de favorecer la comunidad estudiantil de República Dominicana, logrando su inclusión social al facilitarles herramientas tecnológicas que les ayudarán en la construcción del conocimiento en el proceso de enseñanza y aprendizaje, como ayuda a la mitigación de la deserción escolar y reducir el nivel de pobreza de la República Dominicana.

En el aspecto *socioeconómico* con esta investigación se pretende contribuir en la eficiencia y eficacia con que el Ministerio de Educación aplica los recursos destinados por el Estado Dominicano al proceso de integración de las TIC en la educación, lo cual permitirá fortalecer la calidad de la educación, y al mismo tiempo, el sistema económico del país.

La *implicación práctica* es la de aportar soluciones, a través del modelo a proponer, que ayuden a potenciar la integración deseada.

El *valor teórico* de esta investigación consiste en el análisis de estándares y metodologías existentes que favorecen la integración TIC en la educación, e identificar el que mejor se acoge a la República Dominicana. Esto permitió la conceptualización y sistematización de un modelo que potencie el proceso de integración.

La *utilidad metodológica* de esta investigación se refleja en las experiencias y buenas prácticas resultantes del diseño y validación del modelo elaborado, y su posible generalización en otras áreas del país. Para lograr el deseado modelo, será elaborado un instrumento de recogida de datos *ad hoc* que permita realizar un mejor análisis de los datos. No solo identificará el estado en que se encuentra la adopción de tecnología escolar en la educación de República Dominicana, creará también un perfil tecnológico de los centros educativos en las diferentes dimensiones establecidas por el estándar y la metodología adoptada. Esto tributa a que exista una mejor planificación en los recursos destinados a educación.

2.2 Problema de la investigación

Ha sido consideración de muchos autores, incluyendo el de la presente investigación, que con la llegada del presente siglo cargado de nuevos paradigmas en la industria y comercio mundial, gracias al fenómeno de la globalización, los cuales han estado estrechamente relacionados a los avances tecnológicos que han estado sucediendo a gran velocidad, las sociedades del mundo que no desean estancarse, tendrán que sustentar su aparato productivo en el uso de las herramientas tecnológicas que les permitirán mantener su competitividad. Por tal razón, los individuos que componen las sociedades y que no tengan las competencias necesarias exigidas hoy en día, no podrán insertarse de manera productiva en la sociedad del presente siglo.

Es así como nace al final del siglo pasado y principios del presente, uno de los temas de mayor importancia en la agenda de la Organización de las Naciones Unidas para la Educación, la Ciencia y la Cultura (UNESCO)[4] en la actualidad, "la educación del siglo XXI", ya que de acuerdo a esta entidad mundial "la educación transforma vidas al

---

[4] Por sus siglas en inglés.

consolidar la paz, erradicar la pobreza e impulsar el desarrollo sostenible". Para lograr este objetivo, UNESCO promociona la integración de las TIC en educación, ya que estas herramientas contribuyen al acceso universal de la educación, la enseñanza y aprendizaje de calidad.

Países como Finlandia que, de acuerdo al Foro Económico Mundial (2017), ocupa el primer lugar en cuanto a calidad de su sistema de educación primaria, han logrado este gran avance gracias a la integración del uso de las TIC en el proceso de enseñanza / aprendizaje. Asimismo, en América Latina y el Caribe, países como Costa Rica, cuyo índice de calidad de educación lo posiciona entre los primeros en la región y No. 36 del mundo, se debe en gran parte a la inclusión de las TIC como una de las principales herramientas y recursos en el aprendizaje desde el año 1988 (Gómez y Quesada, 2005).

Sin embargo, la inclusión de las TIC en la educación de República Dominicana ha sido un proceso con bastantes insuficiencias, principalmente la presencia de estas herramientas en el proceso de enseñanza y aprendizaje, de acuerdo a Cabrera, Valadez y Pichardo (2014). También añaden, que la falta de capacitación a docentes para su uso y aplicación en el aula es otro de los inconvenientes fundamentales a la problemática.

Murillo y Román (2014), señalan como alarmante que "el 71% de las escuelas públicas en República Dominicana no cuentan con ninguna computadora; apenas el 17% de estos centros tiene computadoras para el uso del maestro, y que el 52% de los estudiantes afirma no utilizar equipos y herramientas tecnológicas".

Así mismo señalan Murillo y Román (2014) que:

Los datos empeoran cuando se miden las cantidades de computadoras con conectividad a internet, lo que resulta en una importante desigualdad e inequidad de acuerdo a la ubicación y el nivel socioeconómico de la escuela. También añaden, que apenas el 2.29% de los docentes de sexto de primaria en República Dominicana hacen uso de las computadoras en la escuela en el proceso de enseñanza y aprendizaje, cifra totalmente pírrica, en donde el promedio en los países de América Latina y el Caribe es de 25.16% el cual tampoco representa una cantidad muy satisfactoria del nivel en que se encuentra el uso de estas herramientas en la región.

Esto queda claramente evidenciado en el análisis regional de la integración de las TIC en la educación y de la aptitud digital realizado por UNESCO (2013). Esta encuesta fue utilizada para medir el nivel de integración de las TIC en la educación en América Latina y el Caribe, y salvo algunas excepciones, los datos obtenidos denotaron un pobre nivel de avance en los países de la región, especialmente en República Dominicana, que obtuvo puntajes alarmantes imposibilitando el acceso y la construcción de conocimientos en los estudiantes.

Esta imposibilidad de llevar a cabo una efectiva integración de las herramientas tecnológicas en el aula ha dado al traste con los pésimos resultados obtenidos por la República Dominicana en los diferentes sistemas de medición tanto internacionales como de la región de América Latina y el Caribe, quedando posicionada, por ejemplo, en el Tercer Estudio Comparativo Regional (TERCE) con las peores calificaciones en las ciencias básicas (superando solamente a Nicaragua), así como también, en el Programa Internacional de Evaluación de Estudiantes (PISA) donde quedó el país en el último lugar entre los países evaluados.

Estas mediciones analizan diferentes variables, entre ellas el nivel socioeconómico del individuo, el uso que hace o no del computador con relación al resultado del nivel de aprendizaje que vaya adquiriendo para determinar qué tan positivo o negativo es el uso de los recursos tecnológicos en el proceso enseñanza / aprendizaje.

En el caso particular de República Dominicana, se determinó que el 40.7% de la población encuestada está por debajo de la línea de la pobreza. Esto indica que el rendimiento del estudiante a través del uso del computador está fuertemente correlacionado a su nivel socioeconómico, lo que crea una gran diferencia entre el logro de los estudiantes que usan o no el computador, antes y después de considerar o no el nivel socioeconómico.

Por lo tanto, dada la precariedad del uso de herramientas tecnológicas para desarrollar las competencias requeridas en el estudiante de cara al siglo XXI, estos resultaron con un bajo rendimiento en ciencias, poca motivación para aprenderlas, un alto porcentaje de variación en el rendimiento en ciencias explicado por el estatus socioeconómico. Esto, de acuerdo a la opinión del autor de esta investigación, incrementa el nivel de deserción escolar en la República Dominicana por la situación de frustración que esto genera en los estudiantes.

De acuerdo a la Organización de Cooperación para el Desarrollo Económico (OCDE), en las pruebas PISA del año 2015, un 70.7% de los estudiantes de República Dominicana tiene un bajo rendimiento en ciencias, lectura y matemáticas.

De acuerdo a De La Rosa (2015), quien señala lo alarmante de la situación de la educación de la República Dominicana a nivel de calidad de la educación, cuando señala que esta se sitúa en la posición 146 de 148 países a nivel mundial, aunque anteriormente, se posicionaba en el último lugar.

Considerando todo lo anterior, esta investigación se enfoca en responder la siguiente interrogante: **¿Cómo potenciar la integración de las TIC en apoyo al proceso de enseñanza / aprendizaje de la educación primaria de las escuelas públicas del Municipio de Santo Domingo Oeste (SDO) en República Dominicana?**

2.3 Preguntas de investigación

Considerando el autor de esta investigación el problema de este estudio, y teniendo claro que la integración de las TIC incrementa la competitividad de la gestión educativa para globalizar criterios y estándares, se considera de vital importancia dar respuesta a las siguientes interrogantes:

1) ¿Cuáles son las bases conceptuales que sustentan la integración de las TIC en la educación primaria a nivel mundial y regional?

2) ¿Qué situación enfrenta la integración de las TIC en la educación primaria de las escuelas públicas del Municipio de Santo Domingo Oeste en la República Dominicana?

3) ¿Cuáles son los componentes e interacciones de un modelo, soportado en la gestión de proyectos, que permitirían potenciar la integración de las TIC en la educación primaria de escuelas públicas del Municipio de SDO en República Dominicana?

4) ¿Cuáles son las fases, acciones, métodos y herramientas de unas instrucciones metodológicas que permitan lograr la implementación del modelo propuesto?

5) ¿Cumple el modelo propuesto y sus instrucciones metodológicas con los requerimientos necesarios para potenciar la integración de las TIC en la educación primaria de escuelas públicas del Municipio de SDO en República Dominicana?

2.4 Objetivos

a) *General*

Diseñar un modelo y las instrucciones metodológicas para su implementación, que categorice cada escuela pública dentro de un perfil tecnológico, para llevar a cabo la planificación estratégica que permita potenciar la integración de las TIC en apoyo al proceso de enseñanza / aprendizaje de la educación primaria en escuelas públicas del Municipio de Santo Domingo Oeste en República Dominicana.

b) *Específicos*

1. Establecer los fundamentos y referentes teóricos-metodológicos sobre la integración de las TIC en la educación primaria a nivel mundial y regional.

2. Diagnosticar la situación actual de la integración de las TIC en la educación primaria en las escuelas públicas del Municipio de Santo Domingo Oeste en República Dominicana.

3. Establecer las componentes de un modelo y las iteraciones de las mismas que permitan potenciar la integración de las TIC en la educación primaria de las escuelas públicas del Municipio de Santo Domingo Oeste en República Dominicana.

4. Elaborar un esquema de instrucciones metodológicas para la implementación del modelo propuesto, así como la definición de los indicadores para medir el avance del proceso.

5. Validar el modelo y las instrucciones metodológicas para su implementación propuestos.

CAPÍTULO III. REVISIÓN DE LA LITERATURA

En la presente investigación se realizó un estudio de cómo potenciar la integración de las TIC en la educación primaria del Municipio de Santo Domingo Oeste, el cual estuvo basado en la importancia del uso de las TIC en el siglo XXI, analizando las diferentes teorías del aprendizaje, para poder evaluar y ponderar cómo tributa el uso de las TIC en la educación infantil.

Esto permitió tener un mejor enfoque de lo que persiguen los diferentes convenios y planes de acciones mundiales que buscan fortalecer la calidad de la educación integrando las TIC en el proceso, los estándares internacionales que procuran las competencias TIC en el aula, las pruebas de medición del nivel de calidad de educación en las que participa la República Dominicana y el estado de avance en lo que respecta a la adecuación de los entornos educativos para hacer viable la incorporación del uso de las TIC en el sistema de educación.

El análisis de todos estos elementos permitió elaborar un diagnóstico de todo el entorno educativo para poder diseñar un modelo que permita potenciar la integración de estas herramientas en las aulas del sistema de educación público de República Dominicana.

De acuerdo a Quijano y Fernando (2016) las TIC representan "*...una amplia gama de servicios, aplicaciones y tecnologías, que utilizan diversos tipos de equipos y de programas informáticos, y que a menudo se transmiten a través de las redes de telecomunicaciones*" (p 24).

De acuerdo a UNESCO (s/f) en su artículo las TIC en la educación, considera que estas herramientas tecnológicas ayudan a lograr un acceso universal de la educación, al mismo tiempo que mejoran la igualdad y la calidad de la misma.

Lapeyre (2016) las define mediante tres perspectivas, que son "según la función, según el origen y según la experiencia (p. 8)". De acuerdo a este autor "según la función son una serie de recursos y herramientas tecnológicas utilizadas, de acuerdo a este autor, con la finalidad de manipular y comunicar información" (p. 9).

También añade que de acuerdo al origen las TIC pueden ser definidas como "*sistemas y aplicaciones empleados para gestionar la información y comunicarnos adecuándose a los diversos contextos en que se interviene"* (p. 10). Por último, según la experiencia, las define como *"entorno en que las personas realizan actividades, es decir, es el conjunto de espacios virtuales de interacción humana"* (p. 11).

3.1 Las TIC y la educación del Siglo XXI

En un mundo regido por la globalización, el uso de las TIC ha permitido cambiar o mejorar procesos industriales que han sido optimizados gracias a su uso, lo que ha permitido acelerar el desarrollo de la competitividad de las economías del mundo, gracias al intercambio de la información necesaria que se realiza en todas las actividades que este fenómeno económico envuelve, incluyendo cambios drásticos pero positivos en bien de la sociedad.

Zorraquino y Alejandre (2009, p. 111) señalan lo siguiente:

> La escuela, como agente educativo que es, debe utilizar todas estas Tecnologías de la Información y la Comunicación (TIC) para formar y preparar a sus alumnos. Así, cuando llegue el momento de que estos se integren como miembros activos de la sociedad, tener la preparación suficiente, no sólo para incorporarse a ella, sino para ser capaces de modificarla de forma positiva y crítica. Las instituciones educativas deben ser abiertas y flexibles a los avances que se produzcan en la sociedad, para introducirlos y adaptarlos a las necesidades de los alumnos.

Esto ha incidido en que se tome en consideración en las instituciones educativas el rediseño del contenido académico en búsqueda de garantizar que el ser humano desde la niñez vaya adquiriendo, durante el proceso de aprendizaje, todas las competencias y destrezas requeridas hoy en día.

Tal como indican Aragón y Jiménez (2009, p. 2) que para inicios del Siglo XXI el modelo educativo tradicional no forjaría en los educandos las competencias que iba a requerir la sociedad a partir de este nuevo siglo, ya que a raíz de la globalización las necesidades de la sociedad habían cambiado.

A partir de lo analizado puede plantearse que, con la llegada del nuevo milenio, este iba a demandar un conjunto de habilidades y competencias en las personas para poder desenvolverse en sociedad. Entre las principales se identifican las siguientes:

Pensamiento crítico, resolución de problemas, razonamiento, análisis, interpretación y sintetización de la información, habilidades y prácticas para la investigación, creatividad, imaginación, curiosidad, innovación, perseverancia, planeación, disciplina, adaptabilidad e iniciativa, comunicación oral y escrita, liderazgo, fomento del trabajo en equipo, colaboración, facilidad en el uso de los espacios virtuales, alfabetismo en el dominio de tecnologías de la información y comunicación, media e internet. Análisis e interpretación de datos, programación de computadoras, conocedores del razonamiento científico, conocedores de economía y finanzas, conocedores del medio ambiente y el eco sistema para su preservación, conocedores de la salud y el bienestar, esto incluye la nutrición, dieta, ejercicio, salud pública. (Ananiadou y Claro, 2009)

Conocidas las competencias que deben de ser desarrolladas en el individuo en el Siglo XXI encontramos estudios que opinan lo siguiente:

Lo que importa para conseguir un adecuado desempeño en la economía actual no es tanto el conocimiento que poseen los agentes y organizaciones en un momento determinado, sino sobre todo la capacidad de aprender, desaprender y adaptarse. En consecuencia, el aprendizaje continuo y la habilidad para desarrollar nuevas competencias adquieren un papel de relevancia sustantiva. En este contexto, las tecnologías de información y comunicación se convierten en dispositivos facilitadores y articuladores de muchas de las tareas que debe llevar a cabo un profesional del siglo XXI. Un uso estratégico y a la vez crítico de las

TIC, así como del conocimiento, ha de perfilarse como un eje transversal en los proyectos educativos de nuestros días (Lundvall, 1999, p. 299 citado por Cobo, 2009).

En ese mismo sentido el autor de esta investigación es del criterio de que en adición a lo que indican estos autores, debemos de agregar que las necesidades de la sociedad que ellos indican están directamente asociadas a un mundo empoderado por el uso de las TIC en todos los entornos sociales, lo que permite el acceso a medios de informaciones bastante amplios y acelerados por las diferentes fuentes de consumo que se facilitan a través de herramientas, asunto el cual no permite tener la misma velocidad en el modelo tradicional educativo lo que resulta en una reducción considerable en el estímulo que deben de tener los estudiantes en cuanto a la búsqueda del conocimiento se refiere, dando al traste con una deplorable calidad en dicho sector.

En ese sentido, UNESCO (s/f), refiere que la educación permite hacer viable la erradicación de la pobreza y el desarrollo sostenible. Es por esta razón, que esta entidad considera la educación "como un derecho para todos, a lo largo de toda la vida, y que el acceso a la instrucción debe ir acompañado de la calidad".

Según Aguerrondo (2017), la calidad de la educación se mediría a partir del nuevo siglo basada en el desarrollo en los niños(as) de las siguientes competencias: Lectura y escritura, matemáticas y resolución de problemas, expresión escrita, capacidad en el desenvolvimiento en el entorno social, capacidad a emitir / recibir juicios críticos, capacidad al trabajo en equipo, capacidad al manejo de la información.

La nueva concepción de adquirir el conocimiento ha pasado de un modelo orientado a la enseñanza cuya figura central era el maestro y el alumno era una figura pasiva, a un modelo basado en el aprendizaje cuya figura central es el alumno que pasa a ser un ente activo en la búsqueda y construcción del conocimiento. Esta concepción tiene sus fundamentos en diversas investigaciones que se han realizado respecto a las teorías del aprendizaje y cómo las TIC son utilizadas como herramientas que permiten desarrollar las competencias necesarias a desarrollar en el niño.

Mora (2004) considera lo siguiente:

El modelo pedagógico sustentado en el profesor como transmisor de conocimientos debe ser sustituido por otro en el que el alumno se convierta en el agente activo del proceso de aprendizaje, que deberá seguir manteniendo durante toda su vida. La función del profesor será la de dirigir y entrenar al estudiante en ese proceso de aprendizaje. (p. 25)

Visto todo lo anterior, es necesario analizar las ventajas / desventajas que ofrecen el uso de las TIC en la educación, y para esto es necesario fundamentar cualquier criterio analizando previamente las diferentes teorías de aprendizaje y las que prevalecen como las más destacadas en el mundo de hoy.

3.2 Teorías del aprendizaje

Existen diversas teorías del aprendizaje cuyos fundamentos hacen viable la tesis de la incorporación del uso de las TIC en la educación con el fin de servir como herramientas de apoyo para desarrollar las competencias y habilidades que estas teorías sostienen.

Pozo, en el 1989, señalaba la transición del dominio de la psicología conductista, (la cual se sustentaba como base fundamental en el proceso de enseñanza / aprendizaje por un reflejo condicionado, es decir, que toda respuesta de un individuo debía estar estrechamente asociada al estímulo que la provocaba) al dominio de la psicología cognitiva, que estaba basada esencialmente en el proceso de la información, es decir, la analogía entre el funcionamiento de la mente humana y los computadores digitales.

La llegada del cognitivismo, ayuda a fortalecer la entrada del constructivismo como explicación filosófica acerca de la naturaleza del aprendizaje, donde el individuo no solo se centraría en analizar el procesamiento de la información, sino que pasaría a ser un individuo activo en la construcción de su conocimiento, incluyendo más información o modificando la adquirida a través de sus experiencias.

Varios estudios (UNESCO, 2004, 28-34; Woolfolk, 2006; Shunk, 2012; Almenara y Cejudo, 2015; Villarini, 2016) muestran las teorías más importantes, entre las que definen:

El *aprendizaje conductista* que estudia el comportamiento observable, y considera al entorno como un conjunto de estímulos y respuestas, y el aprendizaje se percibe como la modificación de la conducta, y el *aprendizaje cognitivo* que, está basado en la construcción del conocimiento en el individuo al recibir las experiencias y entendimiento mediante la interacción con los docentes y sus iguales, y luego de construir su propia estructura del saber las comparte con otros en su entorno educativo.

También está el *constructivismo,* "que es una perspectiva psicológica que sostiene que las personas construyen gran parte de lo que aprenden y comprenden. Los más destacados el estudio de esta teoría son Piaget y Vygotsky". (Bruning et al., 2004, citado por Shunk, 2012, p. 229)

Villarini (2016) señala, que las perspectivas constructivistas del aprendizaje están fundamentadas en las investigaciones de Piaget, Vigotsky, Barlett y Bruner. De igual manera indica, que el constructivismo es el modelo que enfatiza el papel activo del aprendiz en la construcción de su propio conocimiento y en darle sentido a la información que este procesa.

Teoría del aprendizaje estudiada por Piaget

El autor de esta investigación es del criterio de que, muchos identifican a Piaget como uno de los principales fundadores de la teoría constructivista, ya que su teoría plantea que en el proceso de aprendizaje el individuo debe destacarse por ser un ente activo, con la capacidad de construir y resolver problemas. Piaget sustentaba su convicción sobre la base de que el desarrollo cognitivo es primariamente habilidades matemáticas y lógicas.

Según Piaget, el desarrollo cognoscitivo del individuo depende de cuatro factores: la madurez biológica, la experiencia con el ambiente físico, la experiencia con el entorno social y el equilibrio, en donde el equilibrio es la fuerza central y motivadora detrás del desarrollo cognoscitivo, debido a que coordina las acciones de los otros tres factores, permitiendo que haya congruencia entre las estructuras mentales internas y la realidad ambiental externa.

Tabla 01
Etapas del Desarrollo Cognoscitivo de Piaget

ETAPAS	Rango de edad aproximado (años)
Sensoriomotriz	Nacimiento – 2
Preoperacional	2 a 7
Operacional concreta	7 a 11
Operacional formal	11 en adelante

Nota. Recreado a partir de Shunk (2012, p. 237)

Como resultado de sus investigaciones, Piaget concluyó que el desarrollo cognoscitivo de los niños seguía una secuencia fija (ver Tabla 01).

Según Shunk (2012), en la etapa *sensoriomotriz* las acciones de los niños van orientadas a hacer un intento para entender el mundo.

Asimismo, indica que, en la etapa *preoperacional* los niños son capaces de imaginar el futuro y de reflexionar acerca del pasado, aunque su percepción permanece más orientada al presente. El niño aún no puede pensar en más de una dimensión. También muestran dificultad para distinguir entre la fantasía y la realidad (Shunk, 2012).

En la etapa de *operaciones concretas*, gracias a la formación que recibe el niño en la escuela como elemento fundamental en la construcción del conocimiento, el niño tiene un marcado crecimiento cognoscitivo.

En la etapa de *operaciones formales* el individuo amplía el pensamiento operacional concreto. Los niños no se enfocan en lo tangible, sino que tienen la capacidad de pensar en situaciones hipotéticas. Las capacidades de pensamiento mejoran y los niños son capaces de pensar en varias dimensiones.

Según Byrnes (1996), las etapas de Piaget han sido criticadas en diversos aspectos, en especial, en que los niños con frecuencia captan ideas y son capaces de realizar operaciones más pronto de lo planteado por Piaget. Otro problema, indica este autor, es que el desarrollo cognoscitivo en las diferentes áreas no suele ser similar. Sin embargo, como un marco de referencia general para educadores, las etapas tienden a describir los patrones de pensamientos que tienden a ocurrir en el niño. (citado por Shunk, 2012, p. 238)

La *teoría sociocultural de Vygotsky*

Esta teoría está basada en que la interacción social juega un rol fundamental en el desarrollo del conocimiento. En este sentido el aprendizaje colaborativo, el uso del discurso, estrategias para apoyar el conocimiento intelectual y las habilidades de los alumnos, son parte de las características que facilitan tener los entornos socialmente ricos que se requieren para explorar los diferentes campos del conocimiento.

De acuerdo a Tudge y Scrimsher (2003), la teoría de Vygotsky destaca la interacción de los factores interpersonales (sociales), los que tienen que ver con factores históricos – culturales y los individuales como la clave del desarrollo del individuo. (citado por Shunk, 2012, p. 242)

De acuerdo a Meece (2002), las principales ideas de la teoría de Vygotsky refieren lo siguiente: Las interacciones sociales son fundamentales, ya que el conocimiento se construye entre dos o más personas; la auto regulación se desarrolla mediante la internalización de las acciones y de las operaciones mentales que ocurren en las interacciones sociales; el desarrollo humano ocurre a través de la transmisión cultural del uso de diversas herramientas (lenguaje y símbolos); señala el lenguaje como la herramienta más importante, y su uso a través del discurso; y que la Zona de Desarrollo Próximo (ZDP) es la diferencia entre lo que los niños pueden hacer por sí mismo y lo que pueden hacer con ayuda de otros. (citado por Shunk, 2012, p. 243)

Las teorías del procesamiento de la información, de acuerdo a Shuell (1986) se enfocan en la manera en que las personas observan los fenómenos (o eventos) que ocurren en el ambiente, codifican esta información con los nuevos aprendizajes, la relacionan con los conocimientos que ya tienen en memoria, y almacenan el nuevo conocimiento en la memoria, recuperándolo en la medida en que lo necesiten. (citado por Shunk, 2012, p. 164)

Villarini (2016) resalta la importancia de la Teoría de Vygotsky, señalando que:

En la República Dominicana se implementa el enfoque de competencias a través de los cambios e innovaciones que se realizan en el currículo", por lo tanto, desde el nivel inicial se pueden ver esas transformaciones educativas en el aula cuando en los niños de cero a seis años se evidencian las transformaciones a través de las relaciones socio culturales de estos, en aspectos de la comprensión, análisis e interpretación y aceptación por parte del docente de la fundamentación teórica de Vygotsky.

Es por tal razón que, el aula es el entorno en donde se sustenta la teoría socio cultural del científico constructivista, la cual Villarini (2016) sustenta que, el aprendizaje y el desarrollo son una actividad social y colaborativa, en la cual el estudiante construirá su propia comprensión a partir de los criterios establecidos en su propia mente, y no necesariamente por lo que el entorno intente enseñarle.

Aprendizaje basado en problemas

Este se fundamenta en desarrollar las habilidades de pensamiento del individuo, presentándole problemas con casos auténticos y complejos de la vida real que les permita llevar a cabo el desarrollo de competencias de trabajo en equipo, creación de teorías e hipótesis, y el fomento del pensamiento crítico.

Rodríguez (2010) plantea en su investigación que "la educación infantil constituye una etapa educativa con identidad propia que atiende a los niños desde los 4 meses hasta los seis años". (p.61) En ese sentido Rodríguez divide la educación infantil en dos ciclos: el primer ciclo de 0 a 3 años y el segundo ciclo de 3 a 6 años.

Del mismo modo añade que entre los objetivos a alcanzar en la etapa de educación infantil, se citan:

- conocer su propio cuerpo y el de los otros, sus posibilidades de acción y aprender a respetar las diferencias.

- Observar y explorar su entorno familiar, natural y social, reconociendo en él algunas características propias.

- Adquirir progresivamente autonomía en sus actividades habituales.

- Desarrollar sus capacidades afectivas.

26

- Relacionarse con los demás y adquirir progresivamente pautas elementales de convivencia y relación social, así como ejercitarse en la resolución pacífica de conflictos.

- Desarrollar habilidades comunicativas en diferentes lenguajes y formas de expresión.

- Iniciarse en las habilidades lógico-matemáticas, en la lectoescritura y en el movimiento, el gesto y el ritmo. (Rodríguez, 2010, p.62)

Aguerrondo (2017) señala que, para lograr una educación de calidad, tal cual como lo indica UNESCO (s/f), es necesario que se haya logrado en el individuo al final de su educación lo siguiente:

Altas competencias en lectura y escritura; altas competencias en cálculo matemático y resolución de problemas; altas competencias en expresión escrita; capacidad para analizar el entorno social y comportarse éticamente; capacidad para la recepción crítica de los medios de comunicación social; capacidad para planear, trabajar y decidir en grupo; y la capacidad para ubicar, acceder y usar mejor la información acumulada.

La Tabla 02 muestra una comparación entre las principales diferencias del método de aprendizaje del siglo XXI y el método en épocas anteriores. Aquí se destacan los roles del individuo, la importancia de interactuar con los demás, las diferentes metodologías utilizadas en el aprendizaje, el papel del educador en ambos escenarios y las diferencias existentes a la hora del proceso de enseñanza / aprendizaje.

Tabla 02
Principales diferencias entre el conductismo y el constructivismo

Criterio	Conductismo	Constructivismo
1. Rol activo y pasivo	Ve al individuo como un ente pasivo.	Considera que lo primordial a la hora de aprender es el rol activo del individuo.
2. La importancia de la interacción	Lo más relevante para el aprendizaje es el entorno o ambiente como conjunto de estímulos a los que el individuo tiene acceso.	Todos los componentes del proceso y no solo lo aprendible son necesarios, siendo la interacción entre persona y ambiente lo que produce el aprendizaje.
3. Diferentes metodologías	El objetivo de aprender es conducir una modificación observable a la conducta.	El logro es crear nuevos significados sean estos observables o no.
4. El papel del educador	El rol es jerárquico o directivo.	Es de guía o soporte de la información en la transmisión de la información.
5. Diferencias a la hora de enseñar	La repetición continuada de la asociación entre estímulos, lo que produce un aprendizaje más memorístico.	Crea significados a partir de la unión de lo viejo con lo nuevo.

Nota. Recreado a partir de Castillero (2017)

En el siguiente epígrafe se describen las diferentes metodologías para la enseñanza basadas en TIC, y como estas tributan a desarrollar en el individuo en el proceso de enseñanza y aprendizaje las competencias señaladas por Aguerrondo.

3.3 Entornos de aprendizaje basados en TIC

Es de conocimiento de todos el que el mundo ha ido en constante avance tecnológico, lo que ha implicado que las naciones hayan iniciado el proceso de integración de las TIC en educación. Díaz, Maldonado y Peña (2019, p. 32) señalan que la educación tiene que mantenerse en constante adaptación acorde a los cambios que va sufriendo la sociedad, y que, por lo tanto, una manera de cómo acceder al conocimiento en el presente siglo es a través de los ambientes colaborativos que ofrecen los entornos de aprendizaje basados en TIC.

En ese sentido, han sido desarrollados distintos entornos de aprendizaje basados en el uso de herramientas tecnológicas para ser integrados al aula en el proceso de enseñanza / aprendizaje de acuerdo a las posibilidades de cada país en su deseo de hacer su sociedad más competitiva ante un mundo globalizado. Según Díaz et al., son estos ambientes tecnológicos que se han desarrollado los que han impulsado los cambios en la forma de enseñanza y aprendizaje (2019, p. 32).

Shunk (2012, p. 325) señala que el mayor enfoque con relación al tema TIC / Educación se debe enfocar en analizar los tipos de procesos cognoscitivos que se promueven a través de las TIC.

De acuerdo a Johansenn et al. (1999), los mayores beneficios que la tecnología desempeña en el aprendizaje se observan cuando esta aumenta y facilita el pensamiento y la construcción de conocimientos. (citado por Shunk, 2012, p. 325)

Funciones de la tecnología

El autor de esta investigación comparte el criterio de Johansenn et al. (1999), cuando al ser citados por Shunk (2012, p. 325), establecen como principales funciones de la tecnología en los entornos educativos las siguientes:

a. Son herramientas que apoyan la construcción de los conocimientos.

b. Son un medio de información que permite explorar los conocimientos que apoyan el aprendizaje mediante su construcción.

c. Contexto para apoyar el aprendizaje con la práctica.

d. Es un entorno que facilita construir un medio social a través de sus herramientas para construir conocimientos mediante herramientas colaborativas que facilita.

e. Socio intelectual que apoya el aprendizaje mediante la reflexión.

3.3.1 Enseñanza basada en el uso de herramientas tecnológicas

Enseñanza Asistida por Computador (EAC)

La Enseñanza Asistida por Computador (EAC) viene a reemplazar la Enseñanza Asistida por Televisión (EAT) y la Enseñanza Asistida por Radio (EAR), en donde eran utilizados el televisor y la radio como medios tecnológicos en el proceso de enseñanza y aprendizaje, y que al mismo tiempo la EAC ha sido suplantada en algunos países por la Enseñanza Asistida por Internet (EAI). Sin embargo, la EAC sigue siendo en muchos países la aplicación más común del uso de las TIC en las escuelas.

Según Shunk (2012) el uso de la EAC permite lograr de manera inmediata una comparación del desempeño del estudiante con sus anteriores ejecuciones, lo que permite ir conociendo si el estudiante ha ido adquiriendo los conocimientos y desarrollando las competencias que deben ser desarrolladas en cada uno de los contenidos brindados en las clases. (p. 326)

Simulaciones y juegos

Según Shunk (2012, p. 326), las *simulaciones* permiten llevar a cabo situaciones reales o imaginarias que no pueden ser realizadas en el entorno de aprendizaje. Del mismo modo, los *juegos* están diseñados para crear un contexto de aprendizaje, y que estimula la motivación del estudiante, relacionando el material de clases con deportes, aventuras o fantasías.

Un aspecto fundamental que comparte el autor de esta investigación con los investigadores citados, es que los juegos ayudan a reforzar las habilidades del pensamiento y de solución de problemas del individuo.

De acuerdo a Jong y Van Joolingen (1998, citado por Shunk, 2012), las *simulaciones* fueron más eficaces que la educación tradicional para fomentar un procesamiento cognoscitivo en los alumnos, y que al igual que los *juegos*, estas ayudan al desarrollo de las habilidades de resolución de problemas.

Sistemas multimedia / hipermedia

Los sistemas multimedia / hipermedia tienen importantes implicaciones en la enseñanza, ya que de diversas maneras pueden incluir el uso de las tecnologías en la instrucción.

Diversos estudios (Mayer, 1997; Dilon y Gabbard, 1998; Mayer, Moreno, Boire y Vagge, 1999; Reed, 2006 citados por Shunk, 2012, p. 327) señalan:

Los sistemas multimedia ayudan a mejorar la solución de problemas y la transferencia de información y conocimiento a los estudiantes. Ayudan también a motivar a los estudiantes en tareas en donde se requiere la búsqueda rápida de información. Así mismo, los alumnos que tienen mayor deseo por la exploración, obtenían mejores beneficios de estos sistemas. Sin embargo, los estudios indican que aquellos estudiantes con pocas habilidades obtenían mayores dificultades con los sistemas multimedia.

Enseñanza Asistida por Internet (EAI)

El autor de esta investigación opina que la EAI es un entorno de aprendizaje, que incluye como tal el uso del computador, pero esto no indica que esté basada en la EAC, que utiliza medios y herramientas para facilitar al individuo construir el conocimiento utilizando el Internet como principal herramienta. En ese sentido, se pueden citar dos tipos de aprendizajes fundamentales de este tipo de enseñanza los cuales son: Aprendizaje electrónico y aprendizaje a distancia.

Aprendizaje electrónico

Este tipo de aprendizaje se basa en el que se realiza a través de los diferentes medios electrónicos que la tecnología ha puesto en funcionamiento para la construcción del conocimiento. Nos referimos a todos los sistemas que basados en el sistema de la World Wide Web (WWW), permiten compartir herramientas y recursos (intercambio de mensajes por correo electrónico, acceso a contenido de páginas web, entre otros) en mayor cantidad de las que se pueden obtener en los medios tradicionales (bibliotecas, etc).

Sin embargo, Grabe y Grabe (1998), plantean que uno de los peligros del uso de las herramientas electrónicas es la gran cantidad de información que se puede encontrar, y que no toda esta información es confiable, lo que pudiera ocasionar que el individuo construyera un conocimiento falso respecto a un tema en específico. (citados por Shunk, 2012, p. 328)

Este tipo de aprendizaje (el electrónico) ha impulsado la posibilidad de que se pudiera llevar a cabo y lograr el objetivo de que iniciara un nuevo tipo de aprendizaje utilizando estos medios: La educación a distancia.

Educación a distancia

De acuerdo a Shunk (2012), la educación a distancia da origen a que se pueda llevar una educación entre individuos que está en el mismo lugar o en lugares remotos. Entre las ventajas que cita están la capacidad de interacciones que permiten que las discusiones y retroalimentaciones bidireccionales tributen en el proceso de aprendizaje del individuo. La principal ventaja de este tipo de aprendizaje se fundamenta en el ahorro de tiempo y dinero, lo que facilita el esfuerzo a ser realizado en la enseñanza y el aprendizaje. De igual manera, estimula a que el individuo se motive en seguir adquiriendo conocimientos mediante el intercambio de información con individuos de diferentes regiones del mundo, lo que ayudará enormemente en el desarrollo de sus competencias.

La única desventaja en este tipo de educación, según Shunk (2012), y opinión que también comparte el autor de esta investigación, es cuando la conexión es asincrónica, es decir, no es en tiempo real, el estudiante tendrá que hacer un mayor esfuerzo ya que la interacción con los demás individuos será más tardía, por lo que tardará más para poder construir el conocimiento.

3.3.2 Ventajas / Desventajas del uso de las TIC en la educación

3.3.2.1 Ventajas

A partir de las teorías del aprendizaje analizadas y las competencias que debe de tener el individuo en el Siglo XXI, el autor de la presente investigación, al igual que otros autores consultados, es del criterio de que las TIC tienen un rol preponderante como instrumento para apoyar la educación y desarrollar en el individuo desde su nacimiento las destrezas necesarias en cada una de las etapas del desarrollo intelectual.

En ese mismo contexto García-Peñalvo y Montoya (2017) citando varios autores señalan lo siguiente:

De forma que la tecnología ya no se entiende como el fin en sí misma, sino como un medio para conseguir el objetivo educativo además de profundizar en la alfabetización digital de los estudiantes (Rodríguez de Dios & Igartua, 2015;

Zapata-Ros, 2015) y promover la consecución de las competencias clave del siglo XXI (Ananiadou y Claro, 2009) (p. 2).

Entre las funcionalidades que pueden encontrarse con el uso de estas herramientas y que sirven como apoyo en el aprendizaje del niño, tenemos:

- **Ser un medio de expresión:** Existen un sinnúmero de herramientas que permiten escribir, dibujar, presentaciones, páginas web. Por ejemplo, los *posters digitales* permiten a los estudiantes tener una amplia variedad de opciones para presentarle información al público.

- **Canal de comunicación:** Herramientas como *skype en el salón de clases* y los *blogs y wikis educativos* permiten la colaboración e intercambio de información.

- **Instrumento para procesar información.** Herramientas de investigación en línea como *kidrex* permiten hacer búsquedas de información específicamente para niños.

- **Herramienta de diagnóstico** y rehabilitación. Permiten fomentar la autocorrección, la resolución de problemas complejos.

- **Sirven como medio didáctico:** Informa, entrena, guía aprendizaje, motiva. El uso de las metodologías de enseñanza mediante la programación como el caso de las plataformas como *tynker, scratch*, entre otras plataformas que permiten a los niños fomentar competencias con respecto a procesos de autocorrección, búsqueda de errores, resolución de problemas, la creatividad, innovación y el aprendizaje autónomo.

- Generador de **nuevos escenarios formativos**. Esto permite que se puedan crear entornos educativos más atractivos para los estudiantes que los tradicionales.

- Medio para el desarrollo **cognitivo**. Al tener entornos de colaboración e intercambio de información, el estudiante podrá recibir la información necesaria para construir el conocimiento a través de otros individuos con los que interactúe en cualquier parte del mundo.

- Ente propicio para mejorar el contenido curricular: basado en conocimientos y competencias. (Graells, 2012, p.7)

Respecto a la importancia del uso de las TIC en la educación destaca lo siguiente:

Nos destaca sobre las TIC que se convierten en un instrumento indispensable para las instituciones educativas y que permiten realizar numerosas funciones: fuente de información multimedia hipermedial, canal de comunicación y para el trabajo colaborativo, medio de expresión y para la creación, instrumento cognitivo y para procesar la información, medio didáctico, herramienta para la gestión" (como se cita en Domingo y Fuentes, 2010, p.171).

López (2016, pp. 4-6) citando a Cabero (1998), da una opinión a favor de la integración de las TIC en la educación, cuando señala las propiedades siguientes:

La inmaterialidad esto es que las TIC crean, procesan y comunican la información. Esta información es inmaterial y puede ser enviada a cualquier lugar.

Interactividad esta característica es una de las más importantes ya que aplicada a la educación permite que el individuo pueda interactuar en el intercambio del conocimiento.

Interconexión esto se refiere a la posibilidad de crear nuevas tecnologías. Por ejemplo, la telemática con la informática propicia medios de transporte como el correo electrónico.

Instantaneidad lo que posibilita el intercambio de información en tiempo real en puntos que posiblemente están distantes, al igual que la interactividad de que las personas puedan comunicarse instantáneamente.

Digitalización ya que las TIC permiten que la información de distintos tipos pueda ser transmitida por los medios al estar en un formato universal.

Mayor influencia sobre los procesos que sobre los productos lo que la convierte en una característica con un punto negativo, ya que las TIC solo vigila que se lleve a cabo el proceso de la información, pero no necesariamente la calidad de la misma, lo que provoca que exista una proliferación de información, pero sin garantizar la calidad de toda esta.

Penetración en todos los sectores al garantizar por medio a estas la inclusión de los sectores culturales, sociales, económicos, educativos, industriales, etc., es decir, la participación de toda la sociedad en general.

Innovación las TIC garantizan un cambio constante en mejoras de todos los ámbitos sociales.

Heredero y Garrido (2016), señalan que un alumno motivado progresa rápidamente en el proceso de su aprendizaje, y que más rápido se desarrolla la construcción del conocimiento cuando controlan sus emociones, manejan altos niveles de autoestimas, adquieran habilidades sociales pertinentes y mantienen empatía con todo el entorno con el que se relacionan, y que todo esto puede ser desarrollado a través de estrategias metodológicas con el uso de las TIC.

En ese sentido, Heredero y Garrido, en el 2016 destacaron las siguientes características de las TIC en favor de la educación:

a. Las TIC motivan y estimulan el aprendizaje.

b. Las TIC tiene flexibilidad para satisfacer las necesidades y capacidades individuales.

c. Los ordenadores pueden reducir el riesgo de fracaso en la formación.

d. Las TIC dan a los usuarios acceso inmediato a una fuente más rica de información, además de presentarla una nueva forma que ayuda a los usuarios a entenderla y a asimilarla más adecuadamente.

e. Las simulaciones por ordenador permiten el pensamiento sistémico sin abandonar la profundidad del análisis. Ideas difíciles se hacen más comprensibles cuando las TIC las hacen visibles.

f. Alumnos con profundas y múltiples dificultades de aprendizaje pueden ser motivados a hacer actividades enriquecedoras y formativa pueden incluso compensar las dificultades de comunicación y aprendizaje de usuarios con discapacidades físicas.

g. El uso de las TIC hace que los profesores tengan una visión actual sobre cómo enseñar y sobre las formas de aprendizaje.

h. Las TIC ofrecen potencial para un trabajo en grupo efectivo.

i. Los sistemas de aprendizaje informatizado pueden ayudar a ahorrar dinero y tiempo. (p. 178)

Analizada las ventajas del uso de las TIC en educación tomando en consideración los planteamientos que se destacan en cada una de las teorías del aprendizaje, el autor de esta investigación es del criterio de que las TIC representan el instrumento idóneo para desarrollar en el niño todas las competencias que se procuran a través de su formación académica, y así es resumido en el *Anexo 1*.

Sunkel y Trucco en el 2010, resaltan como el impacto de las TIC en el proceso de enseñanza / aprendizaje se puede obtener en las variables *motivación* y la *concentración del alumno*. Esto evidencia que son una herramienta idónea para evitar la deserción escolar.

De igual manera, Sunkel y Trucco (2010, p. 4) señalan que las TIC ayudan al desarrollo de competencias del individuo a través del aprendizaje o alfabetización digital.

Asimismo, Sunkel y Trucco (2010, p. 5) señalan lo siguiente:

Para poder conocer las ventajas que ofrecen las TIC en el aula es necesario estudiar (3) tres dimensiones fundamentales en mayor profundidad: Una *primera dimensión* que se refiere a la relación entre el tipo de uso de la tecnología y los resultados de aprendizaje en asignaturas; una *segunda dimensión* se refiere a las condiciones escolares y pedagógicas en que se utilizan las TIC, es decir, que las condiciones de acceso sean las adecuadas, que las competencias del docente (capacidades, actitudes y visión) permitan lograr la integración de las TIC al currículo y también en el aula; y una *tercera dimensión* relacionada al papel que juegan las características sociales (capital cultural, capital social y capital económico) e individuos (género, capacidad cognitiva y actitudes) del estudiante en su apropiación y forma del uso de las tecnologías.

3.3.2.2 Desventajas

Sin embargo, aunque las TIC nos ofrecen grandes ventajas en la educación, los usos de estas herramientas también tienen sus inconvenientes si no son integradas de manera bien concebida.

En ese sentido algunos autores han señalado causas que entorpecen el éxito de las TIC en el sector educativo, entre estas desventajas se señalan:

- La **distracción**, ya que el estudiante puede navegar por el internet buscando informaciones que no sean para construir el conocimiento. De igual manera, puede utilizar juegos que no necesariamente vayan a aportar en lo que es el proceso de aprendizaje.

- La **adicción**, dado que el estudiante puede entretenerse en actividades no necesariamente educativas lo que desvirtúa entonces el uso que en materia de educación es concebido para las TIC.

- La **pérdida de tiempo** por la gran cantidad de recursos que existen en la red al momento de buscar una información determinada.

- El uso de **informaciones confiables** dado que muchas de las informaciones que se pueden encontrar en internet no tienen un origen confiable.

- El **aislamiento** que puede provocar el uso de ciertas herramientas tecnológicas y que hace que el individuo se aísle de otras formas de comunicación que les permite su desarrollo social y formativo.

- **Aprendizaje incompletos y superficiales** que surgen con la libre interacción de los alumnos con materiales informativos que solo pueden servir para acumular datos, pero no ayudan a construir el conocimiento.

- **Ansiedad** producida por la constante interacción con una máquina. (Fernández 2010)

Cabe destacar que, con respecto al uso de información confiable, una de las principales desventajas del uso de las TIC en la educación, a nivel mundial se han estado desarrollando una serie de recursos *en línea* de contenido confiable. Mahecha, Izquierdo y Zermeño (2016, p. 109) en su investigación los nombra como *recursos educativos abiertos*, e indica que han tomado bastante fuerza en el ámbito educativo dada su funcionabilidad y acceso.

De acuerdo a Rivera, López y Ramírez (2011 citados por Mahecha et al., 2016, p. 109) los recursos educativos abiertos tienen como objetivo principal de compartir información para reducir la brecha en el acceso a información de calidad que presentan, todavía al día de hoy, muchas comunidades.

Luego de haber analizado las teorías del aprendizaje y cómo el uso de las TIC tributa en ese sentido en el proceso de enseñanza y aprendizaje del individuo (docentes y estudiantes), en el siguiente epígrafe se hace un análisis del presupuesto designado a la educación de República Dominicana, y las herramientas tecnológicas educativas, de bajo costo, que pueden ser utilizadas para integrar las TIC en el aula.

3.4 Herramientas Tecnológicas Educativas

Presupuesto de educación de República Dominicana

Siendo la República Dominicana un país de limitados recursos en su presupuesto para atender los problemas de la nación, el Estado Dominicano en la actualidad cumple con la partida presupuestaria que establece por ley la asignación del 4% del Producto Interno Bruto (PIB) a la educación.

El *Anexo 2* presenta una evolución histórica de los presupuestos asignados a la educación tomando como período los años del 2004 al 2018.

Las cifras que se presentan en el *Anexo 2* parecieran suficiente, sin embargo, para un Ministerio que debe hacer sostenible anualmente la educación en un poco más de 5,000 escuelas públicas (sueldos de docentes y otro personal, materiales gastables, servicios, alimento escolar, etc.), la asignación presupuestaria a la educación de no ser debidamente planificada, seguirá siendo una cantidad insuficiente para atender las necesidades imperantes en el ámbito educativo, la falta de infraestructuras, capacitación docente, mejora de los sueldos para que sean competitivos a los docentes y personal administrativo, la atención a los alumnos que debe brindar el sistema de educación (desayuno y almuerzo escolar), la falta de recursos económicos para materiales gastables suficientes como para hacer sostenible cada año escolar, entre otros aspectos, situación que, de acuerdo al criterio del autor de esta investigación, se convierten en las principales causales de una baja calidad de la educación Dominicana y que limita el proceso de integración de las TIC en el aula.

Figura 1. Evolución presupuestaria del MINERD 2004-2018.
Fuente: Elaboración propia a partir de MINERD (2018).

De acuerdo a como se puede apreciar en la Figura 1, el presupuesto destinado a educación tuvo por debajo de la línea de presupuestación que tuvo que mantener sobre el tiempo durante los años 2007 hasta finales del 2013, lo que ocasionó en ese período de tiempo un cúmulo de necesidades en el ámbito de la educación dominicana.

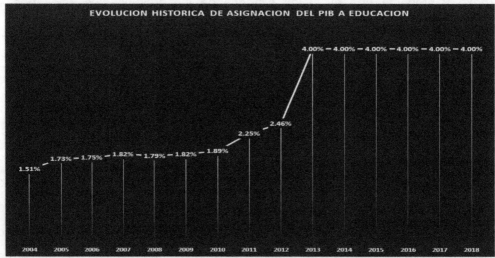

Figura 2. Evolución histórica de asignación del PIB a educación período años 2004-2018.
Fuente: Elaboración propia a partir de MINERD (2018).

Tal como lo indica la Ley General de Educación 66-97 de la República Dominicana, el Estado Dominicano tenía la obligación de asignar como presupuesto a educación el 4% del Producto Interno Bruto (PIB). Sin embargo, no fue hasta el presupuesto del año 2013 que fue dada la asignación correspondiente al Ministerio de Educación de República Dominicana. La Figura 2 presenta la evolución histórica de la asignación del PIB a educación.

El autor de esta investigación es de opinión que, uno de los principales inconvenientes para la implementación de herramientas tecnológicas en el proceso de enseñanza y aprendizaje, es la limitación de presupuesto que existe en el contexto de educación en muchos de los países de la Región de América Latina y el Caribe.

En ese mismo sentido, y en el contexto de este apartado, existe una cantidad inmensa de herramientas tecnológicas (hardware y software) que pueden ser utilizadas en el proceso de enseñanza / aprendizaje para mejorar el nivel de calidad de la educación pública de República Dominicana.

En ese sentido, Stallman (2004) señala, que la principal razón por la que se debe utilizar el software libre en las escuelas es por su ahorro en el costo de adquisición, implementación y mantenimiento. Este tipo de software permite a las escuelas redistribuirlo entre los usuarios y todos los equipos con que disponen sin la necesidad de atarse a un costo de licenciamiento. Esto puede ayudar en los países pobres a reducir la brecha digital. (citado en Cataldi y Salgueiro, 2007, p. 4)

Es del criterio del autor de esta investigación, que los softwares deben de cumplir con una serie de parámetros que permitan solucionar las deficiencias del sistema de educación público en la actualidad, para que puedan hacer la transición hacia la educación del presente siglo. Así mismo opina Cataldi (2000, p. 18), cuando señala, que los softwares educativos deben de tener características particulares como la facilidad de su uso, la interactividad y la posibilidad de personalización de la velocidad de los aprendizajes.

En la Tabla 03 se presentan las principales características que deben tener los softwares educativos para lograr estos objetivos.

41

Tabla 03

Principales características de los softwares educativos

Características	Descripción
Facilidad de uso	En lo posible auto explicativos y con sistemas de ayuda.
Capacidad de motivación	Mantener el interés en los alumnos.
Relevancia curricular	Relacionados con las necesidades de los docentes.
Versatilidad	Adaptables al recurso informático disponible.
Enfoque pedagógico	Que sea actual: constructivista o cognitivista.
Orientación hacia los alumnos	Con control de contenido de aprendizaje.
Evaluación	Incluirán módulos de evaluación y seguimiento.

Nota. Recreado de Cataldi (2000, p. 18).

A continuación, se presentan una serie de equipos y aplicaciones que contribuyen a la integración de las TIC en la educación, de bajo costo, y que reúnen las características que dan como ventajas el uso de las herramientas tecnológicas en el proceso de enseñanza / aprendizaje con respecto a las diferentes teorías de aprendizaje existente.

3.4.1 Equipamiento

Programa Una Laptop Por Niño

De acuerdo a Santiago, Severin, Cristia, Ibarrarán, Thompson, y Cueto (2010), el Programa Una Laptop Por Niño tiene como objetivo mejorar el aprendizaje de las regiones más pobres del mundo mediante a la entrega de un equipo laptop de bajo costo a ser entregado a los niños para que sean utilizados en las escuelas y el hogar. Este programa ha sido implementado en alrededor de 36 países, de acuerdo a Santiago (et al., 2010), habiéndose distribuído alrededor de más de dos millones de laptops. Cada laptop cuesta alrededor de USD 200, en comparación con los USD 48 a USD 555 dólares que se gastan cada año en alumnos en escuelas públicas primarias en los países de ingresos bajos y medios.

Raspberry Pi

De acuerdo a Contreras (2013), una Raspberry Pi "es una placa computadora (motherboard) de bajo costo, cuyo objetivo principal es el estímulo de la enseñanza de la tecnología en las escuelas, especialmente, que los niños tuvieran acceso a un equipo de bajo costo para programación".

Este mini computador es una herramienta idónea para que los niños aprendan electrónica y programación.

De acuerdo al criterio del autor de esta investigación, cuando se instala este dispositivo integrando en el hardware esencial para su uso (teclado, mouse, monitor), una vez puesto en funcionamiento con la instalación de su sistema operativo, el estudiante tendrá a su disposición todos los softwares y herramientas necesarias para ser integrado en el proceso de enseñanza / aprendizaje en las escuelas públicas, considerando como su principal ventaja el bajo costo de adquisición (ronda alrededor de los 25 a 50 dólares americanos). Esto reduciría considerablemente el costo de inversión en infraestructura y la brecha digital imperante en los países de la región de América Latina y el Caribe, tema analizado con mayor profundidad en el epígrafe 3.5 de esta investigación.

3.4.2 Software educativo

3.4.2.1 Entornos de Trabajo

Edmodo

Es una plataforma educativa que permite el trabajo colaborativo con el objetivo de facilitar el intercambio de documentos e información y la comunicación de manera privada muy parecido a una red social.

LibreOffice

Es una suite de oficina que incorpora aplicaciones poderosas para lograr la productividad y lo más importante es que es de código abierto. Esta incluye un procesador de texto, hoja de cálculos, un editor de presentaciones, una aplicación para dibujos y diagramas de flujos, una base de datos que permite interactuar con otras bases de datos, y una aplicación para la edición de fórmulas matemáticas.

Esta herramienta es el suplente por excelencia de la aplicación Microsoft Office, y no necesita ser instalado cuando estamos utilizando una Raspberry Pi ya que viene preinstalado en el sistema operativo de esta mini computadora.

3.4.2.2 Recursos Colaborativos

Blogger

Es una herramienta de Google utilizada para crear blogs, de uso sencillo para todo tipo de usuarios. En sentido educativo esta herramienta les permitirá a los niños intercambiar / postear información sobre ensayos y documentos que preparen acerca de un tema.

Wordpress

Es la herramienta de software libre más completa que existe, ya que permite personalizar y adaptar la plataforma a las necesidades de cada usuario. Es una herramienta idónea para ser implementada por las escuelas públicas para el intercambio de información que permita construir conocimientos a partir de los diferentes temas que se vayan a exponer a través de ella.

Tumblr

Es una plataforma de intercambio de información (en forma de blog) que, a diferencia de una plataforma de blog normal, esta permite recibir automáticamente todos los registros de los usuarios a los que uno está inscrito.

Google Hangouts

Es una aplicación con la que se puede establecer un grupo de chat o video chat la cual permite el intercambio de lecciones a los alumnos o crear una clase o grupo virtual para el intercambio de información.

Padlet

Es una herramienta en línea que permite la creación de murales virtuales de forma colaborativa en los cuales se puede intercambiar elementos multimedia, vínculos y documentos.

3.4.2.3 Herramientas para compartir archivos

Dropbox

Este es uno de los servicios en línea para almacenar / compartir archivos más utilizados. Permite intercambiar carpetas con otros usuarios para que de manera colaborativa se puedan trabajar desde distintas partes el mismo documento.

Google Drive

Al igual que Dropbox, esta herramienta permite el almacenamiento de archivos y el intercambio de los mismos en la nube, con la ventaja de que permite editar en línea los documentos que hemos subido con la herramienta de ofimática Google Docs.

Wetransfer

Es una herramienta sencilla para enviar cualquier tipo de archivo con un espacio de hasta 2GB de envío, llegando un enlace de descarga al correo de los usuarios. Esta herramienta facilita el envío de archivos de gran tamaño que vía correo electrónico serían imposible compartir.

3.4.2.4 Recursos para organizar trabajo

Google Calendar

Interesante herramienta que permite manejar un calendario en línea para agendar tareas, fechas, recordatorios, entre otros. La ventaja de esta herramienta es que permite sincronizar las agendas establecidas con otros usuarios. Este tipo de herramientas sería de gran utilidad para el intercambio de establecimiento de cronograma de trabajos entre docentes y estudiantes, pudiendo agendar en ella las fechas de interés para las clases.

3.4.2.5 Recursos para programar

Existen hoy en día muchas plataformas como recursos para que los niños programen en línea. Sin embargo, de acuerdo al criterio del autor de esta investigación las más importantes son las siguientes:

Scratch

Es un sitio web de programación para niños desarrollado por el Massachusetts Institute of Technology (MIT), la cual es de uso sencillo, y que contiene un entorno que permite desarrollar en los niños la lógica de programación.

Codeacademy

Es una plataforma en línea que permite al estudiante ir avanzando por lecciones de programación que miden su progreso en cuanto a la lógica se refiere. Parte de los patrocinadores de esta plataforma son las empresas Facebook, IBM y Google.

Esta permite aprender lenguajes de programación que permiten el desarrollo de páginas web, programación en ciencia de la computación, y ciencia de datos.

Alice

Es una plataforma que contiene un software educativo libre que permite a los estudiantes aprender desde las bases de programación, la lógica y razonamiento matemático computacional básico, orientado a la resolución de problemas.

Luego de haber analizado el presupuesto que ha sido destinado a la educación en República Dominicana, en el período 2004 al 2018, de acuerdo al criterio del autor de esta investigación, es importante tomar en consideración la selección idónea de las herramientas tecnológicas educativas que permitan eficientizar los recursos económicos que se disponen para viabilizar el proceso de integración de las TIC en el aula, y al mismo tiempo, garantizar el cambio que se persigue a través de estas herramientas en la educación.

En ese mismo sentido, el autor de esta investigación, considera importante lo anteriormente dicho, debido a que existen otros factores a considerar para garantizar todo lo que se describe entre las ventajas de utilizar las TIC en la construcción del conocimiento del individuo (profesores y estudiantes), para evitar que se conviertan en desventajas cuyo riesgo pudiera hacer fracasar el proceso de su integración en el aula y empeorar la situación de educación. Entre los puntos a considerar están la brecha digital y los nuevos roles que debe de asumir el docente para que el proceso de integración sea efectivo.

3.5 La brecha digital

El autor de esta investigación considera que un aspecto fundamental que, en el caso de la República Dominicana, y posiblemente sea el caso de muchos países en el mundo, se convierte en el Talón de Aquiles en el intento de incorporar el uso de las TIC en la educación, esto lo representa la brecha digital. Esta brecha es producto de la desigualdad socioeconómica que impera en la sociedad de los pueblos latinoamericanos.

De La Selva (2015) señala que "lejos de la promesa de convertir las sociedades de América Latina y el Caribe en Sociedades de la Información, la pobreza, la desigualdad y la exclusión están entre sus más grandes problemas en el presente siglo".

De La Selva (2015) indica que, con respecto a la desigualdad en América Latina, esto ha sido un problema de larga data, y que en los años del presente siglo se ha agravado la situación, surgiendo nuevas desigualdades del tipo económico, social y cultural. Estos elementos repercuten sobre situaciones como incremento del desempleo, la precariedad en conseguir trabajo, la diferencia de la inserción de estos países latinos en las redes globales, y las disparidades en la distribución de las riquezas, situaciones estas que como se ha señalado, afectan considerablemente el desarrollo de las naciones, y la República Dominicana no está exento de padecerla.

En ese sentido, De la Selva indica que la situación socioeconómica de los países de la región de América Latina y el Caribe los ha llevado a que surjan nuevos tipos de desigualdades propias de las sociedades del conocimiento y del fenómeno mundial conocido como globalización. Esto ha dado como resultado, según lo que opinó el autor en el 2015, la existencia de procesos de exclusión y precarización que dejan a la mayoría de la población fuera de las redes de educación de calidad, de producción y apropiación de conocimientos valiosos, que les permita a los individuos de estas sociedades poder convertirse en ciudadanos con empleos dignos y ser parte de la ciudadanía económicamente hablando productiva de las naciones.

De la Selva (2015) opina que al conjunto de desigualdades sociales que ya venían acumulando las sociedades de Latinoamérica, se suma una más que, conlleva a la marginación de los sectores sociales en base al acceso, uso y apropiación de los bienes y servicios de las telecomunicaciones, así como también de las herramientas tecnológicas que permiten o no participar en su desarrollo a las nuevas sociedades que se construyen, señalando la brecha digital como esa nueva desigualdad social (p. 274).

En ese mismo sentido, el autor de esta investigación opina, que no solo es introducir todos los elementos y herramientas tecnológicos requeridos para sacar provecho de las ventajas que estas ofrecen, en los países de América Latina y el Caribe, principalmente el país objeto de esta investigación, se ha tenido que hacer una gran inversión en infraestructuras, como por ejemplo, debido a que las existentes destinadas a educación pública no eran suficientes para la cantidad poblacional que asiste a estos centros. De igual manera, en los entornos sociales alrededor de estas escuelas públicas el Estado Dominicano ha tenido que llevar programas sociales en apoyo a que los niños y niñas puedan asistir a las escuelas, que vista la cantidad presupuestaria asignada a educación en la Tabla 05 en el período de tiempo 2004 al 2018, son unas de las razones por las que las cifras allí contenida, aunque parecieran bastante han sido insuficientes.

Lo anteriormente expuesto por el investigador de este trabajo es señalado por De La Selva (2015), cuando señala lo siguiente:

> Para el año 2003 en el marco de la Cumbre Mundial de la Sociedad de la Información, la Unión Internacional de Telecomunicaciones (UIT) había presentado un concepto donde fueron englobados aspectos relacionados al uso de las TIC, donde la UIT generaba una tipología de distintas brechas digitales que resultaban de la inclusión de las tecnologías en la educación en los países latinos, estas eran: a) La *brecha digital del acceso* (basada en la diferencia entre las personas que pueden acceder al uso de las TIC y las que no); la *brecha digital del uso* (a partir de quienes saben utilizar o no las TIC); y la *brecha de la calidad de uso* (basada en las diferencias entre los propios usuarios, y el autor de esta investigación añade, los usuarios en el área de educación que utilizan las TIC para construir conocimiento y desarrollar sus competencias).

En el 2005, UNESCO hizo énfasis en otra nueva desigualdad la cual llamaron *brecha cognitiva*, desigualdad imperante en la producción de conocimientos y la participación de ellos, uno de los más grandes desafíos en la edificación de las sociedades del mañana (como se cita en De La Selva, 2015).

Sunkel (2006) se refiere a la brecha digital, como las desigualdades en el acceso a las nuevas tecnologías de la información y la comunicación (TIC) en los hogares latinoamericanos, en donde señala la existencia de dos dimensiones en la llamada brecha digital. Indica el autor, que una dimensión es representada por la brecha internacional, donde se hace destacar el rezago de la región en avances TIC en comparación con los países más desarrollados. Por otra parte, las desigualdades que están asociadas a nivel de ingresos, ubicación geográfica de residencia y el ciclo de vida familiar, entre otros factores. Es por esta razón que se aprovecha como el escenario idóneo para reducir esta brecha el entorno de la educación.

De acuerdo a Sunkel y Truco (2010), "una de las expectativas centrales que acompaña la incorporación de las TIC en el sistema escolar de la región es el impacto social". Estos autores también añaden que, la expectativa es "que los esfuerzos de las TIC para la educación contribuyan a los procesos de integración social, reduciendo la brecha social resultante de la falta de acceso de importantes sectores de la población a las nuevas oportunidades que brinda la tecnología".

Estas expectativas que señalan Sunkel y Truco (2010) se logran, según el criterio del autor de esta investigación, cuando se pueden satisfacer en gran medida las brechas superpuestas que hacen un efecto negativo al intento de potenciar la integración de las TIC en el aula para la reducción de la brecha digital.

En ese sentido, Ballesta y Cerezo (2011) en su investigación luego de haber descrito las bondades que representa para la presente sociedad y los sistemas de educación el uso de las TIC, plantea lo siguiente: "pensamos que existen brechas tecnológicas en el acceso y consumo de las tecnologías, desde la familia de origen, donde hay que profundizar en el conocimiento y valoración que tienen hacia el uso y la interacción con las TIC" (p.135), añadiendo que la educación juega un papel clave para reducir estas distancias entre los diferentes segmentos de la sociedad, tomando en consideración la necesidad de facilitar el acceso a las nuevas tecnologías para el individuo y la familia.

Trucco y Espejo (2013) resaltan que el mayor esfuerzo regional para la incorporación de las TIC en la educación gira en su potencial contribución en cuanto a la integración social se refiere, añadiendo que los primeros programas de integración de estas herramientas sirven en aporte a la reducción de la brecha digital.

Asimismo, señalan "que la brecha digital fue concebida en términos de la distancia en el acceso a la tecnología entre los distintos grupos sociales, por lo que la escuela ha sido vista como el espacio estratégico para reducir estas desigualdades" (Trucco y Espejo, 2013, p.14).

Siguiendo en el contexto anterior, los autores indican que en América Latina existe una superposición de brechas, pues se ha avanzado en la brecha del acceso, pero que al mismo tiempo esto ha creado otras brechas refiriéndose por ejemplo a la desigualdad de capacidades de los beneficiarios para hacer un buen uso al acceso de las TIC en el desarrollo de las competencias del individuo (p. 14).

Esto significa que ya la brecha digital no solo se reduce con el acceso del individuo a los equipos computacionales, sino que también, este acceso debe de estar acompañado de otras herramientas tecnológicas (como material didáctico digital, la conectividad a internet, entre otros) y que para hacerse sostenibles requieren de servicios, como el energético, que presenta otra de las brechas a superar en los países de la región.

En ese mismo sentido señalan Lugo y Brito (2015), que ha sido muy reducida la brecha de la expansión y acceso al internet en los países de la región, al igual que la banda ancha fija y la móvil, la telefonía y la televisión digital (p. 8). También opinan que uno de los factores que más ha dificultado la reducción de la brecha de conectividad en los países de la región es su alto costo (p. 8).

De esta manera queda claramente evidenciado, que el objetivo de integrar las TIC en la educación para reducir las desigualdades sociales no ha sido suficiente con proveer el acceso al equipamiento (modelo de 1:1 – un computador por cada estudiante). Sin el acceso a la conectividad, que también queda limitada de acuerdo al nivel socioeconómico del individuo, se hace casi imposible la construcción del conocimiento a través del intercambio de información debido a que las herramientas tecnológicas utilizadas hoy día para la construcción del conocimiento requieren de la conectividad a internet.

Por lo tanto, la inserción de las TIC en la educación ha traído mayor complejidad al intento de reducir las desigualdades sociales que se venían acumulando con el devenir de los años, en las sociedades con menos recursos pertenecientes a los países latinoamericanos, y que vieron como espacio estratégico para reducir estas desigualdades el incorporar las TIC al contexto educativo, lo que al final no resultó como era de esperarse al potenciarse la brecha digital.

3.6 El nuevo rol del Docente y los estándares de referencias para medición de competencias digitales

Desde la perspectiva del autor de esta investigación, otra de las barreras que hacen difícil el que las TIC no alcancen su potencial durante su incorporación es la visión del docente respecto a ellas, por la falta de capacitación en el uso de estas herramientas.

Para que exista un proceso de aprendizaje efectivo y que garantice la calidad de la educación en el presente siglo, es importante que los maestros comiencen a adoptar su nuevo rol el cual era en la educación tradicional de transmisor del conocimiento, considerado fuente principal de la información, al de facilitador del aprendizaje en donde hace viable el que sea el estudiante mismo el que tenga el compromiso de construir su conocimiento.

De igual manera pasaría con el estudiante, que de ser un receptor pasivo de la información pasa a ser un participante activo en el proceso de aprendizaje en donde produce y comparte de manera colaborativa su conocimiento con los demás compañeros.

Sin embargo, en la transformación del aula hacia una del siglo XXI, sigue siendo el maestro la figura principal para facilitar el conocimiento, de acuerdo al criterio del autor de esta investigación.

Según el autor de esta investigación, de acuerdo a las teorías del aprendizaje investigadas, cuando el conductismo era la que prevalecía como modelo de aprendizaje, el alumno tenía una participación pasiva situación que no le permitía ser un ente capaz de crear su propio criterio, desarrollar su capacidad crítica y de razonamiento en el procesamiento de la información. Asimismo, el estudiante es un ente individual que comparte poco su conocimiento debido a que el esquema de evaluación del modelo conductista es basado en la competencia entre un alumno y otro por obtener la mejor calificación.

Muy diferente sucede con las teorías constructivistas, que procuran desarrollar las competencias que son exigidas en el individuo en el siglo XXI (pensamiento crítico, resolución de problemas, trabajo colaborativo en equipos, entre otras), y que, para lograrlas, debe ser este un ente activo en la construcción de su conocimiento, fomentando el maestro en el aula el trabajo en equipo, el desarrollo de su propio criterio y/o pensamiento para compartirlo con los demás. Las computadoras juegan un rol fundamental en este proceso.

En Salinas (2004) se puede encontrar una opinión que fundamenta lo que ha señalado el autor de esta investigación en el enunciado anterior. Dicho autor señala lo siguiente:

> Las TIC como instrumento de formación marcan un cambio en el aula en efecto de su integración y/o adaptación, y al efecto por los avances que van teniendo estas herramientas. Añade este autor, que las herramientas tecnológicas no solo afectan el dónde y el cuándo se realiza el aprendizaje, también son afectados todos los elementos del proceso de enseñanza / aprendizaje, tales como: Organización, alumno, currículum (metodología), profesor (p. 1).

Siguiendo el mismo contexto de lo anteriormente expresado, el autor de esta investigación, añadiría también otro elemento de gran importancia de acuerdo a su criterio. La sociedad.

En ese mismo sentido, opina Silva Quiroz (2012, p. 4) en su investigación lo siguiente:

> El rol del maestro debe de cambiar desde una concepción de ser un ente distribuidor de información al de un profesional capaz de crear ambientes de aprendizajes que impliquen a los estudiantes en actividades en las que puedan construir sus conocimientos. También, añade que el profesorado debe de conocer qué recursos existen, dónde buscarlos, y cómo integrarlos en sus clases (p. 5).

Almejara y Cejudo (2008) en su investigación señalan tres aspectos fundamentales que favorecerán la amplitud de la información, y uno de ellos es: "…que el profesor no será ya el depositario del saber, lo que conllevará cambios en los roles que tradicionalmente hemos desempeñado". (p.9)

También añaden que las TIC van a permitir "…que los estudiantes y profesores realicen las actividades formativas y de interacción comunicativa independientemente del espacio y el tiempo en el que cada uno se sitúe". (Almejara y Cejudo, 2008, p.12)

Por lo tanto, Almejara y Cejudo concluyen:

> Frente a modelos de enseñanza centrados en el profesor, las TICs van a permitirnos pasar a modelos centrados en el estudiante, de forma que todos los elementos del sistema educativo se pongan a disposición del alcance de los objetivos por parte del estudiante. En cierta medida, supone que pasemos de una cultura de la enseñanza, a una cultura del aprendizaje, ya que la mejor forma de aprender, no es reproduciendo los conocimientos, sino construyéndolos. (2008, p.12)

Mohanty (2011), hace un análisis de la opinión de varios autores respecto a sus opiniones con relación al docente y las TIC, entre lo que cita:

> Según Hara (2004), en los primeros años las actitudes educativas hacia las TIC pueden variar considerablemente. Algunos lo ven como una herramienta potencial para ayudar a aprender, mientras que otros parecen estar en desacuerdo con el uso de la tecnología en los entornos de los primeros años. Blatchford y Whitebread (2003: 16), sugiere que el uso de las TIC en la etapa de fundación es "insalubre y dificulta el aprendizaje". Otros educadores de los primeros años que se oponen a ofrecer experiencias de TIC dentro de los entornos educativos toman una visión menos extrema que esto y sugieren que las TIC están bien, pero hay otras experiencias más vitales que los niños pequeños se beneficiarán de, (Blatchford y Whitebread, 2003). En teoría algunas personas pueden tener la opinión de que los profesores que no han experimentado las TIC a lo largo de su aprendizaje

tienden a tener una actitud negativa hacia ella, ya que pueden carecer de la formación en esa área del plan de estudios.

En ese mismo contexto podemos citar la siguiente concepción:

> Existe una gran evidencia que las TIC aplicadas al currículo de educación aceleran y mejoran el aprendizaje, pero que para lograr la efectividad de estas herramientas es necesario cambiar el enfoque o metodología que utiliza el maestro para la enseñanza con relación al proceso de aprendizaje del estudiante. Dellit (2001)

Así mismo, Ballesta y Cerezo (2011) en su investigación plantean, que el solo utilizar computadores y demás tecnologías que le acompañan a estos equipos, no ayuda en la conquista del objetivo en cuanto a tener un modelo educativo que permita lograr los resultados de una educación de calidad. Para esto, es necesario que el profesorado tenga el conocimiento y la capacidad de incluir dentro de su práctica docente el uso de las TIC.

Virgen, Bañuelos y Ponce (2017) en su investigación revelan como profesores más eficientes y capacitados en el uso de las TIC y su metodología educativa basada en estas herramientas mantienen estudiantes más motivados en el proceso de enseñanza que otros profesores cuyas competencias en TIC eran por debajo del nivel aceptado de acuerdo a los estándares internacionales.

Así lo confirma Sáez (2010) cuando en su investigación señala:

> la creciente presencia de unos cambios de la sociedad respecto al uso de las tecnologías, está dando lugar a que las tecnologías formen parte de la vida cotidiana, académica y laboral de los ciudadanos, y de ahí la creciente importancia de una buena formación en las aulas relativa al uso de las TIC. (p.185)

Según el criterio del autor de esta investigación en una sociedad respaldada por el uso de la tecnología en sus entornos productivos, es inminente que los docentes adapten su metodología de enseñanza de la tradicional a una basada en el uso de TIC, pues en su nuevo rol como agentes facilitadores del aprendizaje, no podrán suministrar informaciones productoras del conocimiento que necesita el niño, para convertirse en un individuo de accionar fructífero en su entorno social.

La Tabla 04 presenta una breve descripción de las características principales de los nuevos roles del docente y e l estudiante en los entornos de aprendizaje del aula del siglo XXI.

Tabla 04
Características de entornos de enseñanza / aprendizaje centrados en el alumno

Actor	Cambio de:	Cambio a:
Rol del Docente	Transmisor del conocimiento, fuente principal de la información, experto en contenidos y fuente de todas las respuestas.	Facilitador del aprendizaje, colaborador, entrenador, guía y participante del proceso de aprendizaje.
	El profesor controla y dirige todos los aspectos del aprendizaje.	El profesor permite que el alumno sea más responsable de su aprendizaje y le ofrece varias opciones.
Rol del Alumno	Receptor pasivo de información.	Participante activo del proceso de aprendizaje.
	Receptor de conocimiento.	El alumno produce y comparte el conocimiento, a veces participando como experto.
	El aprendizaje es concebido como una actividad individual.	El aprendizaje es una actividad colaborativa entre alumnos.

Nota. Recreado de Silva Quiroz (2012, p. 4)

Gallardo y Buleje (2010) señalan que para muchos docentes el uso de las TIC en la educación se convierte en una desventaja por el hecho de que deben aprender a utilizar tecnologías, actualizar los equipos y programas que utilizarán y todo esto conlleva hacer este trabajo en horas fuera de su horario de trabajo situación que muchos no pretenden hacer. (p. 212)

En ese sentido, conociendo todas las problemáticas y como una manera de salvaguardar todo el proceso de integración de las TIC en el plano educativo, los organismos internacionales que rigen a nivel mundial todo el contexto sobre educación y tecnología educativa, liderados por UNESCO, establecieron un conjunto de políticas y estándares a ser cumplidos por los docentes para garantizar la integración del uso de las TIC en la formación de estudiantes de primaria, tal como lo señalan Castañeda, Carrillo y Quintero (2013) en su investigación.

Peirano y Domínguez (2016) en su investigación señalan tres enfoques establecidos por la UNESCO para medir el nivel de competencia que posee el docente, el cual establecen lo siguiente:

> En primer lugar, está el enfoque de nociones básicas de TIC, que se orienta a incrementar la comprensión tecnológica de estudiantes, ciudadanos y fuerza laboral mediante la integración de competencias TIC en los planes de estudio y el currículum. En segundo lugar, se encuentra el enfoque de profundización del conocimiento que está orientado a incrementar la capacidad de los estudiantes, ciudadanos y fuerza laboral para utilizar conocimientos con el fin de adicionar valor a la sociedad y la economía, aplicando estos conocimientos para resolver problemas complejos y reales. Finalmente, el enfoque de generación de conocimiento, está orientado a aumentar la capacidad de estudiantes, ciudadanos y fuerza laboral para innovar, producir nuevo conocimiento y sacar provecho de este. (p. 111)

En ese sentido, añaden Peirano y Domínguez (2016), que estos enfoques influyen sobre cada uno de los seis elementos que identificados por la UNESCO como los ejes principales que permiten realizar una reforma educativa para potenciar el uso de la tecnología en los centros educativos. Estos elementos son:

- Definición de política y visión que exista en el país
- Plan de estudios y el sistema de evaluación
- Pedagogía
- Uso de TIC
- Organización y administración del sistema escolar
- Formación profesional docente. (p. 111)

Figura 3. Marco de Referencia competencias TIC de UNESCO.
Fuente: UNESCO (2007)

Visto los enfoques y elementos establecidos por la UNESCO, de acuerdo a varios autores (Silva Quiroz, Gros Salvat, Garrido y Rodríguez, 2006; Silva Quiroz, 2012; Peirano y Domínguez, 2016; Sánchez, Ortega, Osio y Ponce, 2019) surgen diversas propuestas de estándares a nivel mundial que facilitan el proceso de integración de las TIC en el aula, y al mismo tiempo de crear instrumentos utilizando sus indicadores para medir la madurez de la incorporación, entre los que más se destacan: El estándar *ISTE* (*International Society for Technology in Education*), el *Qualified Teacher Status (Reino Unido)*, el *European Pedagogical ICT (Comunidad Europea)*, *INSA (Colombia)*, *estándares de Australia*, entre otros.

El *Anexo 3* muestra las características principales de cada uno de estos estándares y permite tener una idea más clara de las particularidades en la que se destacan cada uno.

En el 2012, Silva Quiroz en su investigación señala que los estándares proporcionan indicadores que permiten valorar el grado de desarrollo de las competencias básicas determinadas, y que recogen aspectos en torno a (6) dimensiones:

1. Manejo Tecnológico, manejo y uso propiamente operativo de hardware y software, la que en algunos casos (ISTE) viene articulada con la formación previa a la universidad.

2. Diseño de Ambientes de Aprendizaje, habilidad y/o destreza para organizar entornos de enseñanza y aprendizaje con uso de tecnología.

3. Vinculación TIC con el Currículo, donde se da importancia a realizar un proceso de aprendizaje, desde las necesidades de los sectores curriculares (norma curricular) que permita contextualizar los aprendizajes.

4. Evaluación de recursos y aprendizaje, habilidad para evaluar técnica y críticamente el impacto de uso de ciertos recursos y la organización de entornos de aprendizaje.

5. Mejoramiento Profesional, como aquellas habilidades y destrezas que permiten a los docentes dar continuidad, a lo largo de la vida, de procesos de aprendizaje de y con TIC.

6. Ética y Valores, orientada a elementos legales y de uso ético de las TIC. (p. 6)

La mayoría de los estándares persigue mejorar los conocimientos aplicados a situaciones de aprendizaje con alumnos, y estos también tienen enfoques de integración de los aspectos propiamente tecnológicos en el aula. En ese sentido, Silva Quiroz (2012, pp. 6-7) destaca en su investigación que los estándares se clasifican en aquellos que van centrados en las competencias tecnológicas y los centrados en las competencias pedagógicas para integrar las TIC en la educación. Así mismo los categoriza Silva et al. (2006) añadiendo los estándares cuyo fin tienden a habilitar a la población en general en materia del uso de las TIC.

En resumen, de acuerdo a Perrenoud (2001), una formación de calidad en un docente deberá de contener los siguientes criterios a medir:

1. Una transposición didáctica fundada en el análisis de las prácticas y de sus transformaciones.

2. Un referencial de competencias que identifique los saberes y las capacidades requeridas.

3. Un plan de formación que esté orientado al desarrollo de competencias.

4. Un aprendizaje a través de problemas.

5. Una verdadera articulación entre teoría y práctica.

6. Una organización modular y diferenciada.

7. Una evaluación formativa fundada en el análisis del trabajo.

8. Tiempos y dispositivos de integración y movilización de lo adquirido.

9. Una asociación negociada con los profesionales.

10. Una selección de los saberes, favorable a su movilización de trabajo. (p. 7)

Al final, el docente deberá centralizar estas competencias en tres grandes grupos: académicas, administrativas y humano-sociales (Aldape, 2008, p.17).

Competencias Académicas

Con el desarrollo de las competencias académicas, según Aldape (2008), el docente podrá dominar los conocimientos y habilidades necesarios sobre su materia de especialidad, utilizando entre los métodos para el proceso de enseñanza y aprendizaje el uso de la tecnología como herramientas que permitan la fluidez y eficacia del proceso. Deberá de manejar grandes grupos, por ejemplo, para el caso de la educación a distancia (p. 17).

En resumen, deberá tener las siguientes habilidades: i) visión sistémica; ii) manejo de grupos; iii) tecnología para el aprendizaje; iv) diagnóstico; v) solución de problemas; y vi) toma de decisiones.

Competencias Administrativas

Estas competencias son las que le permitirán al docente tener las habilidades para enlazar las actividades docentes con la demanda de la administración de la institución y del entorno del sistema, de acuerdo a Aldape (2008, p. 18).

Por lo tanto, el docente deberá saber:

1. Organizar su tiempo.

2. Deberá saber generar estadísticas sobre el desempeño académico de sus alumnos.

3. Deberá analizar los datos que recopila.

4. Presentar reportes.

5. Saber planificar el contenido que maneja.

6. Diseñar las actividades didácticas que utilizará para lograr el aprendizaje en sus estudiantes.

7. Deberá saber evaluar o establecer los indicadores de los objetivos planteados para la adquisición de los conocimientos de sus estudiantes, y saber medir el desarrollo de las competencias de estos.

En resumen, entre las competencias administrativas requeridas en el docente del siglo XXI están: i) pensamiento estratégico; ii) creatividad; iii) planeación; y iv) coordinación de acciones.

Competencias Humano – Sociales

De acuerdo a Aldape (2008, p. 19), estas competencias son las que le permitirán al docente poder trabajar de manera armoniosa con su grupo de clase, sus compañeros de trabajo, padres de familias y cualquier otro individuo involucrado en el logro de su meta.

En ese sentido, se destacan las siguientes competencias:

1. Desarrollo personal.

2. Motivación.

3. Liderazgo.

4. Comunicación.

5. Trabajo en equipo.

6. Negociación.

Consecuencias de que los docentes no cuenten con las competencias requeridas

Una institución educativa no puede darse la tarea de que sus docentes no cuenten con las competencias requeridas para poder llevar a cabo de manera satisfactoria el proceso de enseñanza / aprendizaje en el presente siglo. Aldape (2008, pp. 20-21) indica, que las escuelas que no promueva el desarrollo de las potencialidades de sus docentes, no podrán dar respuesta a la demanda de la exigencia global respecto a las competencias que deben adquirir sus alumnos en el siglo XXI, dado que los docentes, no podrán tener el rendimiento que se espera de ellos en cuanto a la formación de sus alumnos.

En lo que respecta al autor de esta investigación, los docentes que no hayan adquiridos las competencias exigidas en el presente siglo, el uso de las TIC en el proceso de enseñanza y aprendizaje en la educación no será favorable, dado que en todas esas competencias que han sido identificadas en las tres grandes clasificaciones mencionadas en los párrafos anteriores, necesitan que de alguna manera el docente las vincule en su ejercicio.

En un contexto más técnico sobre el uso de la tecnología, INTEF (2017) citado por Urquijo, Álvarez y Peláez (2019, pp. 35-36), propone las siguientes áreas y competencias que debe de tener un docente, entre las que son señaladas:

1. *Información y alfabetización informacional.* El docente debe gestionar la información digital, considerando siempre su finalidad y relevancia.
2. *Comunicación y colaboración.* El docente debe saber utilizar las diferentes herramientas para comunicarse en entornos digitales, así como también, tener conocimientos de las herramientas existentes para compartir recursos digitales.
3. *Creación de contenidos digitales.* Deberá de tener los conocimientos de desarrollo de contenidos digitales.
4. *Seguridad.* El profesorado deberá de saber cómo proteger datos personales y el contenido digital de los que dispone para sus prácticas docentes.
5. *Resolución de problemas.* Deberá tener conocimientos (por lo menos básicos) de poder identificar el uso de herramientas digitales para mantener la innovación de sus prácticas docentes.

De manera general, para concluir, de acuerdo a González, Sanabria y Sanabria (2019, p. 55), el docente debe ser poseedor de conocimiento interdisciplinario, debe estar capacitado para trabajar en el contexto intercultural, debe tener un desarrollo profesional constante, debe reunir competencias de investigador, pero principalmente, en sus prácticas debe tener mayor presencia del uso de las TIC en los procesos de enseñanza y aprendizaje, y es por ello que resaltan el tener elevados conocimientos de la educación virtual y el manejo de variadas plataformas tecnológicas, entre otras cualidades que se conectan con el uso de las herramientas tecnológicas en el contexto educativo.

3.7 Objetivos y metas del mundo hacia el 2030

A continuación, se exponen una serie de objetivos, metas y planes de acciones de organismos internacionales, iniciados en el año 2000 con miras a ser cumplidos para el año 2030, los cuales entre sus directivas se sustenta el proceso de integración de las TIC en la educación como uno de los ejes más importantes, no solo para lograr la calidad de la educación, sino que también, la inclusión social que se persiguen entre las demás directivas contenidas en estos convenios.

3.7.1 Internacionales

a. *Objetivos de Desarrollo del Milenio (ODM)*

Vista las necesidades y nuevos retos que se aproximaban con la llegada del nuevo siglo, la Organización de las Naciones Unidas (ONU), como ente mundial en garantizar el progreso social de todos los países del mundo, fijó una serie de propósitos que deberían haber sido logrados entre el lapso de tiempo de los años 2000 al 2015, cuyo fin era el de combatir los graves problemas que aquejaban a todas las sociedades del globo terraqueo en sentido de la pobreza, la educación, la igualdad social entre los sexos, entre otras.

Según la ONU (2000), "estos objetivos a lograr fueron nombrados como *Objetivos del Milenio*", los cuales fueron firmados por 189 países. Estaban compuestos de la siguiente manera:

- Objetivo 1 Erradicar la pobreza extrema y el hambre.

- Objetivo 2 Lograr la enseñanza primaria universal.

- Objetivo 3 Promover la igualdad entre los sexos y el empoderamiento de la mujer.

- Objetivo 4 Reducir la mortalidad de los niños menos de (5) años.

- Objetivo 5 Mejorar la salud materna.

- Objetivo 6 Combatir el VIH / SIDA, la malaria y otras enfermedades.

- Objetivo 7 Garantizar la sostenibilidad del medio ambiente.

- Objetivo 8 Fomentar una alianza mundial para el desarrollo.

En lo que a la presente investigación concierne, entre estos objetivos debe ser resaltado el *Objetivo 8*, específicamente la Meta 8.D de este objetivo, que dice *"en cooperación con el sector privado, hacer más accesible los beneficios de las nuevas tecnologías, especialmente las de información y comunicaciones"*, compuesta por (3) indicadores: Crecimiento de la demanda de tecnologías de telecomunicaciones, el acceso al internet para los habitantes del planeta y la brecha de la velocidad de la conexión a internet.

El autor de esta investigación es del criterio de que, a partir de la firma de estos objetivos por los países participantes, es cuando inicia de manera formal la inclusión en el sector educativo del uso de las tecnologías de la información y comunicación (TIC). Este enunciado se desprende de la idea de que estas herramientas tecnológicas ayudan en la inclusión social del individuo de una u otra manera, haciendo viable el deseo de una educación primaria que pueda ser universal con la finalidad de dar al traste con el apalancamiento necesario para erradicar la pobreza extrema.

Sachs (2015) en su investigación plantea que, dado de que algunos objetivos no pudieron cumplirse ya que el esfuerzo realizado no fue suficiente, y visto el que ya llegaba el momento en que finalizaba el período de ejecución de los ODM, se inició por las entidades responsables de esta tarea, el replanteamiento de objetivos en búsqueda de la solución de los problemas que aquejan el mundo, y que estos objetivos fueran "sostenibles" para lograr su cumplimiento. Bajo esta concepción nacen los *Objetivos de Desarrollo Sostenible*.

b. Objetivos de Desarrollo Sostenible (ODS)

Como se ha indicado, los *Objetivos de Desarrollo del Milenio* eran vigentes hasta el año 2015, a partir de este año entraron en vigencia los *Objetivos de Desarrollo Sostenible* que de acuerdo a la ONU (2015) están compuestos por 17 objetivos los cuales fueron firmados por 193 países del mundo.

En lo que concierne a esta investigación, el objetivo en el cual se sustenta el uso de las TIC en la educación es el *Objetivo 4 "garantizar una educación inclusiva, equitativa y de calidad y promover oportunidades de aprendizaje durante toda la vida para todos"*. Estas características de inclusión, ser equitativa y de calidad, y promover oportunidades son de las ventajas que ya hemos mencionado se pueden obtener al integrar estas nuevas tecnologías en el sector educativo.

Para poder visualizar qué tan importante se hacen las TIC en el cumplimiento de este objetivo, se detallan a continuación las metas a cumplir al 2030 (e indicadores de medición):

- Velar por que todas las niñas y todos los niños terminen los ciclos de la enseñanza primaria y secundaria, que ha de ser gratuita, equitativa y de calidad y producir resultados escolares pertinentes y eficaces.

- Velar por que todas las niñas y todos los niños tengan acceso a servicios de atención y desarrollo en la primera infancia y a una enseñanza preescolar de calidad, a fin de que estén preparados para la enseñanza primaria.

- Asegurar el acceso en condiciones de igualdad para todos los hombres y las mujeres a una formación técnica, profesional y superior de calidad, incluida la enseñanza universitaria.

- Aumentar sustancialmente el número de jóvenes y adultos que tienen las competencias necesarias, en particular técnicas y profesionales, para acceder al empleo, el trabajo decente y el emprendimiento.

- Eliminar las disparidades de género en la educación y garantizar el acceso en condiciones de igualdad de las personas vulnerables, incluidas las personas con discapacidad, los pueblos indígenas y los niños en situaciones de vulnerabilidad, a todos los niveles de la enseñanza y la formación profesional.

- Garantizar que todos los jóvenes y al menos una proporción sustancial de los adultos, tanto hombres como mujeres, tengan competencias de lectura, escritura y aritmética.

- Garantizar que todos los alumnos adquieran los conocimientos teóricos y prácticos necesarios para promover el desarrollo sostenible, entre otras cosas mediante la educación para el desarrollo sostenible y la adopción de estilos de vida sostenibles, los derechos humanos, la igualdad entre los géneros, la promoción de una cultura de paz y no violencia, la ciudadanía mundial y la valoración de la diversidad cultural y de la contribución de la cultura al desarrollo sostenible, entre otros medios.

- Construir y adecuar instalaciones escolares que respondan a las necesidades de los niños y las personas discapacitadas y tengan en cuenta las cuestiones de género, y que ofrezcan entornos de aprendizaje seguros, no violentos, inclusivos y eficaces para todos.

- Para 2020, aumentar sustancialmente a nivel mundial el número de becas disponibles para los países en desarrollo, en particular los países menos adelantados, los pequeños Estados insulares en desarrollo y los países de África, para que sus estudiantes puedan matricularse en programas de estudios superiores, incluidos programas de formación profesional y programas técnicos, científicos, de ingeniería y de tecnología de la información y las comunicaciones, en países desarrollados y otros países en desarrollo.

- Aumentar sustancialmente la oferta de maestros calificados, entre otras cosas mediante la cooperación internacional para la formación de docentes en los países en desarrollo, especialmente los países menos adelantados y los pequeños Estados insulares en desarrollo. (ONU, 2015)

c. *Metas Educativas 2021*

Posteriormente a los ODS, para el año 2010 otra acción mundial a favor de construir una mejor sociedad fue llevada a cabo, las *Metas Educativas 2021*. Esta iniciativa fue auspiciada por la Organización de Estados Iberoamericanos (OEI). De acuerdo a la OEI (2015), se instituyeron 11 metas para fortalecer la educación básica en general, con miras a fomentar una mejor educación superior en los países que comprenden estas comarcas entre los cuales está incluida la República Dominicana. Para el seguimiento de estas metas la OEI creó el Instituto de Evaluación y Seguimiento de las Metas (IESME).

Las Metas Educativas 2021 son:

- Meta 01: *Más participación* de la sociedad.

- Meta 02: Más igualdad y *menos discriminación*.

- Meta 03: Más oferta y de *mayor carácter educativo*.

- Meta 04: *Mejor acceso a la educación* primaria y secundaria.

- Meta 05: *Mejor calidad* de la educación.

- Meta 06: Favorecer la *conexión con el empleo*.

- Meta 07: *Educación continuada* a lo largo de la vida.

- Meta 08: Fortalecer la *profesión docente*.

- Meta 09: Fortalecer la *investigación científica*.

- Meta 10: Invertir *más y mejor*.

- Meta 11: *Evaluar* el sistema educativo. (OEI, 2015)

De acuerdo al criterio del autor de esta investigación, las TIC fundamentalmente pueden servir como herramientas de apoyo para estimular el cumplimiento de todas las metas educativas propuestas por la OEI.

d. Planes de Acción al 2030

- *Cumbre Mundial de la Sociedad de la Información (CMSI)*

Una vez establecidos los ODM y los ODS, en el año 2003 la Unión Internacional de Telecomunicaciones (UIT) organismo de la ONU especializado en telecomunicaciones que se encarga de regular este servicio a nivel internacional, elabora una serie de 10 metas que resultaron de la presentación de su informe en el año 2003 en el evento que organizaron llamado *Cumbre Mundial de la Sociedad de la Información (CMSI)*, con el fin de garantizar que exista una mejor conectividad que posibilite la reducción de la brecha digital en el mundo para favorecer la llamada "sociedad de la información" mediante planes de acciones y políticas que permitan lograr el objetivo deseado.

La sociedad de la información, según la UIT (2003) es la sociedad en la que "...todos puedan crear, acceder, utilizar y compartir la información y el conocimiento, para hacer que las personas, las comunidades y los pueblos puedan desarrollar su pleno potencial y mejorar la calidad de sus vidas de manera sostenible" (p.4).

Las metas presentadas son las siguientes:

- Meta 1: Conectar todas las aldeas a Internet y crear puntos de acceso comunitario.

- Meta 2: Conectar todas las universidades, escuelas superiores, escuelas secundarias y escuelas primarias.

- Meta 3: Conectar todos los centros científicos y de investigación.

- Meta 4: Conectar todas las bibliotecas públicas, los archivos, los museos, los centros culturales y las oficinas de correos.

- Meta 5: Conectar todos los centros sanitarios y hospitales.

- Meta 6: Conectar todos los organismos de la administración central y de las administraciones locales y crear sitios web y direcciones de correo electrónico para los mismos.

- Meta 7: Adaptar todos los programas de estudio de la enseñanza primaria y secundaria al cumplimiento de los objetivos de la sociedad de la información, teniendo en cuenta las circunstancias de cada país.

- Meta 8: Asegurar que todos los habitantes del mundo tengan acceso a servicios de televisión y radio.

- Meta 9: Fomentar el desarrollo de contenidos e implantar condiciones técnicas que faciliten la presencia y la utilización de todos los idiomas del mundo en Internet.

- Meta 10: Asegurar que el acceso a las TIC esté al alcance de más de la mitad de los habitantes del planeta. (UIT, 2003)

En ese sentido, fue elaborado un plan con 11 líneas de acción con el fin de hacer viables cumplir con las metas establecidas por la ITU. Ese plan de acción está representado de la siguiente manera:

- C1. El papel de los gobiernos y de todas las partes interesadas en la promoción de las TIC para el desarrollo.

- C2. Infraestructura de la información y la comunicación.

- C3. Acceso a la información y al conocimiento.

- C4. Creación de capacidades.

- C5. Creación de confianza y seguridad en la utilización de las TIC.

- C6. Entorno habilitador.

- C7. Aplicaciones de las TIC: Cibergobierno, cibernegocio, ciberenseñanza, cibersalud, ciberempleo, ciberecología, ciberagricultura, ciberciencia.

- C8. Diversidad e identidad culturales, diversidad lingüística y contenido local.

- C9. Medios de comunicación.

- C10. Factores éticos de la sociedad de la información.

- C11. Cooperación internacional y regional. (UIT, 2006)

Para fines de seguimiento del plan de acción establecido, de acuerdo a la UIT (2006), se emitió la resolución 20006 / 46 en la que se destaca que se le daría un seguimiento anual a la aplicación integrada y coordinada de estas líneas de acción establecidas.

- *Sociedad de la Información y el Conocimiento de América Latina y el Caribe (eLac)*

Con el deseo de crear un plan de acción para asistir a los países de la región de América Latina y el Caribe con relación a la sociedad de la información, la Comisión Económica Para América Latina y el Caribe (CEPAL), en noviembre del 2010 aprobó un plan de acción sobre la sociedad de la información y el conocimiento de América Latina y el Caribe (eLAC).

De acuerdo a la CEPAL (2013), el eLAC es un plan de acción con el propósito de ser una fuente de intermediación de las metas de la comunidad global, acordadas estas dentro del contexto de los Objetivos de Desarrollo del Milenio y la Cumbre Mundial de la Sociedad de la Información, y las necesidades de los países de la región de acuerdo a la situación de cada uno de ellos. A través de este plan de acción CEPAL plantea "…que las tecnologías de la información y de las comunicaciones (TIC) son instrumentos de desarrollo económico y de inclusión social" (p. 5).

En ese mismo sentido, los indicadores de este plan de acción se organizaron de acuerdo a las siguientes áreas temáticas: Acceso (a la conectividad), gobierno electrónico, medioambiente, seguridad social, desarrollo productivo e innovación, entorno habilitador, educación. (CEPAL, 2013)

- *La Agenda Conectar 2020*

La Unión Internacional de las Telecomunicaciones (UIT), es el organismo de las Naciones Unidas especializado en las Tecnologías de la Información y la Comunicación (TIC).

En ese sentido, y en apoyo a las metas que nacían al año 2014 finalizando los Objetivos de Desarrollo del Milenio y empezando lo que serían el replanteamiento de objetivos que buscaran solucionar las necesidades del mundo y de manera sostenible (ahí nacen los Objetivos de Desarrollo Sostenible – ODS), la UIT en apoyo a las problemáticas planteadas en los ODS, de acuerdo a UIT (2014), en su Conferencia de Plenipotenciarios del 2014 (PP-14), adoptaron por unanimidad un programa mundial que buscara definir el futuro en cuanto al avance de las TIC se refiere, y que al mismo tiempo, estuviera relacionado a apoyar los objetivos definidos en los ODS. A este programa le llamaron Agenda Conectar 2020 para el desarrollo mundial de las telecomunicaciones / TIC.

Se establecieron cuatro pilares a ser conocidos en la agenda Conectar 2020, los cuales se citan a continuación: crecimiento, integración, sostenibilidad e innovación y asociación (párr 3).

Las metas comprometidas fueron:

- *Meta 1: Permitir y fomentar el acceso a las telecomunicaciones / TIC y aumentar su utilización.*
Mediante esta meta la UIT procura lograr 1,500 millones más de usuarios a nivel mundial que tengan acceso a líneas con conectividad al año 2020, potenciando la innovación de las infraestructuras de las telecomunicaciones para lograr un aumento del acceso a las TIC.

- *Meta 2: Integración – Reducir la brecha digital y lograr el acceso universal a la banda ancha.*

A través de esta meta, la UIT pretende lograr las brechas en el acceso, utilización y asequibilidad, tratando de mejorar la cobertura de la banda ancha, y buscando apalancar especialmente la brecha de género en materia de acceso a las TIC.

- *Meta 3: Sostenibilidad – Resolver las dificultades que plantee el desarrollo de las telecomunicaciones / TIC.*

El autor de esta investigación es del criterio que el cumplimiento de esta meta es lo que le garantizará a la UIT el logro de las metas e indicadores propuestos mediante esta Agenda. En ese sentido se hizo el compromiso de reducir los aspectos negativos (o desventajas) del uso de las TIC, así como también las amenazas que en materia de ciberseguridad pudieran vulnerar todas las infraestructuras existentes y las que se implementarán en la consecución de los objetivos.

- *Meta 4: Innovación y asociación – Dirigir, mejorar y adaptarse a los cambios del entorno de las telecomunicaciones / TIC.*

Con esta meta la UIT y sus Estados miembros buscan garantizar que mediante las alianzas puntuales se puedan adquirir los avances en las innovaciones tecnológicas entre las naciones.

El *Anexo 4* muestra las metas y principales objetivos del plan de acción Conectar 2020, y los indicadores de medición que deben ser logrados al año 2020.

3.7.2 Nacionales

a. Ley 1-12 Estrategia Nacional de Desarrollo 2030 de República Dominicana

La Ley 1-12 es el más ambicioso proyecto de Nación de la República Dominicana con miras al año 2030, que persigue principalmente el cumplimiento de una serie de objetivos (a través de sus líneas de acciones) para lograr un país con mayores oportunidades para su población. Esta estrategia se sustenta sobre la base de los objetivos y metas analizados en el epígrafe 3.7.1.

MEPyD (2016) lo define como un instrumento de planificación de gran alcance y generalidad, que se convierte en una guía de planificación estratégica y elaboración presupuestaria en cada una de las instituciones públicas del Estado Dominicano, así como también, de procesos de concertación de pactos sociales (parr. 3).

Esta Ley, cuyo Reglamento de Aplicación se promulga a través del Decreto 134-14, cuenta con cuatro (4) ejes estratégicos que procuran en resumen un Estado con transparencia en sus ejecuciones, una sociedad con igualdad de derechos, una economía sostenible y una sociedad productiva.

El *Anexo 5* presenta un resumen de los Ejes y Objetivos de la Ley 1-12 de Estrategia Nacional de Desarrollo orientados a educación, y que impulsan el uso de las TIC en el aula con el objetivo de mejorar la calidad de la educación.

De acuerdo a los Objetivos Generales definidos en el *Anexo 5* y al contexto de esta investigación, el Segundo Eje Estratégico en su Objetivo General No. 2.1, el Estado Dominicano contextualiza lo que concierne a la Educación de Calidad. En ese sentido, el *Anexo 6* especifica cuáles fueron los Objetivos Específicos y Líneas de Acciones establecidas por el Estado Dominicano con relación a la Educación.

Tal como se vislumbra en el *Anexo 6*, todas las líneas de acciones aquí enmarcadas tienen como finalidad potenciar la calidad de la educación del Sistema de Educación Público de República Dominicana.

En específico, las líneas de acción de la *Ley 1-12 de Estrategia Nacional de Desarrollo* que persiguen la integración de las TIC en la educación pública son las siguientes:

- 2.1.1.8 *"*Fortalecer la enseñanza de las ciencias, tecnologías de la información y la comunicación y las lenguas como vía para insertarse en la sociedad del conocimiento*"*.
- 2.1.1.13 *"*Promover la participación de niños, niñas y adolescentes, padres y madres, comunidades, instituciones y gobiernos locales como actores comprometidos en la construcción de una educación de calidad*"*.
- 2.1.1.14 *"*Fomentar el uso de las TIC como herramienta de gestión del sistema educativo*"*.
- 2.1.2.1 "Proveer en todo el territorio nacional la infraestructura física adecuada, la dotación de recursos pedagógicos, tecnológicos y personal docente que posibiliten la universalización de una educación de calidad desde los 3 años de edad hasta concluir el nivel medio*"*.

Cabe destacar, que estas líneas de acción serán medidas a través del instrumento de recogida de datos que será utilizado en esta investigación, para conocer el estado de situación del proceso de integración de las TIC en las escuelas públicas, y así poder tener un diagnóstico del proceso al crear un perfil tecnológico de cada centro.

3.8 Estudios de medición del nivel de educación y uso de TIC

Como una manera de medir el avance de los objetivos y planes de acciones que se han mencionado, se instituyó el uso de evaluaciones regionales e internacionales por entidades certificadas para lograr tan importante tarea basadas en los estándares establecidos para definir las competencias que deben de reunir los actores principales del sistema escolar, los estudiantes. UNESCO (2015, p.224) menciona dos importantes estudios que fueron creados para estos fines, y que hablaremos de ellos en esta investigación dado que la *República Dominicana* participa en estas mediciones. Uno de estos estudios es llevado a cabo por el Laboratorio Latinoamericano de Evaluación de la Calidad de la Educación (LLECE) fundado en el 1994 y el otro estudio creado por la Organización para la Cooperación y el Desarrollo Económico (OCDE).

3.8.1 *Laboratorio Latinoamericano de Evaluación de la Calidad de la Educación (LLECE)*

De acuerdo a UNESCO (s.f.), el Laboratorio Latinoamericano de Evaluación de la Calidad de la Educación (LLECE) es el mecanismo escogido por los Estados miembros de la UNESCO cuya misión es el monitoreo y seguimiento del Marco de Acción de la Agenda de Educación 2030 y del Objetivo de Desarrollo Sostenible N° 4 sobre Educación en la región.

El LLECE ha llevado a cabo tres evaluaciones para medir el desempeño escolar de los alumnos. Un Primer Estudio Regional Comparativo y Explicativo (PERCE), fue llevado a cabo por el LLECE en el año 1997, el Segundo (SERCE) en 2006 y el Tercer (TERCE) en el 2013. A través de estas pruebas se miden los logros de aprendizaje en matemática, lenguaje en estudiantes de tercer nivel y las mismas disciplinas más ciencias naturales en estudiantes de sexto grado de educación primaria en 15 países de la región de América Latina y el Caribe, e identifica los factores asociados que influyen en estos resultados. Se aplican pruebas referidas a elementos comunes de los currículos escolares de la región – matemática, lectura, escritura, ciencias naturales. (UNESCO, 2013).

De acuerdo a los resultados de las pruebas PERCE, de acuerdo a UNESCO (1998), de manera general, en los demás países los estudiantes de escuelas privadas obtuvieron mayor puntaje que las escuelas públicas, no siendo así en el caso de la República Dominicana.

Sin embargo, esto no indica que las puntuaciones obtenidas por la República Dominicana hayan sido satisfactorias. En Lenguaje de Tercer Grado, la tasa de alfabetización fue de 82% con una puntuación obtenida de 220 puntos, lo que le colocó en la posición número 10 (de 11 países evaluados). Asimismo, los estudiantes de lenguaje para cuarto grado la tasa de alfabetización fue la misma, y aunque el puntaje obtenido fue de 233 puntos, por encima de los de tercer grado, quedamos en la misma posición, en el penúltimo lugar. En matemáticas de tercer grado los estudiantes tuvieron un puntaje de 225 quedando a dos lugares del último lugar (puesto 9 de 11).

Lo mismo aconteció con el puntaje obtenido por los estudiantes de matemáticas de cuarto grado. No en mejor posicionamiento quedó el país cuando fue medido utilizando el índice de desarrollo humano. En las mismas posiciones quedó la República Dominicana cuando se hizo la medición comparándola con el PIB real per cápita de cada país participante y la comparativa según el orden observado por los países en el gasto de educación, posicionándose el país entre el penúltimo y último lugar en cada asignatura evaluada. (UNESCO, 1998)

De acuerdo a UNESCO (2006), la República Dominicana es una de ocho países que quedaron con una puntuación inferior al promedio en las evaluaciones realizadas a estudiantes en matemáticas de tercer grado en la prueba SERCE.

Asimismo, fue la puntuación obtenida por el país con relación a las matemáticas de sexto grado, quedando posicionado en el último lugar debido al pobre puntaje obtenido. Pero este puntaje y posicionamiento no fue diferente con relación a las demás materias evaluadas en este estudio por el poco desempeño de los estudiantes.

De la misma manera, por el bajo rendimiento en las evaluaciones, en ciencias la República Dominicana obtuvo puntuaciones inferiores por debajo del promedio de América Latina y el Caribe. En las mediciones en donde se calculó la línea de regresión, la República Dominicana obtuvo un puntaje por debajo del rendimiento promedio inferior a lo esperado.

Con respecto a la prueba TERCE, un informe ejecutivo presentado por el Ministerio de Educación de la República Dominicana (MINERD) puntualiza lo siguiente:

a) La prueba TERCE en la República Dominicana fue responsabilidad de la *Dirección de Evaluación de la Calidad del Ministerio de Educación de la República Dominicana*. Esta se efectuó del 20 al 24 de mayo del 2013.

b) Fueron evaluados un total de *8,254 estudiantes de primaria*. De estos 4,324 fueron de tercer grado y 3,930 de sexto grado inscritos en *208 escuelas primarias* (públicas y privadas) a nivel nacional. TERCE estableció 4 niveles de desempeño siendo el 4 el más alto.

c) El mayor porcentaje de estudiantes sacó una pobre calificación en las asignaturas a medir, encasillándolos en el *Nivel 1*. Esto nos indica en el nivel deplorable en que se encuentra la situación de la calidad de la educación en la República Dominicana.

d) El análisis indica como factores asociados al pobre desempeño de los estudiantes los siguientes:

- Características del estudiante y su familia. Por ejemplo, los hijos con expectativas socioeconómicas más altas obtuvieron mejores calificaciones.

- Característica de la escuela.

- La repetición de curso.

- Características del docente y el aula. Los estudiantes cuyos docentes trabajan en un mejor ambiente de clase obtuvieron mejores puntuaciones. (2016, p.8)

A continuación, la *Tabla 05* muestra un resumen de las puntuaciones obtenidas por los estudiantes evaluados de República Dominicana en las pruebas TERCE.

Tabla 05

Resumen de puntuaciones de Rep. Dom. en pruebas TERCE

Área Curricular / Grado	Niveles de Desempeño			
	Nivel I	Nivel II	Nivel III	Nivel IV
Lectura Tercero	74.1	14.9	8.9	2.1
Lectura Sexto	37.8	54.2	5.9	2.1
Matemática Tercero	84.8	10.3	4.0	0.9
Matemática Sexto	80.1	18.5	1.3	0.2
Ciencias Naturales Sexto	64.7	31.0	3.7	0.6

Nota. Recreado de MINERD (2016).

En conclusión, el informe de MINERD (2016a) presenta las siguientes acotaciones:

- Se deberá revisar los mecanismos para que los estudiantes repitan de curso en caso de no reunir las competencias requeridas para ser promovidos.

- Debe ser expandida la educación inicial para niños(as) entre 4 y 6 años.

- Debe existir una mayor participación de la familia en lo que a la educación se refiere.

- Se deberán aplicar y diseñar estrategias para la equidad de género en el aprendizaje.

- Medidas para reducir la alta correlación entre las desigualdades socioeconómicas y el logro académico obtenido por el estudiante.

- Diseñar programas que ayuden a mejorar la metodología de enseñanza y aprendizaje.

- La relevancia de contar con materiales educativos individuales dentro del aula.

- Fortalecer los programas de formación docente.

- Mejorar la focalización de las políticas educativas y sociales. (pp. 15-16)

UNESCO (2016), plantea una serie de recomendaciones basadas en las evidencias que arrojaron los resultados de las pruebas TERCE, con el fin de que estas sirvan de instrumento para crear políticas educativas que permitan llevar a cabo acciones que impulsen a cada nación evaluada en lograr mejoras. Con relación a las TIC "...*los resultados del TERCE muestran que la relación entre el uso del computador en la escuela y el aprendizaje varía según la intensidad de la utilización de esta tecnología"* (p. 109).

Esta variación se debe a que el uso de las TIC en la escuela enfrenta dos obstáculos en la región. El primer obstáculo se debe a la brecha digital que ocasiona en la región y que tiene que ver con el factor socioeconómico de los estudiantes en las escuelas. Apenas una pequeña proporción de escuelas a la cual asisten niños de bajos recursos económicos cuenta con TIC, en comparación de las escuelas que reciben en sus aulas a los niños que mayores recursos económicos.

El segundo obstáculo es de carácter más complejo, debido a que los resultados de TERCE arrojan que un uso intensivo de las TIC en la escuela se asocia a menores niveles de aprendizaje, por lo que se entiende que ha sido difícil potenciar en la región a las TIC como impulsores del aprendizaje en la escuela. (UNESCO, 2016, p. 152)

En ese sentido, las recomendaciones de política educativa dadas por UNESCO (2016) a la República Dominicana para el uso de las TIC son las siguientes:

- En primer lugar, se deben crear políticas públicas que permitan el acceso a las herramientas tecnológicas, como un derecho que debe de tener la población que no puede tenerlo por sus propios recursos, asegurando que sean capacitados docentes y familiares en el uso de las tecnologías digitales, establecer regulaciones que garanticen el derecho a la privacidad, los derechos de autor, el fomento de las culturas locales y el reciclaje de los equipos; relevar buenas prácticas educativas del uso de la tecnología; y, utilizar el potencial de la tecnología para fomentar la educación permanente y el desarrollo de una diversidad de talentos.

- En segundo lugar, con el fin de potenciar el uso de las TIC en las escuelas es necesario implementar medidas que promuevan procesos pedagógicos y enfocados a los estudiantes, facilitar la colaboración dentro y fuera de la escuela con el fin de fomentar comunidades de aprendizajes, fomentar redes de intercambio que permitan compartir modelos pedagógicos y curriculares, y promover espacios de innovación que permitan apoyar el desarrollo de habilidades sociales y emocionales entre los estudiantes. (UNESCO, 2016, p. 152)

En ese mismo sentido opinan Torrecilla, Javier y Román (2014) en su investigación, cuando indican que es necesario enriquecer los ambientes de aprendizaje de los estudiantes y que este cambio se lleva a cabo con la inclusión del uso de las TIC en el aula. Al mismo tiempo añaden, la incidencia positiva en la construcción del conocimiento de los estudiantes cuando estos tienen acceso a las herramientas tecnológicas que facilitan este proceso.

A partir de lo analizado en el contexto de la prueba TERCE, el autor de la presente investigación es del criterio de que en la República Dominicana se establezcan políticas que persigan lograr los objetivos de desarrollo social con los que el Estado Dominicano se ha comprometido cumplir con su participación en todos estos convenios y evaluaciones llevadas a cabo.

3.8.2 Informe PISA

Por el otro lado tenemos las pruebas del Programa Internacional para la Evaluación de Estudiantes (PISA por sus siglas en inglés) o Informe PISA. En lo que a nuestra investigación concierne hacemos referencia a estas pruebas como un sustento a todos los enunciados aquí contenidos, ya que nuestro estudio va orientado a la educación primaria y el Informe PISA hace una medición a niños de 15 años próximos a graduarse de la etapa del colegio.

Estas pruebas miden la competencia de lectura, matemáticas y ciencias naturales en niños de 15 años (como ya hemos dicho) y sin importar el grado académico, y con evaluaciones independientes del currículo académico para poder evaluar diversos países. (OCDE, 2015).

En el caso de la República Dominicana, fue evaluado el país por primera vez en el año 2015 obteniendo los peores resultados de todos los países evaluados, así lo expresa Tapia (2016) cuando opina que en el desempeño el 70.7 por ciento de los estudiantes dominicanos tuvieron un bajo rendimiento, siendo el porcentaje más alto de todos los países y economías evaluadas.

Batista (2016) titula su artículo periodístico luego de haber participado en la rueda de prensa en donde se dieron a conocer los puntajes obtenidos por el país de la siguiente manera: "...*República Dominicana obtiene los peores puntajes de pruebas educativas PISA*". Morel (2016) lo expresa: "...*RD en la cola de 72 países que tomaron las pruebas PISA*".

Estos titulares crearon por días una voz de alarma en la República Dominicana debido al pésimo estado de situación en que se encuentra el nivel de calidad de educación del país. Pero lo que más atrae la atención al autor de esta investigación (y por eso fue incluido como referencia el informe PISA) y que no he visto análisis alguno al respecto, es que estos resultados eran de esperarse. Con esto se hace referencia a que, por ejemplo, con el pésimo resultado obtenido por los niños de tercer y sexto grado de República Dominicana en las pruebas TERCE, cuando estos niños cumplan la edad de ser evaluados por el Informe PISA si el Estado Dominicano en ese lapso de tiempo no ha ejecutado un plan de acción capaz de reivindicar el nivel de calidad de educación en el conocimiento de estos niños, no será diferente el resultado que obtuvo el país en las pruebas PISA del año 2015.

3.8.3 *Estudio Internacional de Educación Cívica y Formación Ciudadana (ICCS)*

De acuerdo a UNESCO (2017), el Estudio Internacional de Educación Cívica y Ciudadanía (ICCS)[5] es el mayor estudio internacional de educación cívica y ciudadanía en el mundo, llevado a cabo por la Asociación Internacional para la Evaluación del Rendimiento Educativo (IEA).

La evaluación de ICCS aborda el conocimiento cívico, la comprensión, las percepciones, las actitudes, el compromiso y el comportamiento de los estudiantes, mientras recopila información sobre los antecedentes del hogar de los estudiantes. Módulos y cuestionarios regionales separados (por ejemplo, europeos y latinoamericanos) investigaron temas de importancia específica para la educación cívica y ciudadana en las respectivas regiones.

---

[5] Por sus siglas en inglés.

Además, ICCS recopila datos de los responsables políticos, directores de escuelas y maestros sobre diversos aspectos relacionados con la educación cívica y ciudadana de los sistemas educativos participantes y sus escuelas y aulas.

ICCS contribuye sustancialmente al conocimiento sobre educación cívica y ciudadana en las escuelas y sobre cómo diversos países preparan a sus jóvenes para la ciudadanía. El enfoque del estudio de recopilar datos a varios niveles y desde diferentes perspectivas revela muchos temas importantes para los formuladores de políticas y los profesionales en esta área de la educación. (UNESCO, 2017)

De acuerdo a MINERD (2010), en el ICCS participaron seis países de América Latina y el Caribe: Colombia, Chile, Guatemala, México, Paraguay y la República Dominicana. La República Dominicana participó por primera vez en el estudio llevado a cabo en el año 2009, como parte de la política del Estado Dominicano para el mejoramiento de la calidad de educación.

En dicho estudio, participaron treinta y ocho países del mundo, en donde se aplicaron pruebas de desarrollo y cognitivas a más de 140 mil estudiantes, donde también se obtuvieron datos de 62 mil profesores y directores de las más de 5,300 escuelas de los países participantes.

En dicho estudio, fueron evaluados los procesos cognitivos (conocimiento, razonamiento y análisis), así como su comportamiento afectivo (creencias sobre valores, actitudes, intenciones de comportamiento y comportamiento) para: *La sociedad civil y sistemas* (incluyendo temas relativos a la democracia, ciudadanía, instituciones estatales e instituciones cívicas); *Principios cívicos* (valores de equidad, libertad, cohesión social, diversidad e identidad nacional); *participación cívica* (temas relacionados a la toma de decisiones, los factores de influencia y la participación comunitaria, entre otros); y la *identidad cívica* (auto-imagen cívica y conectividad cívica). (MINERD, 2010, p. 26)

La República Dominicana obtuvo el último lugar en la puntuación promedio en conocimiento cívico entre los países participantes, con un puntaje promedio de 380 puntos, de acuerdo a MINERD (2010, p. 33).

El puntaje de la media fue establecido en 500 puntos, lo que indica que el país estuvo 120 puntos por debajo de la media. En ese sentido, el 61% de los estudiantes encuestados quedaron por debajo del nivel 1 en conocimiento cívico.

Tabla 06
Nivel de conocimiento cívico según tamaño de la comunidad. Resultados específicos para la República Dominicana.

Tamaño de la comunidad	Media de conocimiento	Desviación estándar
Pueblo o área rural (con menos de 3,000 personas)	362.59	59.60
Una ciudad pequeña (de 3,000 a 15,000 personas)	377.17	63.29
Una ciudad (de 15,000 a 100,000 personas)	382.73	66.16
Una ciudad (de 100,000 a 1,000,000 de personas)	388.10	73.14
Una ciudad grande (con más de 1,000,000 de personas)	412.26	78.86
Promedio Total	380.11	67.16

Nota. Recreado de MINERD (2010).

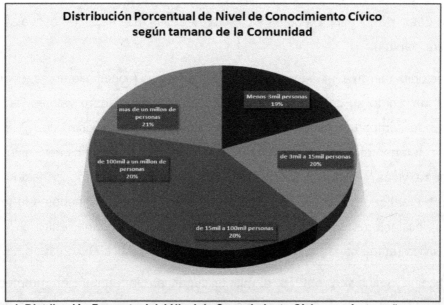

Figura 4. Distribución Porcentual del Nivel de Conocimiento Cívico según tamaño comunidad.
Fuente: Recreado de MINERD (2010).

La interpretación que MINERD (2010) le da a la Tabla 06, es que a medida que aumenta el tamaño de la comunidad, se obtiene un mejor puntaje en los conocimientos cívicos de

80

esa población. De igual manera señala, que la desigualdad que se obtiene entre las distintas comunidades pudiera estar vinculada a elemento propiamente educativos, es decir, la existencia de una población con mayor acceso a los medios de comunicación e información y tecnología que son considerados por este estudio valores agregados para el conocimiento cívico. (p. 36)

Tabla 07
Nivel de conocimiento cívico, según tipo de centro educativo. Resultados específicos para la República Dominicana.

Tipo de centro educativo	Media de conocimiento	Desviación estándar
Centro educativo público	374.30	62.67
Centro educativo privado	411.31	74.53
Total	380.11	66.87

Nota: Recreado de MINERD (2010).

Tal cual como se muestra en la Tabla 07, los estudiantes de los centros educativos privados tienen un mayor conocimiento cívico que los estudiantes de centros educativos públicos. El autor de esta investigación es del criterio que considerando las razones expuestas por MINERD (2010) respecto a la puntuación que se obtiene entre los diferentes tipos de centros educativos se debe también a la desigualdad de acceso a los elementos citados anteriormente. Esto es parte de la brecha digital imperante en la sociedad dominicana entre los tipos de centros, donde en las escuelas públicas, dado el nivel socioeconómico del individuo que asiste a la misma, es muy inferior a los que asisten a una escuela privada.

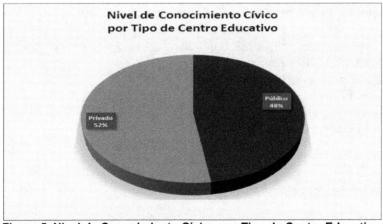

Figura 5. Nivel de Conocimiento Cívico por Tipo de Centro Educativo.
Fuente: Recreado de MINERD (2010).

Tabla 08

Nivel de conocimiento cívico, según nivel educativo de los padres. Resultados específicos para la República Dominicana.

Nivel educativo de los padres	Media de conocimiento	Desviación estándar
No terminó primer ciclo primaria	367.23	59.05
Terminó primer ciclo de primaria	376.70	63.73
Terminó segundo ciclo primario	379.07	67.01
Terminó el bachillerato	377.44	64.01
Técnico superior	387.35	69.26
Licenciatura / Doctorado	404.56	78.12
Total	**380.42**	**66.89**

Nota. Recreado de MINERD (2010).

La Tabla 08 presenta el nivel de función de los padres en función del nivel de conocimiento cívico de los estudiantes. A medida que los padres logran alcanzar un mayor nivel educativo, en ese mismo contexto, los estudiantes obtienen un mayor conocimiento cívico, salvo a excepción, que los padres que terminaron el segundo ciclo de primaria, obtuvieron mayor puntaje los estudiantes, que aquellos padres que terminaron el bachillerato. El mayor puntaje en promedio de conocimiento cívico entre los estudiantes fue obtenido por aquellos en los que el nivel educativo de los padres es de Licenciatura / Doctorado.

Tabla 09

Nivel de conocimiento cívico, según nivel educativo de las madres. Resultados específicos para la República Dominicana.

Nivel educativo de las madres	Media de conocimiento	Desviación estándar
No terminó primer ciclo primaria	371.32	57.61
Terminó primer ciclo de primaria	378.74	63.00
Terminó segundo ciclo primario	382.17	66.24
Terminó el bachillerato	376.23	64.28
Técnico superior	392.90	78.58
Licenciatura / Doctorado	400.59	76.92
Total	**380.78**	**66.81**

Nota. Recreado de MINERD (2010).

El mismo patrón de conocimiento cívico ocurre para los casos donde se obtiene la medición del nivel educativo de las madres. En aquellos casos donde la madre no terminó el primer ciclo de primaria, el puntaje está por debajo que en aquellos casos donde la madre obtuvo niveles universitarios de Licenciatura o Doctorado.

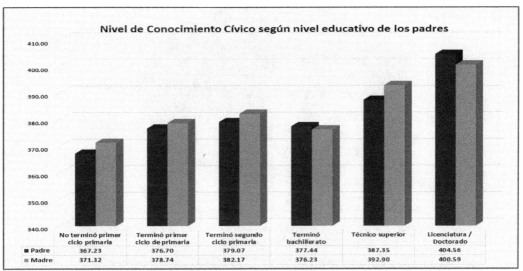

Figura 6. Nivel de Conocimiento Cívico según nivel educativo de los padres.
Fuente: Recreado de MINERD (2010).

Tabla 10

Nivel de conocimiento cívico, según género del estudiante. Resultados específicos para la República Dominicana.

Género del estudiante	Media de conocimiento	Desviación estándar
Masculino	366.45	63.02
Femenino	392.07	67.59
Total	380.47	66.79

Nota. Recreado de MINERD (2010).

De acuerdo a la Tabla 10, la diferencia del nivel de conocimiento cívico del estudiante según el género es bastante notable entre ambos sexos. En promedio, las estudiantes de sexo femenino tienen mayor conocimiento cívico que los estudiantes de sexo masculino de acuerdo a los datos obtenidos.

Eso significa en términos porcentuales, de acuerdo a la Figura 7, que el 52% de las mujeres tienen un mayor conocimiento cívico.

83

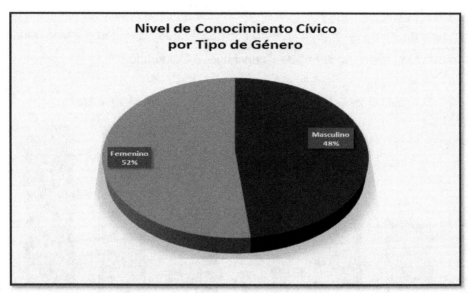

Figura 7. Distribución Porcentual del Nivel de Conocimiento Cívico por Tipo de Género.
Fuente: Recreado de MINERD (2010).

3.8.4 *Otros estudios de medición de la calidad del sistema educativo*

Otros estudios internacionales como los que realiza el Foro Económico Mundial, a través del Índice de Competitividad Global y el Informe de competitividad global y el Informe Global de Tecnologías de la Información, en sus resultados de aplicación la medición de República Dominicana es prácticamente la misma situación en educación que se refleja a través de las pruebas TERCE y PISA.

3.8.4.1 *Índice de Competitividad Global*

En el *Informe del Índice de Competitividad Global* el cual está compuesto por 12 pilares, la República Dominicana obtuvo los siguientes resultados en lo que respecta a la educación:

- En el indicador *4.09 Calidad de la Educación Primaria* una puntuación de 2.8 (donde 7 es la mejor) para posicionarse en el lugar 123 (de 138 países medidos).

- En su indicador 5.03 que mide la *Calidad del Sistema Educativo* sacó una puntuación de 2.7 posicionándolo en comparación con los demás países también en la posición No.124.

- En lo que concierne a la *educación en matemáticas y ciencias* medición que se hace a través del indicador 5.04 el país obtuvo una puntuación de 2.5 lo que lo posiciona en el lugar No.131. (Foro Económico Mundial, 2017)

Pero ya esta situación del colapso de la educación en República Dominicana se evidenciaba cuando la alarmante publicación en un diario digital nacional informaba lo siguiente: "*estudio del Foro Económico Mundial citado por el economista Miguel Ceara Hattton sitúa a la RD peor posicionada que el vecino país en cuanto a Calidad de la educación primaria y otros indicadores*" (Ceara, 2015), refiriéndose a que teniendo República Dominicana más recursos económicos que el vecino país de Haití (uno de los países que viven en extrema pobreza en el mundo) destinados a la educación, nuestros vecinos obtuvieron mejor posicionamiento en la medición de calidad al obtener una puntuación de 2.7 posicionándose en el lugar No.122 y República Dominicana 2.2 obteniendo la posición No.138 (de 144 países). (Foro Económico Mundial, 2015)

En ese mismo contexto para el año 2016 la República Dominicana obtenía un puntaje de 2.6 en cuanto a su nivel de calidad de educación primaria, ocupando la posición No.125 (de 140 países). (Foro Económico Mundial, 2016a)

Tabla 11
Índice de Competitividad Global. 4to. Pilar – Salud y Educación Primaria

Indicador 4.09 – Calidad de la Educación Primaria (Puntajes de República Dominicana)					
Medición / Año	2013 – 2014	2014 - 2015	2015 - 2016	2016 – 2017	2017 - 2018
Países Evaluados	148	144	140	138	137
Puntaje	2.0	2.2	2.6	2.8	2.7
Posición	146	138	125	123	124

Nota. Recreado de Foro Económico Mundial (2016ª).

De acuerdo a la *Tabla 11,* la República Dominicana ha tenido en los últimos años un pequeño incremento en el puntaje que concierne a la calidad de la educación. A través de esta investigación se podrá determinar si el incremento ha sido producto de la construcción y mejora de infraestructuras físicas de escuelas públicas, o si se debe a las políticas de integración de las TIC en el aula.

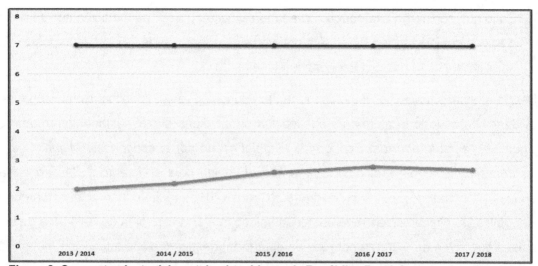

Figura 8. Comportamiento del puntaje obtenido por la República Dominicana en la calidad de la educación en la medición del Índice de Competitividad Global.
Fuente: Elaboración propia a partir de los datos obtenidos en el Foro Económico Mundial (2016ª).

Aunque se puede apreciar en la Figura 8 que en los últimos años se ha elevado la puntuación de la República Dominicana en la calidad de educación, todavía su índice está muy por debajo, de acuerdo a la cantidad de presupuesto destinado a la misma.

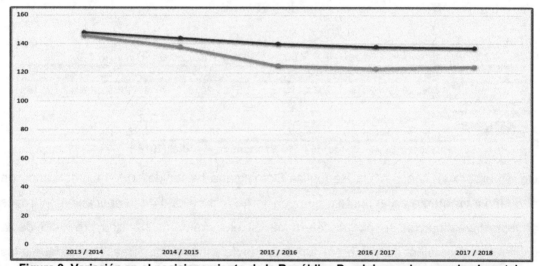

Figura 9. Variación en el posicionamiento de la República Dominicana de acuerdo al puntaje obtenido en la medición de la calidad de la educación del Índice de Competitividad Global y la cantidad total de países evaluados. Mientras más alto la posición peor nivel de educación.
Fuente: Elaboración propia a partir de los datos obtenidos en el Foro Económico Mundial (2016ª).

3.8.4.2   Informe Global de Tecnología de la Información

Así mismo como en el Índice de Competitividad Global del Foro Económico Mundial se establece el nivel de calidad de educación, el Informe Global de Tecnología de la Información, de acuerdo al Foro Económico Mundial (2016b), publica en su indicador *5.01 Calidad de la Educación,* que el sistema de educación en República Dominicana tiene una calidad de un 2.6 (de 7 como máximo puntaje) para posicionarla en el No. 126 (de 139 países evaluados).

Así mismo en el indicador *5.02* evalúa la calidad de las matemáticas y las ciencias en el país con un puntaje de 2.2 (de 7) situándola en la posición 137 (de 139), lo que deja mucho que decir en cuanto a la calidad del sistema de educación se refiere, lo que indica que los estudiantes no están generando el conocimiento ni están adquiriendo las competencias que debe tener el individuo para insertarse de manera productiva en la sociedad del Siglo XXI.

En el indicador *10.02 Acceso a Internet en las Escuelas* la República Dominicana obtuvo un puntaje de 3.8, situándola en la posición 108 de 139 países encuestados.

El autor de esta investigación es del criterio que, en la República Dominicana, de acuerdo a los datos analizados en estos estudios de medición y sus indicadores, ha faltado ejecutar un plan de acción que se sustente en un modelo que permita potenciar la integración del uso de las TIC en el sistema educativo, y de esta manera impulsar a través de estas herramientas la mejoría que se necesita en cuanto a calidad de educación se refiere de manera sostenible.

Visto lo anterior, se hace importante analizar el estado de situación en que se encuentra el proceso de integración de las TIC en el contexto educativo, información la cual se detalla en el siguiente capítulo.

3.9 Marcos de referencia de gobierno de tecnologías de la información y metodología para la gestión de proyectos

Hoy en día la mayoría de los sectores e industrias requieren del uso obligatorio de las Tecnologías de la Información (TI), hasta el punto que sería casi imposible que las organizaciones puedan funcionar sin el uso de estas herramientas. Eso ha provocado que los ejecutivos dependen de estos servicios para poder realizar la toma de decisiones, siempre y cuando, estos estén alineados con las necesidades y objetivos de la organización.

En ese sentido, se ha hecho necesario garantizar que las inversiones realizadas en TI cumplan con lo demandando por las áreas de proceso de las organizaciones, generando el valor comercial requerido y mitigando cualquier riesgo asociado. Lograr que las TI sean alineadas a los objetivos estratégicos de las organizaciones es un proceso un tanto complejo, y no menos complejo se hace en el sector educativo de acuerdo a Morales (2015).

Es de esta manera como nacen los modelos de Gobierno de TI, que de acuerdo a Bermúdez, Arboleda y Sánchez (2015), estos proveen las estructuras que unen la arquitectura de la información, los procesos y recursos de TI, con las estrategias y los objetivos de una organización.

Morales (2015) define el Gobierno de TI como una estructura conceptual básica que se utiliza para dar respuesta a los temas complejos, y que permiten tener un facilitador de gobierno, un conjunto de conceptos, hipótesis y prácticas que indicarán cómo se puede afrontar una situación, las relaciones entre las entidades que se involucran en el proceso, los roles de los involucrados y sus fronteras. Así mismo añade el autor, que entre los marcos de referencia más importante para el gobierno de las TI están: ITIL (Biblioteca de Infraestructura de Tecnologías de Información), COBIT (Objetivos de control para información y tecnologías relacionadas) y el ISO / IEC (Organización Internacional de Normalización / Comisión Electrónica Internacional).

a. Cobit

Es un conjunto de herramientas que permiten gestionar los requisitos de control del uso de las tecnologías, los problemas técnicos que los envuelven, y los riesgos adheridos.

De acuerdo a Morales (2015), uno de los modelos de referencia de gobierno de TI más utilizado es Cobit. Sin embargo, de acuerdo a la investigación de este autor, este modelo se descartó para ser implementado en el contexto de educación, por ser una herramienta demasiado voluminosa y compleja para implementarla. Esto provocaría el rechazo del personal de TI.

La estructura de Cobit, de acuerdo a Gehrmann (2012), incluye las siguientes áreas: a) Planificación y organización; b) adquisición e implementación; c) entrega y soporte; y d) monitoreo y evaluación (p. 71).

b. ITIL

ITIL es esencialmente una serie de documentos que se utilizan para ayudar a la implementación de un instrumento que permita gestionar los servicios de las tecnologías de la información y comunicación. Este marco personalizable define cómo se aplica la gestión del servicio dentro de una organización.

De acuerdo a Morales (2015), este modelo se valoró positivamente para ser implementado en universidades del Reino Unido por su sencillez y que se adaptaría fácilmente al entorno universitario. Sin embargo, la aparición de la norma ISO 38500, según este autor, provocó que se descartara la utilización de este modelo porque no incluía aspectos novedosos que poseía la nueva norma internacional.

La estructura de ITIL está compuesta de la siguiente manera: a) Estrategias de servicios; b) proyecto de servicio; c) transición de los servicios; d) operación de los servicios; y e) mejora continua de los servicios (Gehrmann, 2012, pp. 69-71).

c. ISO / IEC 38500

ISO / IEC 38500: 2008 es una herramienta que proporciona los elementos fundamentales para establecer el debido uso y gestión de la tecnología de la información en las organizaciones.

Este estándar se estructura en (6) principios: 1) Responsabilidad; 2) estrategia; 3) adquisición; 4) actuaciones; 5) conformidad; y 6) comportamiento humano.

Morales (2015) indica que, de acuerdo a las debilidades de los modelos anteriores para ser aplicados en el contexto de educación superior, se recomienda diseñar un modelo de Gobierno de TI cuyo modelo de referencia incluya los principios de la norma ISO 38500.

d. STaR Chart

De acuerdo a Toledo (2005), el STaR Chart es una herramienta de autoevaluación que ayuda a las escuelas, universidades y departamentos de educación, a determinar el nivel de integración de la tecnología en el programa de formación docente. Según Toledo, el cuadro proporciona una matriz definida por tres niveles de integración de tecnología y ocho categorías que incluyen administración, facultad, estudiantes y ex alumnos.

Así mismo añade Toledo, que la herramienta se puede utilizar para evaluar el estado de integración de tecnología actual de una institución y ayudar en la planificación para el futuro. Esta metodología clasifica la madurez de la integración de las TIC en la educación en las siguientes etapas: tecnología temprana, tecnología en desarrollo, tecnología avanzada y tecnología objetivo (2005, p. 181).

El aplicar esta metodología ha ayudado a escuelas y distritos educativos a crear un perfil del nivel en que se encuentran en la integración de las TIC en la educación, lo que permite a las autoridades identificar dónde deben de asignar los fondos para hacer una buena gestión de los recursos. Esta metodología está estructurada en el siguiente esquema: a) Acceso; b) responsabilidad; c) evaluación; d) alineación; y e) análisis.

Comparativo de los marcos de referencias

Gehrmann (2012) señala que COBIT describe y aborda mejor que ITIL los factores de éxito críticos, y que está mejor estructurado para abordar cuestiones relacionadas con la auditoría de TI, siendo ampliamente utilizado y apropiado para este propósito (pp. 73-74).

Luego de analizados los marcos de referencia de Gobierno de TI por el autor de esta investigación con fines de ser aplicados en el contexto de la educación, se puede intuir que el uso de algunas de estas herramientas podría causar estancamientos en el proceso de integración de las TIC en las escuelas. Ya Morales (2015) señalaba lo complejo que había sido la prueba de implementar Cobit en una universidad.

Sin embargo, entre los marcos de Gobierno de TI aquí referenciados, el idóneo ha tomarse como referencia en el diseño de un modelo que ayude a potenciar la integración de las TIC en la educación, de acuerdo a la consideración del autor de esta investigación, es el STaR Chart.

El STaR Chart fue elaborado *ad hoc* para la integración de las herramientas tecnológicas en la educación. Es por esta razón que permite medir el nivel de madurez del proceso de integración en cada una de las dimensiones que este marco evalúa. De igual manera puede definir el perfil tecnológico de la escuela, y facilita la construcción de un plan de acción para saber cómo avanzar hasta llegar al nivel de madurez deseado.

Así mismo, en la creación de un modelo para potenciar el proceso de integración de las TIC en la educación, se puede integrar el marco de referencia de Gobierno de TI ISO / IEC 38500 en conjunto con el STaR Chart, por la sencillez de este marco, sus principios y facilidad de los procesos.

e. *Enfoque de Gestión de Proyectos*

Para concebir el modelo que a través de esta investigación ha de diseñarse, cuyo objetivo es el de potenciar el proceso de integración de las TIC en la educación, se ha hecho un análisis crítico de los estándares internacionales que procuran las competencias del docente con la finalidad de que el proceso de integración sea viable. Así mismo se ha hecho con los marcos de referencia existentes para el Gobierno de las TI. Esto con la finalidad de poder fundamentar el modelo sobre la base de las buenas prácticas existentes.

Sin embargo, es necesario resaltar, que la fundamentación principal que debe de tener el modelo que se espera elaborar, debe ser la del enfoque de gestión de proyectos en todas sus componentes. Tal como fue analizado el presupuesto de educación de la República Dominicana, por el autor de esta investigación en el epígrafe 3.4, sin la debida planificación del presupuesto destinado a TIC utilizando las metodologías y técnicas de gestión de proyectos, ningún esfuerzo que sea realizado para integrar las TIC en la educación primaria en escuelas públicas de República Dominicana será exitosa.

Guerra, Ramos y Silva (2013) consideran como la estructura principal del cuerpo de conocimiento de gestión de proyectos los siguientes estándares: PMBoK, APMBoK, BS 6079, ISO 21500 (orientados a proyectos), el ICB (orientado a personas), P2M y PRINCE2 (enfocado en las organizaciones).

En estos estándares (o metodologías) existen las directrices para poder conocer el entorno y los roles de un proyecto, el ciclo de vida de los proyectos, las áreas de conocimiento y de dirección de proyecto, definir el alcance del proyecto, el tiempo y los recursos de un proyecto, así como poder gestionar los riesgos que nos permitirán controlar y cerrar de manera satisfactoria el proyecto.

Guerra *et al.* (2013) señala, que para poder implementar un estándar este debe ser analizado a profundidad en cuanto al tipo, forma de proyecto, contexto geográfico-cultural, y la madurez de la organización en cuanto a conocimiento de gestión de proyectos se refiere. También añade, que todos los estándares han sido desarrollados para ser utilizados como guías útiles a ser utilizadas en cualquier tipo de proyectos.

De acuerdo al criterio del autor de esta investigación, este considera el Cuerpo de Conocimiento de la Gestión de Proyectos (Project Management Body of Knowledge - PMBok) de la Project Management Institute (PMI), como el estándar más completo y de mayor aceptación y alcance en el mundo. Así mismo también lo considera Guerra *et al.* (2013, p. 13) cuando señala en el análisis crítico que realiza a diferentes estándares, que el PMBok es el que más técnicas distintas propone, como virtud que más lo diferencia entre los demás. De igual manera lo considera el estándar de mayor difusión internacional (p. 18).

En ese sentido, se considera que el enfoque de gestión de proyectos que debe de tener el modelo que servirá para potenciar la integración de las TIC en la educación primaria en escuelas públicas de la provincia Santo Domingo Oeste en República Dominicana, debe de estar orientado en base a las guías establecidas en el estándar (o metodología) contenidas en el PMBok.

Conclusiones del marco teórico

A partir de lo expuesto en el marco teórico, el autor de esta investigación llega a las siguientes conclusiones:

a. Las TIC por sí solas no promueven la calidad de la educación. Son instrumentos que requieren acompañarse de políticas necesarias durante su integración al sector educativo, para poder contribuir en la transformación de este hacia una educación de calidad. Los datos presentados en este documento del estado de situación en que se encuentra el proceso de integración TIC en la educación de República Dominicana denotan la falta de políticas con el rigor y fundamento para lograr el avance deseado.

b. El uso de las TIC en la educación infantil es importante desde la niñez, porque ayudan a impulsar el conocimiento característico definido en cada una de las teorías del aprendizaje, ayudando a que el individuo pueda desarrollar las competencias que le garanticen ser productivo en la sociedad del siglo XXI. De acuerdo al criterio del autor de esta investigación, la no inclusión de las TIC en la educación de República Dominicana ha conllevado a que el nivel de educación de la Nación esté posicionado entre las peores calificaciones en los estudios de medición realizados.

c. Existen los convenios y estándares con propósitos debidamente definidos para que los países guiados a través de los planes de acciones propuestos, según sus necesidades, puedan construir una educación de calidad apoyadas en el uso de las TIC. Desde la perspectiva del autor de esta investigación, en República Dominicana no se ha adoptado formalmente un estándar que permita establecer políticas efectivas en el proceso de integración de las TIC en el sector educativo.

d. De acuerdo a lo expuesto, el autor de esta investigación es del criterio que, en la República Dominicana debe de hacerse una transformación educativa que pase del nivel tradicional de educación a una educación acorde a los tiempos en que vivimos la cual se basa en competencias. Para lograr esta transformación es fundamental apoyarse en el uso de las TIC.

e. De acuerdo a los datos presentados del estado de situación de la integración TIC en la educación pública de República Dominicana, aún los niveles de integración de las TIC son insuficientes. Es del criterio del autor de esta investigación la necesidad de establecer un perfil tecnológico de las escuelas públicas para conocer el nivel de adopción de tecnología escolar.

f. De acuerdo al criterio del autor de esta investigación, se hace necesario que, en países de escasos recursos, como la República Dominicana, sean utilizadas herramientas tecnológicas de código abierto (opensource) en el proceso de enseñanza / aprendizaje, como una forma de abaratar los costos de la implementación.

g. Es imprescindible, para una mejor gestión y optimización de los recursos con los que cuenta la República Dominicana para la implementación del uso de las TIC en las aulas de las escuelas públicas, el uso de una metodología con enfoque en gestión de proyectos y de gobierno de tecnologías de la información.

CAPÍTULO IV. INVESTIGACIONES PRECEDENTES

4.1 Investigaciones previas sobre el estado de situación de la integración de las TIC en la educación de República Dominicana

Para poder abordar la problemática tratada en esta investigación, es necesario realizar un análisis de investigaciones previas sobre el estado de situación del proceso de integración del uso de las TIC en la educación, especialmente, la educación primaria, que permitan al investigador tener una mejor visión de la problemática con miras a lograr el objetivo general definido para esta investigación.

4.1.1 Análisis de casos del proceso de integración y uso pedagógico de las TIC en los centros educativos

4.1.1.1 *Proyecto Medusa*

De acuerdo a Moreira (2010, p. 83), el *Proyecto Medusa*, es un proyecto del Gobierno de Canarias, puesto en marcha a partir del año 2001, con la intención de hacer viable la integración de las TIC en la educación escolar.

En su investigación en el año 2010, Moreira, evalúa los resultados obtenidos en algunos centros educativos de Canarias los cuales fueron parte del citado proyecto. En ese sentido, la investigación se aborda en cuatro (4) dimensiones: Organización del centro, desarrollo profesional, prácticas de la enseñanza y aprendizaje (p. 86).

En el contexto de la *organización del centro*, de acuerdo a Moreira (2010, p. 89), las computadoras están concentradas en un aula en específico, llamada "aula medusa". En algunos casos, en los pasillos de cada ciclo hay un computador que puede ser utilizado. Los profesores pueden solicitar el uso de una laptop para sus clases, y la misma carece de conexión a Internet.

En la mayoría de los casos, hay con frecuencia problemas de los servicios de red e insuficiencia en el soporte técnico para resolver la problemática (Moreira, 2010, p. 89).

Con respecto a las *prácticas de la enseñanza*, la mayor cantidad de las actividades que se realizan en el aula no están planificadas para trabajar de manera colaborativa, así como también, se utiliza mínimamente los recursos digitales diseñados para ser utilizados en este proyecto. Para el caso de la educación infantil y la primaria, los profesores no desarrollan sus propios materiales didácticos multimedia (Moreira, 2010, p. 90).

Con respecto a la dimensión del *aprendizaje del alumnado*, los resultados indican que el uso de las TIC en el aula mantiene bastante motivado a los estudiantes, adoptando un papel más activo en el proceso de aprendizaje. La única preocupación consiste en que, por la calidad de los recursos digitales existentes, los estudiantes pudieran perder algo de interés, así como también, un uso excesivo de los computadores (Moreira, 2010, pp. 91-92).

De acuerdo a Moreira (2010), en lo que respecta al *desarrollo profesional del profesorado*, en la educación primaria el uso de las herramientas tecnológicas es más bajo que en los demás niveles, desde la perspectiva de innovación del proceso de enseñanza y aprendizaje (pp. 92-93).

Cabe destacar de manera general que, según Moreira, el impacto del uso de las TIC en el proceso de enseñanza / aprendizaje se refleja mínimamente debido a la pobre incursión del profesorado en su práctica metodológica (2010, p. 94).

El autor de esta investigación es de opinión que, la simple presencia de equipos y herramientas tecnológicas en los centros educativos (y sus aulas), no representan una verdadera integración de las TIC en el proceso de enseñanza y aprendizaje. De acuerdo a los resultados obtenidos en cada una de las dimensiones medidas por Moreira (2010, p. 88), se nota que no existe una debida planificación que garantice el gobierno del uso de estas herramientas que tribute a potenciar la calidad de la educación y el desarrollo de las competencias del estudiante.

En ese mismo sentido, independientemente de las capacitaciones obtenidas por el profesorado para incursionar con el uso de las TIC en su práctica metodológica, según los resultados de los datos obtenidos en la investigación de Moreira (2010), se hace casi obligatoria la necesidad de la presencia del Coordinador TIC para que el profesorado haga uso de estas herramientas. Fernández, Fernández y Rodríguez (2018, p. 398), así lo destacan cuando citan a García-Valcárcel y Tejedor (2012), quienes señalan "la carencia de Coordinación TIC" como una de las razones por las que fracasan los procesos de integración de las TIC en el contexto educativo.

Un elemento importante que evidencia la investigación de Moreira (2010), es el factor de que los estudiantes tienen mayor dominio del uso de la tecnología que los profesores, y eso puede causar un estado de situación que dificulte armonizar el contexto profesorado – tecnología, en donde los docentes para no sentirse desplazados (o que pierden el control de la situación) prefieren seguir utilizando metodologías obsoletas en sus actividades.

De acuerdo a la opinión del autor de esta investigación, esto último es de gran importancia, dado que el gobierno de las tecnologías de la información y comunicación en el contexto educativo no solo debe contemplar los aspectos técnicos requeridos para integrar estas herramientas en el proceso de enseñanza y aprendizaje, sino que también, es necesario garantizar que el profesorado pueda tener un gobierno de las mismas en sus prácticas metodológicas, aspecto que ha de ser tomado en consideración por el autor de esta investigación para el diseño del modelo que se espera obtener producto de este estudio.

4.1.1.2   Plan Ceibal

De acuerdo a Pampin, Ramos y Bañuls (2017, p. 224), el Plan Ceibal es "una medida de política pública tendiente a generar factores de inclusión social y a favorecer la integración de las TIC en la educación", el cual inició en el año 2007 con el fin de mejorar la calidad educativa.

De acuerdo a Cobo (2016), el Plan Ceibal ha logrado proveer laptops para el 100% de los estudiantes y docentes de primaria y primer ciclo de educación media. Este plan ha permitido llevar el internet en un 95% de acceso en el sector urbano, desplegando puntos de accesos gratuitos de internet para que niños de sectores vulnerables tengan acceso a internet en áreas fuera del centro de estudio (p. 49).

Asimismo, de acuerdo a Cobo (2016, p. 50), antes de iniciar el Plan Ceibal para el año 2006, apenas el 25% de los hogares contaba con un computador, y de estos, el 14% tenía conexión a internet. Las escuelas apenas un 23% de estas contaban con este servicio. Para el año 2013, ya el 67% de los de los hogares contaba con un computador, y de estos, el 53% tenía conexión a internet. En ese mismo sentido, el 96% de las escuelas contaba con acceso a internet.

El Plan Ceibal ha podido fomentar una cultura digital para la construcción de conocimientos en la educación de Uruguay. Tal es el caso, que de acuerdo a Cobo (2016, p. 50), se han incluido otros elementos innovadores como kits de robótica y sensores, la programación de videojuegos, entre otros elementos metodológicos que han permitido fomentar la creatividad, el pensamiento crítico y la colaboración en la educación del referido país.

Este plan se ha potenciado a niveles de que la tecnología utilizada ha sido empleada para establecer un programa de aprendizaje de inglés en línea para los estudiantes uruguayos, el cual permitió aumentar la cantidad de estudiantes aprendiendo el idioma inglés de 33,000 estudiantes a 106,000. Cabe destacar, que de los estudiantes de 6to de primaria, el 66% de estos logró niveles avanzados de conocimientos en este idioma (Cobo, 2016, p. 51). Producto del resultado de este plan, se han podido establecer centros de investigación independientes y autónomos (p. 56).

Finalmente, Cobo (2016, p. 56), concluye señalando que el Plan Ceibal ha permitido establecer nuevas pedagogías de manera transversal en los principales actores (profesores, estudiantes, familiares, directores, comunidades) del sistema de la educación de Uruguay, permitiendo nuevas formas de enseñar, aprender y evaluar.

4.1.1.3   Computadores para educar (CPE)

Computadores para educar (CPE), es un programa del gobierno nacional colombiano que tiene como finalidad generar equidad social, a través del uso de las TIC, con el interés de potenciar los entornos educativos hacia una educación de calidad.

De acuerdo a Villamizar, Rivera y Martínez (2017, p. 5), de una muestra de 150 docentes de primaria, apenas el 33% de los entrevistados relacionan su conocimiento TIC con el proceso de enseñanza y aprendizaje.

El profesorado no le ha dado gran importancia a la puesta en práctica del uso de las herramientas tecnológicas en el contexto educativo, aunque de acuerdo a Villamizar et al. (2017, p. 5), el 80% de los docentes encuestados reconoce que están explícitamente establecidas las políticas del uso de tecnologías educativas en el aula.

Cabe resaltar la carencia de infraestructura y conectividad en los entornos educativos. Esta es una de las principales causas de que apenas un 23% de los profesores utilizan las TIC, pero apenas como herramientas de apoyo, de acuerdo a Villamizar et al. (2017, p. 5). Esto hace prácticamente la inexistencia del uso de software educativo.

Villamizar et al. (2017, p. 6) destaca la necesidad de diseñar nuevas estrategias de aprendizaje y los recursos que serán utilizados con estas. Lo que deja claramente evidenciado que el *Programa CPE* no ha tenido mucho éxito, debido a la falta de una cultura de capacitación digital en docentes, que les permita fomentar en su práctica el uso de los recursos tecnológicos, y poder así incorporar las TIC en una metodología para la enseñanza más acorde a las exigencias de los tiempos en que vivimos, principalmente, en procura de lograr la deseada *educación de calidad*.

4.1.1.4   Plan Conectar igualdad

De acuerdo a Martínez (2019), el Plan Conectar Igualdad (PCI) "es la política de inclusión educativa de tecnología con el mayor número de dispositivos entregados" (p. 149), el cual fue llevado a cabo en la República de Argentina, para los docentes y estudiantes de escuelas públicas.

Con relación al *acceso y uso*, Martínez (2019, p. 150), indica que alrededor de un 31.10% de los estudiantes no disponen del equipo entregado por causas de roturas. Asimismo, alrededor del 30% de los estudiantes nunca utilizan las netbooks en las tareas escolares.

Respecto a la metodología del uso de las TIC en el aula, Martínez (2019, p. 150) señala que, ante cualquier dificultad en el uso de las netbook, el 53.80% de los alumnos se auxilia de los compañeros, el 33.20% de un docente, y el 4.50% de un referente tecnológico del PCI asignado a la escuela, el 8.50% restante de los estudiante contestaron que reciben ayuda de "otros" diferentes a los especificados.

Un dato bastante interesante que señala Martínez (2019, p. 150) en su investigación, es que un 40% de los estudiantes considera las habilidades de los docentes en el manejo de las computadoras como *malas* y *muy malas*.

Martínez (2019, p. 151) también resalta el hecho del poco acceso a la información concerniente a la implementación de este programa, su funcionamiento y el impacto que ha tenido en el contexto educativo. Este autor hace ese señalamiento, debido a los constantes cambios y falta de datos sobre el programa, lo que deja en evidencia que se ha hecho muy poco uso de las herramientas tecnológicas educativas en la educación de Argentina, a pesar de los cuantiosos recursos destinados para los fines.

Con relación a los cambios a los que se refiere Martínez (2019), en Torres (2019), podemos encontrar un análisis del cambio realizado al Programa Conectar Igualdad (PCI) enfocado en perseguir el logro de diferentes objetivos a través de su sucesor, a partir del 2018, el Programa Aprender Conectados (PAC).

En ese sentido, queda claramente evidenciado que las políticas que fueron establecidas por los gobiernos que han iniciado estos programas, no fueron diseñadas para tener una continuidad en procura de la calidad de la educación, dado que no fueron bien fundamentadas las innovaciones que procura el PAC sin haber hecho un análisis previo de lo logrado en el PCI, que de acuerdo a Torres (2019, p. 135), en los documentos oficiales del programa PAC no se pueden obtener respuestas vinculantes a esta interrogante.

Finalmente, desde el punto de vista del autor de esta investigación, lo que analiza Torres (2019) en su investigación, es que más que tributar con estos programas a fortalecer la calidad de la educación de Argentina, estos programas la han empeorado. Esto por las situaciones de controversia de llenar de incertidumbres temas como la capacitación de los docentes ante estas nuevas innovaciones, y por qué no, también las de estudiantes, el tema de la inclusión, la adaptación de las herramientas tecnológicas al contexto de educación de Argentina, como los softwares, entre otras situaciones que no están bien claras.

En conclusión, el Programa Conectar Igualdad sigue dejando en evidencia que, las políticas que acompañan estos planes y programas para integrar las tecnologías en la educación, el fortalecimiento de las competencias TIC de los docentes, y la planificación, son los principales elementos que se deben tomar en cuenta al momento de diseñar / proponer una solución para integrar las herramientas tecnológicas en el aula.

4.1.1.5 Programa Una Laptop Por Niño (ULPN)

De acuerdo a Cóndor, Rojas y Ccora (2019, p. 77), el Ministerio de Educación de Perú (MINEDU), lanzó en el 2007 el proyecto ULPN (Una Laptop Por Niño), con la finalidad de dotar de computadoras portátiles a estudiantes y docentes de escuelas de educación primaria, utilizando el Modelo 1:1 (una laptop por niño). Rivoir (2019, p. 40) se refiere a este proyecto como "una de las mayores inversiones públicas del país en este sector".

En el 2013, de acuerdo a Cóndor et al. (2019, p.77), solo el 30% de las escuelas contaban con servicio a internet. Además, apenas fueron entregadas de 9 a 30 computadoras por institución educativa, situación que no se corresponde con lo que había sido concebido con este programa. Esto también es señalado por Rivoir (2019, p. 41), en donde indica que el gobierno inició el proyecto con una serie de requisitos que no iban a poder ser cumplidos más adelante, especialmente, por razones presupuestarias.

En ese sentido, en la segunda etapa del proyecto ULPN, se abandonó el Modelo 1:1 por falta de recursos, y se optó entonces por entregar una laptop por cada diez estudiantes, lo que supone un eventual fracaso del proyecto (Balarín, 2013, citado por Cóndor et al., 2019, p. 77).

Cabe destacar lo que señala Rivoir (2019, p. 41) en su investigación, que siendo cuestionadas las competencias de los docentes que no tributaban en lo que respecta a la calidad de la educación, el programa ULPN inicia entre sus objetivos, como una forma de lograr que los estudiantes aprendieran de manera particular asistidos por la tecnología. De acuerdo a la opinión del autor de esta investigación, este tipo de políticas no aportaba a lograr que el proyecto fuera sostenible con el tiempo, debido a que el docente sigue siendo un elemento indispensable en el proceso de integración de las tecnologías en la educación.

De manera concluyente, Cóndor et al. (2019, p. 92) señala como las principales causas que han hecho del Proyecto ULPN para la integración de las TIC en Perú un fracaso, las siguientes: Políticas no sostenibles por parte del estado; la no implementación de la infraestructura adecuada para el escenario en particular que envuelve cada escuela; y la falta de compromiso por parte de los principales actores (directores de escuela, docentes y los estudiantes junto a su familia), dadas las condiciones de pobreza de estos.

Estos aspectos son destacados por Rivoir (2019), principalmente, cuando indica que el eje fundamental del proyecto estaba basado en la compra y distribución de equipos. No se le dio importancia a la formación del docente, a la adquisición de material didáctico digital, y la planificación del proyecto mismo al estar ausente la coordinación con otros ámbitos por parte del Ministerio de Educación de Perú (pp. 47-50).

4.1.2 Análisis de los resultados de República Dominicana en un estudio regional de la integración de las TIC en la educación y la aptitud digital

El análisis regional de la integración de las TIC en la educación y la aptitud digital, es otro estudio de gran importancia, debido a que es una radiografía del estado de situación de la integración de las TIC en la educación en los países de la región de América Latina y el Caribe, el cual fue realizado por UNESCO en el año 2013.

De acuerdo a UNESCO (2013), a nivel global las dos primeras políticas que fueron llevadas a cabo en favor de la integración de las TIC en la educación, fueron plasmadas en los Objetivos de Desarrollo del Milenio (ODM) cuando en su meta 8.F establece "*en cooperación con el sector privado, dar acceso a los beneficios de las nuevas tecnologías, especialmente las de la información y la comunicación*" y en la Cumbre Mundial de la Sociedad de la Información (CMSI) cuando incluye en su *Meta 2: Utilizar las TIC para conectar a escuelas primarias y secundarias*, como condición previa al logro de la *Meta 7: Adaptar todos los programas de la enseñanza primaria y secundaria, teniendo en cuenta las circunstancias de cada país.*

A partir de estos planes mundiales cuyos objetivos principales era el desarrollo y avance de las sociedades del mundo, procurando especialmente la erradicación de las desigualdades sociales utilizando las TIC como instrumento idóneo para lograrlo, muchos países de América Latina y el Caribe iniciaron la tarea de definir sus propios planes de acción con la finalidad de lograr el acceso de la población al uso de estas herramientas, en especial, los más desprotegidos. En ese mismo sentido opinó CEPAL (2010), al considerar que las TIC son herramientas diseñadas para promover el desarrollo económico y la inclusión social. (citado por UNESCO, 2013, p. 6)

El *Anexo 7* recrea los principales indicadores de medición que fueron evaluados en este estudio, para establecer el nivel de avance en el uso de las TIC en América Latina y el Caribe.

UNESCO (2013), destaca como resultados obtenidos por la República Dominicana luego de aplicada la evaluación, los siguientes:

a) El estudio muestra que en América Latina y el Caribe 31 de 38 países evaluados (82%) han adoptado, aunque sea una de las iniciativas formales que utilizan las TIC en educación. De esos, existen 9 países (24%) en donde todas las iniciativas tienen un carácter formal. La República Dominicana está entre los países que han implementado las iniciativas en políticas, planes de acción, instituciones reguladoras u organismos.

b) Sin importar las condiciones generales de un país, para lograr la integración de las TIC en el aula, se hace necesario que exista un abastecimiento permanente del servicio de la electricidad en las escuelas. En ese sentido, de acuerdo a los resultados del diagnóstico realizado, todas las escuelas primarias y secundarias del Caribe, cuentan con electricidad como servicio fundamental para poder hacer uso de las TIC en la educación, excepto, las de República Dominicana donde menos de la mitad de las escuelas primarias y secundarias (43% y 34% respectivamente) cuenta con este tipo de servicios para apoyar la integración de las TIC. Apenas Nicaragua obtuvo peor puntaje, pero solo en el caso de las escuelas primarias, debido a que el porcentaje de escuelas secundarias fue mucho mayor que la proporción de la República Dominicana. (p. 10).

c) Con respecto a la *Enseñanza Asistida por Radio (EAR)* como herramienta tecnológica, esta ha sido utilizada desde el 1920 como herramienta pedagógica, y aunque es considerada una herramienta de enseñanza obsoleta, sigue siendo una solución viable para los países, especialmente para las zonas rurales o que no disponen de energía eléctrica constante, debido a que pueden ser utilizados con baterías. En el caso de la República Dominicana, se proporciona este acceso en apenas el 1% de sus escuelas primarias y secundarias. En el país, existen programas de educación y desarrollo de las Comunidades Rurales *Escuelas Radiofónicas*, impulsadas por el sector privado. (p. 12)

d) *La Enseñanza Asistida por Televisión (EAT)* en el país, tiene acceso en apenas el 33% de las escuelas de educación secundaria y un 0% en escuelas primarias.

e) Con respecto a la cantidad de alumnos por computador (o Ratio de Alumnos por Computador – RAC), entre los 25 países que reportaron datos al respecto a la evaluación, la disponibilidad de recursos computacionales es muy escaza. Existe un promedio de 122 estudiantes de educación primaria y secundaria que comparten un computador. En algunos países se ha tomado la iniciativa de implementar laboratorios informáticos como una manera de introducir el uso de las TIC en la educación. Sin embargo, Pedro (2012) y UNESCO (2011ª) indican que la implementación de esta modalidad no permitirá obtener los resultados deseados, debido a que los laboratorios pueden ser utilizados en la asignatura de informática, y esto no permitirá que sean implementadas estas herramientas en el plan de estudios general de la escuela. Aunque existen programas de *un estudiante por computador*, pocos países han logrado esto por la insuficiencia existente en el presupuesto de las escuelas. En ese sentido, el uso de los laboratorios es el modelo idóneo para ir reduciendo la brecha digital. En la mayoría de los países caribeños, todas las escuelas primarias / secundarias cuentan con laboratorios informáticos, no siendo así para el caso de la República Dominicana. (citados por UNESCO, 2013, p. 16)

f) La proporción de escuelas con *Enseñanza Asistida por Computadora (EAC)*, es un indicador utilizado para monitorear la Meta 7 de la CMSI, de acuerdo a UNESCO (2013). En ese sentido, el estudio arroja como resultados, que en casi la totalidad de los países de América Latina y el Caribe la disponibilidad de EAC en los establecimientos educativos es considerablemente alta, especialmente en todos los niveles de secundaria (a excepción de Venezuela y Uruguay en donde las inversiones financieras fuertes eran a educación primaria). En este estudió salió como resultado que República Dominicana reportó que en ninguna de sus escuelas existía la Enseñanza Asistida por Computador (EAC).

Otro punto importante a destacar en la EAC es la desigualdad de género en el uso de las TIC para fines educativos. Existen países donde la brecha de género es gigantesca, donde, por ejemplo, apenas entre el 13% al 39% de estudiantes de sexo femenino de primaria en Nicaragua, Paraguay y Venezuela tienen acceso al uso de las TIC, y entre un 21% a un 38% de estudiantes del sexo femenino tienen acceso a las TIC en la educación secundaria.

g) También, UNESCO (2013) hace un análisis de la proporción de escuelas de educación primaria y secundaria que cuentan con conectividad a Internet, esto para poder hacer una medición de la misma proporción de escuelas que han integrado en el aula la *Enseñanza Asistida por Internet (EAI)*. En ese sentido, todavía persiste una gran brecha entre los países de América Latina y el Caribe, donde apenas tres países tienen el 100% de sus escuelas utilizando en el aula este tipo de herramienta en el proceso de enseñanza / aprendizaje. La República Dominicana no reportó siquiera datos al respecto. (p. 25)

h) Con relación al *uso de las TIC por parte de los docentes*, con los pocos logros que fueron alcanzados en los puntos anteriores, el autor de esta investigación entiende que no pueden ser muy satisfactorias las cifras en esta categoría, razón por la cual ni siquiera fueron obtenidos los datos de evaluación en este aspecto en las escuelas públicas de la República Dominicana, siendo esto alarmante, en el sentido de que el docente sigue siendo la figura principal en lo relacionado a las TIC en la educación, para poder llevar a cabo la integración de estas herramientas en el aula.

En sentido general, los resultados obtenidos por la República Dominicana en este estudio fueron muy pobres en los aspectos señalados como indicadores de medición. Sin embargo, la situación cambia un poco con relación a un estudio nacional llevado a cabo por el Ministerio de Educación de República Dominicana en el que intenta hacer una radiografía de cómo está la situación del avance en cuanto a la integración de las TIC se refiere en el país.

4.1.3 *Estudio realizado por el Ministerio de Educación de República Dominicana*

El Ministerio de Educación de República Dominicana (MINERD) llevó a cabo varias investigaciones con la finalidad de hacer un diagnóstico al año 2016 del estado de situación de las TIC en los centros educativos públicos de la República Dominicana. Estas investigaciones medían el estado de avance en los siguientes aspectos: 1) Acceso y tenencia de las TIC; 2) cultura digital de la población de educación (docentes y estudiantes); y 3) la infraestructura digital.

En su informe MINERD (2016c) se analizan los diferentes factores que inciden en la incorporación de las TIC en educación y cuyos resultados ayudan a identificar aquellos aspectos que hacen difícil la integración de estas herramientas en el sector educativo y los desafíos que se deberán atender a futuro para garantizar esta incorporación. El diagnóstico de este informe concluye con lo siguiente:

1. Con respecto a la *cultura digital de los docentes, coordinadores y directores* de los centros educativos públicos:

    - Tienen un nivel de cultura digital medio bajo.

    - Apenas utilizan con frecuencia herramientas básicas de las TIC.

    - Es prácticamente inexistente el uso de herramientas avanzadas como softwares educativos y simuladores.

    - La mayor deficiencia en el proceso de integración de las TIC en un 68% de los casos son los recursos tecnológicos inadecuados, y en un 69% la falta o deficiente conectividad a internet. (p. 3)

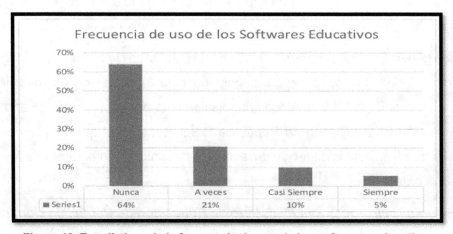

Figura 10. Estadísticas de la frecuencia de uso de los softwares educativos.
Fuente: MINERD (2016c, p. 21).

106

Figura 11. Estadísticas sobre la adecuación de los recursos tecnológicos del centro educativo. Fuente: MINERD (2016c, p. 26).

Aunque se ha logrado un ligero avance con relación a los datos obtenidos en la evaluación llevada a cabo por UNESCO (2013), sigue estando la integración de las TIC en el aula en las escuelas públicas de República Dominicana en un estado de avance muy lento. Así queda evidenciado cuando en las estadísticas de frecuencia del uso de software el 85% de los encuestados respondió entre "*nunca*" con un 64% y "*a veces*" con un 21% con una muy baja frecuencia de uso.

De igual manera, un alto porcentaje de evaluados dice estar "*en desacuerdo*" con la suficiencia de los recursos tecnológicos con los que cuenta la escuela. Esto deja de manifiesto que existe una pobre cultura digital por los actores principales del centro en quienes descansa la responsabilidad de hacer viable el proceso de integración de las TIC en el aula.

2. Con respecto a las *debilidades de la incorporación de las TIC* en el proceso de enseñanza / aprendizaje observan lo siguiente:

- Apenas un 44% de los centros tiene equipamiento para enseñanza de la informática.

- Más de dos terceras partes de los centros educativos no tienen la estructura idónea para implementar tecnología en el aula, y la velocidad de conexión a internet adecuada.

- En ninguna de las asignaturas básicas se hace uso de las TIC en la construcción del conocimiento.

- Un 73% de los docentes que fueron encuestados, manifestó que no ha sido una política obligatoria el incluir dentro de la planificación de su asignatura la inclusión de las TIC en el proceso de enseñanza.

- Como consecuencia de las dificultades existentes, apenas un 37% de los encuestados tiene una valoración positiva sobre la integración de las TIC en su centro. (p. 4)

El autor de esta investigación es del criterio de que con las deficiencias evidenciadas en el resultado de los datos obtenidos de la evaluación llevada a cabo por el MINERD (2016c), es insuficiente el equipamiento para poder llevar a cabo una reducción de la brecha digital existente en la República Dominicana utilizando las TIC en el proceso de enseñanza / aprendizaje como un instrumento para reducir o erradicar esta brecha. Al contrario, somos del criterio de que este tipo de inconveniente incrementa más la brecha digital y entorpece el resultado esperado con relación al desarrollo de las competencias de los estudiantes.

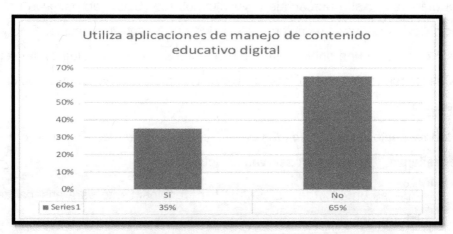

Figura 12. Estadísticas del manejo de contenido educativo digital.
Fuente: MINERD (2016c, p. 16).

3. En cuanto a la *capacitación del personal* para facilitar la labor de integración de las TIC, se obtuvieron los siguientes resultados:

- Solo un 14% de los docentes valora como alto su nivel de conocimiento de las herramientas tecnológicas.

- En el caso de los Dinamizadores / Docentes TIC el valor se eleva a un 63%, pero el informe indica que se trata de profesionales que para ejercer sus labores el requisito es la puesta en uso de esta competencia. (p. 4)

Aunque el nivel de conocimiento digital de los docentes en términos medios es de un 65% de acuerdo a la población encuestada, apenas un 35% de ellos hace uso del contenido digital educativo en el proceso de enseñanza / aprendizaje.

De acuerdo a Cabrera, Valadez y Pichardo (2014), señalan que la falta de capacitación TIC al docente, para su uso y aplicación en el proceso de enseñanza / aprendizaje en el aula, ha sido insuficiente para que haya existencia del uso de estas herramientas que, aunque el objeto del estudio de estos autores es la educación superior, es el mismo panorama que se vive en la educación primaria en las escuelas públicas, de acuerdo al criterio del autor de esta investigación.

Estos autores en su investigación también señalan, que el éxito de las TIC en la educación, depende de la capacidad que puedan tener docentes y estudiantes para involucrarse en procesos innovadores utilizando tecnologías, que permitan tener una nueva cultura en las prácticas escolares. (p. 2)

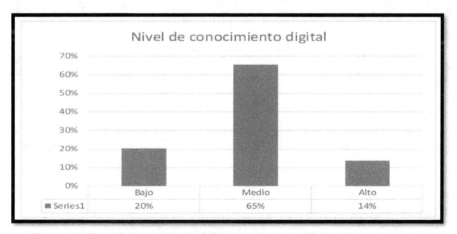

Figura 13. Estadísticas del nivel de conocimiento digital de los docentes.
Fuente: MINERD (2016c, p. 8).

Según MINERD, en otro de sus informes (2016d) en este caso para medir la *brecha digital* existente en el sistema de educación de República Dominicana, señala que 6 de cada 10 estudiantes tienen acceso a un teléfono inteligente, mientras que el acceso a las tabletas o computadoras va en una relación de alrededor de 3 estudiantes de cada 10. De igual manera, 8 de cada 10 estudiantes tienen acceso a internet, pero solo 4 de esos 10 estudiantes tiene acceso al servicio desde su casa, y que 2 de cada 10 estudiantes no tienen ni teléfono inteligente, computadora de escritorio, laptop ni tableta. (p. 4)

Los resultados de ese mismo informe revelan, que 7 de cada 10 docentes tienen una computadora portátil y 5 de cada 10 una computadora de escritorio. Alrededor del 4% de los profesores no poseen ningún tipo de dispositivo electrónico. El acceso a una red wifi por parte de los docentes tiene una relación de 8 de cada 10, y en la mayoría de los casos accedan a una red pública de internet, y 6 de cada 10 pueden conectarse todos los días o casi todos. La *Figura 14* nos muestra de manera más detallada estos datos.

Variable	Categoría	Tasa de tenencia de equipos				
		Computadora de escritorio	Computadora portátil o laptop	Teléfono inteligente	Tablet	Cámara digital
Sexo	Masculino	37%	24%	68%	26%	14%
	Femenino	29%	23%	64%	29%	15%
Zona geográfica	Urbana	36%	25%	68%	28%	15%
	Rural	21%	18%	55%	25%	11%
Edad	De 10 a 12 años	37%	25%	46%	37%	14%
	De 13 a 15 años	33%	22%	64%	28%	14%
	De 16 a 18 años	33%	25%	75%	24%	15%
	19 años o más	27%	27%	83%	19%	9%
Pobreza barrio del centro educativo	Pobreza baja	35%	27%	72%	32%	16%
	Pobreza promedio	38%	25%	67%	27%	15%
	Pobreza alta	24%	17%	63%	23%	12%
	Pobreza muy alta	17%	15%	37%	17%	12%
Total estudiantes		33%	24%	66%	27%	14%

Figura 14. Tasa de tenencia de equipos tecnológicos de estudiantes.
Fuente: MINERD (2016d).

Con respecto a la infraestructura de los centros educativos, el Ministerio de Educación de República Dominicana lleva a cabo un estudio para "*determinar la disponibilidad de infraestructura tecnológica en todos los planteles escolares públicos del país, con el objetivo de contribuir a la definición de un marco de intervención de la política de integración de las TIC en el sistema educativo dominicano*" (MINERD, 2016e). Según este informe, se obtuvieron los siguientes resultados:

a) Los espacios tecnológicos apenas están en la mitad de las escuelas, siendo los Kit Multimedia de Laptop y Proyector (33%) y los Laboratorios de Informática (22%) los más comunes.

b) La presencia de equipos es muy común en los planteles escolares: Equipos de cómputo (79% de los planteles), equipos de visualización (63%) y equipos de reproducción (69%). Existe una precariedad de equipos de energía alterna, lo que se convierte en una gran amenaza.

c) En cuanto a conectividad, solo la mitad de los planteles (48%) tienen acceso a internet, y de ellos más de dos terceras partes (68%) lo utiliza para fines administrativos. Solo un 36% manifestó conformidad con la velocidad de la navegación.

Ha sido una gran debilidad en las escuelas públicas la falta de conectividad para sacar mejor provecho a las herramientas tecnológicas limitadas con la que estos cuentan. Es por tal razón que en el estudio llevado a cabo por UNESCO (2013), no fue posible identificar si en República Dominicana se había integrado en el proceso de enseñanza / aprendizaje la *Enseñanza Asistida por Internet (EAI)*. En el siguiente gráfico se puede notar que, aunque en el anterior en el 48% de las escuelas hay conectividad a Internet, en un 68% de los casos esta se utiliza para fines administrativos. Apenas en un 12% se utiliza este recurso en las aula y laboratorios existentes.

d) El programa *Compumaestro*, benefició docentes de un tercio de los planteles (33%), siendo una incidencia mucho mayor en escuelas con un número elevado de estudiantes. (p. 3) Sin embargo, un dato interesante es que en el 2013 la cantidad de maestros interesados en adquirir un equipo laptop a través de este programa fue de un 86% del universo de docentes, con relación a los beneficiados en el año 2016.

Un 64% de los usuarios del Internet en las escuelas, evaluó como *"deficiente"* y *"regular"* la calidad y velocidad de las líneas de Internet de la escuela. Esto se convierte en otro factor más para estancar el proceso, debido a que no solo es la existencia de conectividad en el centro, sino que la insuficiencia y calidad del servicio no se presta para que se pueda desarrollar en la escuela una verdadera integración de las herramientas tecnológicas en el aula, aparte de que de manera reiterada se observa que el uso en su mayor frecuencia es para fines administrativos.

Del mismo modo, aunque se han llevado a cabo programas que faciliten el acceso a la tenencia de equipos por parte del MINERD, entre el comparativo de años 2013 al 2016, al quedar claramente evidenciado el poco interés mostrado por los docentes en el año 2016 (un 33% se vieron motivados a obtener un equipo) con relación al 2013 (el 86% adquirió un equipo) es un indicador del poco interés por parte del docente, elemento fundamental en este proceso de integración, lo que detiene el proceso de avance de llevar tecnología a la manera de aprender en el aula, debido a la falta de cultura digital que esto creará y de manera colateral, al desarrollo de las competencias de los docentes, lo cual ya se ha indicado en el análisis de este apartado su nivel de comprensión del uso de estas herramientas.

4.1.4 Estudios varios

Román y Murillo (2014), realizaron un valioso análisis sobre la disponibilidad y uso de las TIC en Latinoamérica. Respecto a República Dominicana, los autores señalan lo siguiente:

a) Más del 85% de las escuelas de Latinoamérica no disponen de computadoras. En República Dominicana la cifra de escuelas que disponen de computadoras es de apenas el 29.6% a la fecha del estudio.

b) Entre un 35% y un 46% de los estudiantes apenas tienen un computador en sus hogares (p. 886).

c) Que el 55% de los estudiantes dice *nunca* utilizar la computadora en la casa.

d) Apenas el 31.43% de los docentes de 6to grado de primaria dice escasamente utilizar la computadora en un 29.14% en el hogar y un 2.29% en la escuela.

e) La media de computadoras por escuelas (donde hay disponibilidad) en República Dominicana es de 14.89%. En ese mismo sentido, la media de computadoras conectadas a internet es de 7.74%.

f) Así mismo, la media de las computadoras en escuelas para uso de los estudiantes es de 16.58%, para uso de los docentes de 8.16% y para uso del personal administrativo de 2.27% donde hay computadoras.

Estos autores concluyen con que República Dominicana es uno de los países más rezagados de América Latina y el Caribe en cuanto a la disponibilidad y uso de las computadoras en el aula tanto en estudiantes como en docentes.

Otros apuntes importantes a la situación de las TIC en la educación en los países de Latinoamérica los aporta Sunkel (2006), cuando se refiere al tema de la brecha digital a través de su investigación y de cómo esta situación afecta considerablemente el proceso de integración de las herramientas tecnológicas en el contexto educativo de los países de la región.

También otros estudios de medición, no directamente del proceso de inclusión de las TIC en la educación, pero si miden cómo afecta en el rendimiento y los resultados de los logros obtenidos en el proceso de enseñanza / aprendizaje el uso de estas herramientas. Entre estos informes tenemos las pruebas LLECE y PISA, a las cuales les hemos dedicado un epígrafe previamente a este, con algunos datos encontrados al respecto.

Etapas de integración de las TIC en América Latina y el Caribe

De acuerdo a Sunkel (2006), para determinar el *grado de desarrollo* de la integración TIC en América Latina y el Caribe, es necesario focalizar la evaluación del estado de avance en las siguientes categorías: a) Política y estrategia; b) infraestructura y acceso; c) desarrollo profesional de los profesores; d) integración en el currículum; y e) incorporación en los procesos de enseñanza / aprendizaje. (citado por Lugo, 2010, p. 59)

Asimismo, Lugo (2010), distingue *cuatro etapas de integración* de las TIC en un sistema educativo. Estas etapas son:

- Una primera *Etapa de transformación*, que son los países donde las escuelas han incorporado las TIC de manera sistemática e integral al proceso de enseñanza / aprendizaje y en la organización de las tareas del docente.

- Una segunda etapa definida como *Etapa de integración*, que son los países que tienen un programa nacional / regional de integración de las TIC, de alcance masivo y asumida como política de Estado y con el apoyo político para lograr los objetivos deseados.

- Una tercera *Etapa de aplicación*, donde los países ya tienen una iniciativa y resultados concretos, pero que poseen aún debilidades y/o limitaciones en las iniciativas respecto a la conectividad.

- Y una cuarta y última, *Etapa emergente*, que son los países donde existen iniciativas en etapas iniciales, en desarrollo y con limitaciones severas de diversas índoles (conectividad, financiamiento sostenido, debilidad institucional, diversidad cultural y bilingüismo). (p. 60)

Con respecto a la categorización dada por Lugo (2010), la República Dominicana se encuentra entre los países en *etapa de aplicación*, en donde las autoridades del sistema educativo han comenzado a desarrollar ciertas experiencias piloto en algunas escuelas elegidas, y de lo cual no se han obtenido resultados concretos.

4.2 Importancia del Municipio de Santo Domingo Oeste (SDO)

El municipio de Santo Domingo Oeste, fue creado como municipio en el año 2001 mediante la ley 163-01 debido a la división de la provincia de Santo Domingo del Distrito Nacional, incluyendo las partes del área metropolitana de la RD-1 (Autopista Duarte, principal carretera de la República Dominicana).

Según el censo poblacional llevado a cabo por la ONE (2010, p. 35 y 46), se registran las siguientes estadísticas poblacionales del Municipio de Santo Domingo Oeste organizadas en la *Tabla* 12, para una mejor comprensión del municipio objeto de estudio para esta investigación.

Tabla 12
Estadísticas poblacionales del Municipio de Santo Domingo Oeste

Zona / Sexo	Masculino	Femenino	Total
General	176,532	186,789	**363,321**
Urbana	153,828	164,353	**318,181**
Rural	22,704	22,436	**45,140**

Nota. Recreado de ONE (2010).

Lo que más destaca este municipio es que dentro de la superficie que lo comprende la cual es de unos 54km^2, está ubicada desde el año 1963 la zona empresarial más importante del país llamada *Zona Industrial de Herrera*[6] y que según AEIH (s/f) está organizada por la *Asociación de Empresas Industriales de Herrera*. Sin embargo, de acuerdo a Quezada (2012) el tipo de actividad económica preponderante en este municipio es del tipo informal.

A pesar del gran empoderamiento industrial que existe en el Municipio de Santo Domingo Oeste, existen niveles alarmantes de falta y calidad de empleo, y el empobrecimiento general de la población de esta comarca genera un gran auge de la delincuencia. De acuerdo a Matías (2015) el 6% de la población es analfabeta y solamente el 34% de la población entre 0 a 29 años asiste a la escuela, o sea, casi el 70% de la población entre las edades citadas no asiste a la escuela, cifra bastante alarmante. Del mismo modo, enfatiza que, sin el debido conocimiento, sin la formación necesaria, sin el empoderamiento en las ciencias y tecnologías, no puede haber desarrollo en el municipio a pesar de su nivel industrial (Matías, 2015).

El autor de esta investigación es del criterio que por la importancia industrial que representa esta zona es de sumo interés conocer el nivel en que se encuentran incorporadas el uso de las TIC en los centros educativos públicos de este municipio, con la finalidad de potenciar su integración, ya que con un entorno de desarrollo industrial tan importante para la economía y desarrollo del país, no se concibe el que haya tanta falta de empleo para los residentes del entorno y que el mecanismo para generar los recursos económicos por parte de su población sea mediante el empleo de manera informal, y es

---

[6] El Municipio de Santo Domingo Oeste está comprendido por dos poblados que son: Herrera y Manoguayabo. Precisamente por encontrarse ubicada dentro del poblado de Herrera es que se nombra de esa manera a la zona industrial.

por lo que se considera que en las escuelas públicas de esta zona (debido al nivel socioeconómico de las familias) descansa la responsabilidad de desarrollar en el individuo que aquí reside las competencias que exigidas en la sociedad del presente siglo, para que puedan ser incluidos socialmente en el aparato productivo, en especial en este territorio, el cual es dominado por el valor que representa económicamente para el país.

4.3   Modelos de educación primaria en el municipio de SDO

En el sistema de educación de República Dominicana existen varios modelos de educación categorizados por tipos de tandas, entre los que se citan: Jornada extendida (JE), matutina, vespertina, matutina / vespertina (MV), nocturna y semi presencial.

En el municipio de SDO, en el contexto de educación, en los centros educativos de educación primaria están implementadas (2) modelos de educación: La jornada extendida y la matutina / vespertina.

El modelo de educación de tanda en jornada extendida, es un proyecto innovador como modelo de educación en la República Dominicana, el cual cuenta con una educación más efectiva, en la cual la se imparten más horas de clases a los alumnos acompañadas de actividades recreativas y culturales como un estímulo para la construcción del conocimiento en el estudiante. Este modelo proporciona una serie de beneficios entre los que más resaltan, citamos: La provisión de alimentos (desayuno, comida y merienda) a los estudiantes y la mejora de los sueldos a los maestros.

En comparación con los modelos tradicionales (matutinas, vespertinas y nocturnas), el modelo de jornada extendida está comprometido a mejorar el conocimiento que se requiere desarrollar en el individuo, y procura la reducción de las desigualdades sociales que tradicionalmente han imperado en la República Dominicana, en especial, en la educación.

Así lo sustentan García (2014) y Guerrero (2016), cuando señalan los beneficios sociales que genera el haber insertado en el contexto educativo el nuevo modelo de educación de jornada (o tanda) extendida.

Hasta el momento, existen 108 centros educativos públicos en la provincia de SDO, de los cuales 52 de ellos son de educación primaria. De la cantidad de centros de educación primaria, 43 de ellos son de tanda matutina / vespertina y 9 tienen como su modelo de educación la jornada extendida.

Conclusiones de las investigaciones previas

a. Considerando los resultados de las diferentes investigaciones previas analizadas en este capítulo, parte del fracaso de obtener resultados no esperados, se ha debido a políticas educativas aisladas y no sostenibles, así como la no conformación de planes estratégicos que de manera transversal den respuesta a la deseada integración TIC en el aula.

b. Para el caso de la República Dominicana, y probablemente en otro país, no existe una solución a aplicar que responda a las particularidades de cada centro educativo, y que bajo un enfoque de gestión de proyectos permita controlar los riesgos que se presentan, situación que ha creado un estancamiento en el proceso en la actualidad.

c. Queda evidenciado, tal como concluyen Moreira, Rivero y Alonso (2016, p. 84) que, el uso de los recursos tecnológicos en el contexto educativo, no ha desplazado los métodos tradicionales y sus herramientas, utilizados para la construcción del conocimiento de los estudiantes, y eso ha creado un estancamiento en el proceso.

d. La solución a ser diseñada como resultado de esta investigación, debe de estar fundamentada en un marco de referencia de Gobierno de TI al igual que contener el enfoque de gestión de proyectos en todas sus componentes para garantizar el que se pueda potenciar el proceso de integración de las TIC en la educación.

e. La solución debe de garantizar la integración de las TIC en el centro educativo sin importar el tipo (o modelo) de educación.

f. Aunque el docente en el proceso de enseñanza y aprendizaje ya no es considerado la figura principal, sigue teniendo un rol protagónico en el proceso para lograr de manera efectiva la incorporación de las TIC en la educación. Se hace obligatorio potenciar el bajo nivel de competencia TIC del profesorado para que este pueda gobernar las tecnologías en sus prácticas docentes.

CAPÍTULO V. METODOLOGÍA

5.1 Preliminar

La metodología que fue utilizada en esta investigación fue la no experimental bajo un enfoque mixto con un *diseño anidado o incrustado concurrente de modelo dominante*, ya que durante la misma fueron utilizados métodos y técnicas para la recolección, validación y el análisis de la información tanto del método cuantitativo como cualitativo, con el objetivo de tener un diagnóstico más completo del fenómeno estudiado. En cuanto a la *prioridad o peso* de los métodos utilizados, el *método cuantitativo* tendrá mayor prioridad, siendo utilizadas técnicas del método cualitativo como un elemento de validación de los resultados. La *secuencia o tiempos de los métodos* utilizada fue la *concurrente*.

Con relación al método cuantitativo, el alcance es del tipo *correlacional*, dado que se estarán asociando conceptos y variables, que aplicando el instrumento y obtenido los resultados, se harán predicciones entre el comportamiento de las variables y su vinculación. El diseño es *transeccional o transversal y correlacional / causal*, dado que se estarán describiendo las relaciones entre las variables.

El instrumento de recogida de datos fue diseñado *ad hoc*, recreando las mejores prácticas de la metodología STAR, en donde el autor de esta investigación, como elemento de innovación adiciona el *perfil tecnológico de tecnología nula* para que pudiera ser aplicado al caso de las escuelas públicas de República Dominicana en donde no hay la más mínima planificación basada en TIC en el proceso de enseñanza / aprendizaje. El instrumento fue aplicado por medio de la entrevista, lo que permitió al autor de la investigación no solo realizar el diagnóstico por medio del instrumento utilizado, sino que también, obtener más informaciones del fenómeno estudiado con las personas entrevistadas, asumiendo un papel de *observador* con una *participación completa*.

A través de esta investigación, se evaluó qué tan avanzado está el proceso de integración de las TIC en la educación primaria en escuelas públicas de la Provincia de Santo Domingo Oeste, para diseñar un modelo que permita potenciar el proceso. Sin embargo, para que tenga mayor connotación esta investigación, luego de los resultados obtenidos, se hace una comparación entre las tandas de jornada extendida (JE) y la matutina / vespertina (MV) que son los dos tipos de tandas para educación primaria existente en la referida provincia, y de esta manera hacer un análisis de qué tan favorecido ha sido el conglomerado de la tanda de jornada extendida, y posiblemente, aunque por la proporción quizás no fuera idóneo hacer una comparación entre los conglomerados de las tandas tomadas como muestra, pero por qué no, intentar hacer una comparativa con relación al patrón de avance entre ambos tipos de tandas analizadas.

Cabe destacar en este punto, que una de las innovaciones que surgen a raíz de esta investigación, es la creación de un *perfil tecnológico* de cada una de las escuelas públicas que fueron encuestadas, esto luego de conocer los resultados. Las categorías del perfil son: Tecnología nula, tecnología temprana, tecnología en desarrollo, tecnología avanzada y tecnología objetivo. Cabe resaltar que este perfil tecnológico facilitará al modelo que se propone diseñar el que se pueda potenciar el proceso de integración de las TIC en cada centro en específico de acuerdo a sus particularidades.

El perfil será establecido en las siguientes dimensiones: 1) Sector educativo; 2) centro educativo (gestión e infraestructura); 3) desarrollo profesional y competencias TIC del docente; 4) metodología para la enseñanza basada en TIC; y 5) competencias TIC del estudiante.

5.2   Diseño de la investigación

El diseño a ser utilizado es el *anidado o incrustado concurrente de modelo dominante*, que de acuerdo a Hernández et al. (2014, pp. 559-560), en este tipo de diseño se recolectan datos para ambos tipos de métodos (cuantitativo y cualitativo), sin embargo, el método que posee menor prioridad es anidado o insertado dentro del que se considera central. Siendo el método prioritario para conducir la investigación el *cuantitativo*.

La *secuencia o tiempos* será la *concurrente*, dado que fueron aplicados ambos métodos de manera simultánea al momento de recolectar los datos e informaciones.

Cabe destacar que el propósito esencial de integrar datos cualitativos, es de ayudar a describir y sustentar los datos cuantitativos que serán recolectados mediante el instrumento de recogida de datos que ha sido diseñado.

De acuerdo a Hernández et al. (2014, p. 559), como el método predominante es quien guía la investigación, para este caso el cuantitativo, para este tipo de métodos una investigación puede ser experimental y no experimental. Estos autores definen los diseños experimentales como aquellos en los que se manipularán de manera intencional una o más variables, y los no experimentales como aquellos donde no se manipulan de manera deliberada las variables, sino que se estudia el fenómeno en su estado natural.

Visto el criterio anterior, esta investigación será *no experimental*. Dado que se pretende a través de esta indagación, analizar la realidad de la integración del uso de las TIC en la educación primaria en escuelas públicas del Municipio de Santo Domingo Oeste en República Dominicana en su estado natural, y predecir en base a los resultados obtenidos cómo se puede potenciar su integración.

Del mismo modo, también definen Hernandéz *et al.* los tipos de diseños de una investigación no experimental en: transeccional y longitudinal (p. 154). La diferencia entre ambos tipos es que el transeccional recopila datos en un tiempo único, sin embargo, el longitudinal lo hace en diferentes puntos del tiempo. En ese sentido, el tipo de diseño a utilizar dentro de los no experimentales es el *transeccional correlacional* ya que se describirá las relaciones que hay entre dos o más variables en un momento determinado.

5.3   Hipótesis

De acuerdo a Supo (2014, p. 1), el enunciado de un estudio determina si una investigación tendrá o no la presencia de hipótesis. El autor añade que, si el enunciado es una proposición, entonces llevará hipótesis. Según el mismo autor un enunciado es una proposición cuando puede ser calificado como verdadero o falso. Por lo tanto, para llevar a cabo esta investigación no es necesario definir una hipótesis.

Sin embargo, de acuerdo al criterio del autor de esta investigación, lo que da inicio una investigación es la idea a defender por parte de los individuos que pretenden llevarla a cabo.

Para el caso de esta investigación, la idea a defender consiste en que, *si se desarrolla un modelo y sus instrucciones metodológicas de implementación, que permita categorizar cada centro educativo dentro de un perfil tecnológico, se podrá realizar una planificación estratégica con el objetivo de potenciar la integración de las TIC en apoyo al proceso de enseñanza / aprendizaje de la educación primaria en escuelas públicas del Municipio de Santo Domingo Oeste en República Dominicana.*

5.4 Población y muestra

5.4.1 Población

En el aspecto educativo, de acuerdo a estadísticas presentadas por MINERD (2016a), al año escolar 2017-2018 existen en República Dominicana 11,285 centros educativos en funcionamiento, de los cuales 7,281 son centros públicos, 3,783 son del tipo privado y 221 de los centros son del tipo semioficial. El *Anexo 8* presenta la distribución de los centros educativos por estrato.

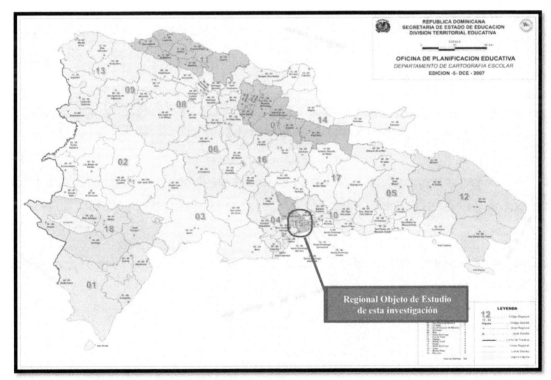

Figura 15. Mapa que muestra la Ubicación Geográfica de las 18 Regionales en la que están distribuidas las Escuelas Públicas de la República Dominicana.
Fuente: Elaboración propia.

La población objetivo de esta investigación es la que concierne a la educación primaria de las escuelas públicas pertenecientes al Municipio de Santo Domingo Oeste en

República Dominicana, seleccionada por la importancia industrial que representa esta zona para la economía del país y es importante medir si se están formando individuos capaces de ser competentes para los nuevos retos del presente siglo.

En la actualidad existe un total de 394 centros educativos en el Municipio de Santo Domingo Oeste, de los cuales 282 son colegios privados, 4 semioficiales y *108 son escuelas públicas*. Estos centros educativos pertenecen al distrito educativo 1505.

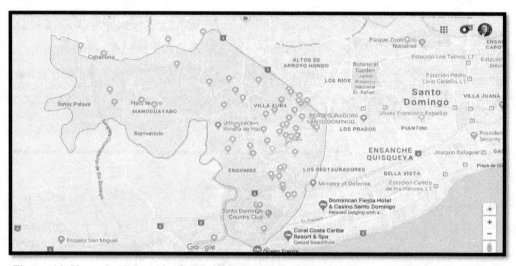

Figura 16. Mapa de Ubicación Geográfica de las Escuelas Públicas del Municipio de Santo Domingo Oeste.
Fuente: Elaboración propia.

De los 108 centros educativos públicos encontrados en el referido municipio, *52* de estos pertenecen a la educación primaria, lo que representan la *población objeto de investigación*.

La tabla 13 presenta la distribución de cómo están organizados los 52 centros educativos públicos de educación primaria pertenecientes al municipio de SDO.

Tabla 13
Estrato de escuelas públicas de educación primaria del Municipio de SDO

TANDA	Cantidad
Jornada Extendida	9
Matutina / Vespertina	43
TOTAL	52

Nota. Recreado de Datos Abiertos (2018).

122

5.4.2 Muestra

Tal como fue explicado en el apartado preliminar del capítulo actual de esta investigación, hoy en día, es una ordenanza del Estado Dominicano que el tipo de educación sea orientada a la jornada extendida (que comprende horario de 8am a 4pm), ya que esta tiene como interés el de alcanzar de manera integral que sean desarrolladas las competencias de los estudiantes, mediante la mejora de los entornos de aprendizaje, mediante la optimización del tiempo y la diversidad de acciones para el desarrollo de actividades educativas con calidad y equidad.

Es por tal razón, que al aplicar el instrumento de recogida de datos, el autor de esta investigación pudo no solo determinar el nivel de avance en la integración de las TIC en las escuelas públicas objeto de estudio de esta investigación, sino que también, determinó qué tanto han sido tomado en cuenta para la integración de las TIC los estratos señalados, considerando que el tipo de educación de *jornada extendida* debió de tener un nivel de integración más avanzado (o maduro) en comparación *a la educación matutina / vespertina*.

En un principio, la muestra para aplicar el instrumento estaría compuesta por el total de las escuelas públicas de educación primaria, que son unas 52 escuelas. Para lograr este objetivo, el autor de esta investigación, solicitó reunirse con las autoridades pertinentes del Ministerio de Educación de República Dominicana, para el caso, la *Viceministra de Asuntos Técnicos y Pedagógicos*, y la *directora del Distrito Educativo 1505*. La finalidad de la reunión era explicarles la importancia de esta investigación y lo que significarían sus resultados con relación al diseño del modelo. La viceministra nunca respondió a la solicitud, y de manera informal, fue dado el visto bueno para aplicar el instrumento, por parte de la directora del distrito educativo señalado.

Es bueno señalar, que por asuntos políticos / administrativos, las particularidades que envuelven la lucha de poderes dentro del sistema de educación de República Dominicana, entre otras complejidades, fue imposible lograr el acceso a las 52 escuelas públicas para aplicar el instrumento. Es obvio que se iban a evidenciar en los resultados, dado el diseño del instrumento, que las políticas y planes de acciones ejecutados en la educación dominicana por los principales actores del sistema para integrar las TIC en el aula, han sido más que insuficientes un fracaso por no haber contado con la debida planificación.

Por la situación anteriormente expuesta, el autor de esta investigación optó por obtener la muestra mediante la *técnica de muestreo estratificado proporcionado* tomando en consideración los estratos los cuales corresponden para el nivel de educación primaria a la *jornada extendida* y la *matutina / vespertina*. La proporción de la población de centros educativos entre las dos tandas es de 43 centros de tanda matutina / vespertina (representando el 83%) y 9 de jornada extendida (representando el 17%) para un total de 52 centros educativos públicos de educación primaria.

En ese mismo sentido, tomando como número de muestra 20 centros educativos, la distribución entre las tandas de acuerdo a la representación de cada una es de: 17 centros educativos de tanda matutina / vespertina y 3 de jornada extendida respectivamente.

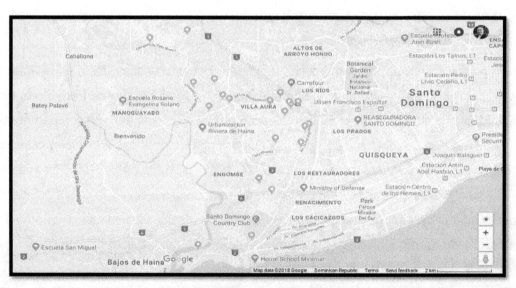

Figura 17. Mapa de Ubicación Geográfica de las Escuelas Públicas tomadas como muestras para aplicar el instrumento de recogida de datos de esta investigación en el Municipio de Santo Domingo Oeste.
Fuente: Elaboración propia.

Cabe destacar, que en el resto de escuelas públicas de educación primaria del Municipio de Santo Domingo Oeste donde no pudo ser aplicado el instrumento de recogida de datos, dada la experiencia del autor de esta investigación, este pudo aplicar la técnica de la *observación participante*, para poder fundamentar la descripción realizada en los

124

resultados obtenidos con la aplicación del instrumento. Sin tener que aplicar el instrumento de recogida de datos, fue fácil saber que esas escuelas entrarían dentro de la categoría del instrumento de *Tecnología Nula*, pues prácticamente, en su gran mayoría ni siquiera un laboratorio de informática tenían, y otras, a lo más tenían uno o dos equipos para fines administrativos.

5.5   Variables

Para determinar la realidad del proceso de integración de las TIC en la educación primaria de las escuelas públicas del Municipio de Santo Domingo Oeste, es necesario analizar variables que no serán controladas y que fueron agrupadas en (5) cinco dimensiones (ver *Apéndice 2*) que son: 1) Sector educativo (Gobierno); 2) centros educativos; 3) desarrollo profesional y competencias TIC del docente; 4) metodología para la enseñanza basada en TIC; y 5) competencias TIC en el estudiante.

Entre las variables que estarán siendo medidas están: Políticas TIC, desarrollo curricular, recursos de aprendizaje digital, gestión administrativa TIC del centro, visión y planificación TIC, infraestructura tecnológica, presupuesto TIC, uso de las TIC, diseño del entorno instruccional, impacto de las TIC en los roles de los profesores, el uso por parte de docentes y estudiantes, niveles de pobreza, matriculación en programas TIC, aula TIC, alcance comunitario, y niveles de acceso TIC.

Cabe resaltar entre los aspectos más importantes en la medición de estas variables, que no solo se utilizarán para cuantificar datos, sino que, a través de ella se podrá establecer el perfil tecnológico de las escuelas públicas objeto de estudio de esta investigación.

5.6   Métodos e instrumentos de investigación

La recogida de datos se realizó basada en las dimensiones definidas utilizando las técnicas definidas para cada caso. Para una mejor comprensión de la investigación, e

El principal método para la recogida de datos fue el instrumento de recogida de datos elaborado, como método cuantitativo. Sin embargo, el autor de esta investigación utilizó técnicas cualitativas durante el proceso de investigación como la *observación*. En ese sentido, el papel del autor de la investigación como observador fue el de *participación completa*, que de acuerdo a Hernández *et al.* (2014), el investigador se mezcla totalmente como un participante más en la indagación.

Para el caso de esta investigación, el autor de la misma, se convirtió en un observador al verificar visualmente, durante el proceso de aplicación del instrumento de recogida de datos, el estado de situación de la integración de las TIC en las escuelas públicas que fueron diagnosticadas mediante el instrumento de recogida de datos.

Asimismo, fue utilizada la técnica de la *entrevista personal* para aplicar el instrumento. Sin embargo, durante la aplicación del instrumento fueron utilizadas técnicas del enfoque de investigación cualitativo, entrevistando personalidades involucradas en el proceso de enseñanza / aprendizaje de las escuelas públicas visitadas, con el objetivo de intercambiar informaciones que permitieran al autor de esta investigación, mediante la *observación participante*, aportar criterios más descriptivos sobre los hallazgos en el diagnóstico realizado y las variables medidas por el instrumento de recogida de datos.

5.6.1 Instrumento de recogida de datos

5.6.1.1 Configuración del instrumento de recogida de datos

El instrumento de recogida de datos se realizó de manera *ad hoc*, por el autor de esta investigación, recreando las buenas prácticas de la *metodología STAR*.

El cuestionario se diseñó con tipos de preguntas cerradas, las cuales se aplicaron utilizando el método de la entrevista para poder tener datos más confiables.

La cantidad de *ítems* utilizados en el instrumento son 36, y estos fueron agrupados en cinco (5) secciones tal como se definen en la *Tabla 14*.

Cabe destacar que, para diseñar el instrumento de recogida de datos, se tomó en consideración lo establecido por los diferentes estándares de referencia para la medición de las competencias digitales, especialmente las competencias del docente.

De igual manera, fue tomado en consideración en el diseño del instrumento el análisis de casos del proceso de integración y uso pedagógico de las TIC en centros educativos, el cual fue realizado en el capítulo 4 de esta investigación, con el objetivo de que este instrumento sirva como herramienta fundamental dentro del modelo a ser diseñado para establecer, primeramente, el perfil de la escuela pública (o los distritos educativos o las regionales en que se divide el sistema educativo dominicano), y que posteriormente, el modelo entre todas sus componentes pueda dar respuesta a los resultados encontrados para cada escenario.

Tabla 14
Configuración del instrumento de recogida de datos

Secciones	Cantidad de Ítems
Sección A. Sector educativo	3
Sección B. Centro educativo	15
• **B1) Gestión Administrativa**	3
• **B2) Capacidad de infraestructura Tecnológica**	12
Sección C. Competencias TIC en docentes	5
Sección D. Metodología para la enseñanza basada en TIC	8
Sección E. Competencias TIC en estudiantes	5

Fuente: Elaboración Propia.

Cada una de estas dimensiones y sus indicadores que se proponen en ellas se midieron de acuerdo a las dimensiones que propone Sunkel (2006, citado por Lugo, 2010, p. 59) en referencia a la evaluación del estado de avance de las TIC, así como también por Lugo (2010) cuando señala las etapas de integración.

Asimismo, se tomó como principal referente para definir los indicadores el establecido en la metodología *STAR* que van desde la *tecnología temprana*, *tecnología en desarrollo*, *tecnología avanzada* y termina con la *tecnología objetivo*. Este tipo de metodología en la que se basó el diseñó del instrumento de recogida de datos se utiliza para conocer el índice de preparación para la adopción de tecnología escolar en los centros educativos, y de esta manera poder diagnosticar el estado en que se encuentra el proceso de integración de las TIC en el aula o su nivel de madurez, creando un perfil tecnológico del centro educativo en cada una de las dimensiones medidas.

La metodología *STAR* mide el que exista en su más mínima expresión algún tipo de integración tecnológica en un centro educativo. Sin embargo, qué sucedería en el caso hipotético de que en la recogida de datos el centro no cumpliera (en el peor de los casos) con los criterios mínimos establecidos. *STAR* los categoriza como *tecnología temprana*, aunque no cumplan con el indicador de esta categoría. Esto podría afectar la confiabilidad del instrumento utilizado para diagnosticar el estado de avance de la integración de las TIC y crearía un sesgo en los datos recolectados.

Como elemento de mejora e innovación, el autor de esta investigación, previendo la situación anterior agregó la categoría de *tecnología nula* para aquellos casos en donde no se cumple con el más mínimo criterio de implementación tecnológica en el centro educativo. Esto ayudará a determinar cuándo en una escuela pública no se ha realizado la más mínima implementación tecnológica a través de las variables que se toman en consideración para ser medidas.

En ese sentido, 24 de las 36 preguntas del instrumento miden directamente el perfil tecnológico de la escuela dándole una categoría de acuerdo a las establecidas. Las demás preguntas complementan el diagnóstico.

Del mismo modo, el instrumento de recogida de datos que se elaboró, cumple con las etapas de implementación TIC señaladas por Sunkel (2006) en el acápite 4.1.3 *estudios varios* de esta investigación, las cuales son: Etapa de transformación, etapa de integración, etapa de aplicación y etapa emergente.

Variables estadísticas del Instrumento de Recogida de Datos

De las 36 preguntas que componen el instrumento de recogida de datos, hay 29 preguntas con variables cuyo nivel de medición es categórico, de las cuales hay 26 ordinales y 3 nominales. Las restantes 7 preguntas son del tipo continuas.

Estas variables medirán el acceso y uso de las TIC, las competencias TIC de docentes / estudiantes, el desarrollo curricular, la gestión TIC del centro, la infraestructura TIC, estudiantes matriculados en aulas TIC, metodología TIC, el nivel de acceso TIC de la comunidad, la planificación TIC, políticas TIC del sistema de educación público de la República Dominicana, el presupuesto TIC, los recursos digitales y el soporte técnico.

Instrumento de recogida de datos

En el *Apéndice 4,* se presenta la estructura completa del instrumento de recogida de datos utilizado en esta investigación para poder crear un perfil tecnológico de la escuela pública y diagnosticar el estado de avance en que se encuentra la implementación de las TIC en el proceso de enseñanza / aprendizaje en las escuelas públicas del Municipio de Santo Domingo Oeste.

Es preciso indicar que, en las *investigaciones previas* que fueron analizadas, los resultados son medidos de acuerdo a las sumatorias de las cifras que son obtenidas por los instrumentos diseñados. Sin embargo, para el caso de esta investigación, el instrumento de recogida de datos utilizado tiene la particularidad de que puede establecer un nivel de madurez (o de adopción TIC en el aula) que define la categoría del nivel tecnológico del centro en las (5) cinco dimensiones evaluadas, que va desde *tecnología nula, tecnología temprana, tecnología en desarrollo, tecnología avanzada* y *tecnología objetivo.*

Cabe resaltar que, uno de los elementos más importante de este instrumento al poder establecer un perfil tecnológico de cada escuela pública que sea encuestada, es que facilitará la planificación de acciones a llevar a cabo para potenciar el proceso de integración de las TIC en el aula.

5.6.1.2 Validación del instrumento de recogida de datos

Para validar el contenido del instrumento de recogida de datos, antes de haber sido aplicado, se solicitó a (8) expertos del área de educación y tecnología la validación del mismo, en donde el criterio de selección fue basado en su experiencia en larga data en las áreas señaladas.

La anterior selección se sustenta sobre lo señalado por varios autores, Cabero y Llorente (2013), citado por Robles y del Carmen (2015) al igual que Escobar-Pérez y Cuervo-Martínez (2008), señalan que para el procedimiento de elección del juicio de expertos existen diversas manera, entre las que señala: Donde no hay ningún filtro de selección, casos donde hay afinidad entre el experto y el investigador, reputación de la comunidad, disponibilidad y motivación a participar, hasta los que utilizan una serie de criterios estructurados como son el biograma o el coeficiente de competencia experta.

De los expertos que validaron el instrumento de recogida de datos, que fueron seleccionados por su estrecho vínculo con el sistema de educación de la República Dominicana, tres (3) de ellos tienen nivel de doctorado y los restantes cincos (5) nivel de maestría, tal como se muestra en la *Figura 18*. En el mismo contexto de la capacitación de los expertos, se puede indicar que han logrado el grado de Máster Universitario en Gestión y Dirección de Centros Educativos, donde han realizado tesis en el área de educación, en cuyo sector han estado contribuyendo de manera significativa teniendo bien claro el uso y beneficio de las TIC en el aula.

Figura 18. Distribución Porcentual del Nivel Académico de los Expertos para validar el instrumento de recogida de datos.
Fuente: Elaboración propia.

Como parte de la experiencia de los expertos seleccionados en el área académica puede señalarse que son catedráticos de especialidades en el área de educación, proyectos, tecnologías, gestión de empresas y leyes; señalando el uso constante de entornos virtuales tomando en cuenta el proceso cognitivo de diferentes maneras (síncronas y asíncronas).

Cabe destacar que, entre los expertos seleccionados, algunos de ellos trabajan en áreas sensitivas en el proceso de enseñanza / aprendizaje del Ministerio de Educación de República Dominicana (MINERD).

En ese sentido, el cuestionario que fue utilizado por los expertos para validar el instrumento de recogida de datos fue dividido en (4) cuatro secciones y cada una de las secciones constan de (4) preguntas, sumando en total, 16 preguntas.

Una *Sección A* en donde se evaluó si en la presentación de la encuesta se habla del propósito de la misma, de su importancia, si su lenguaje es claro y preciso, y si se agradece al evaluador su colaboración.

En una *Sección B* donde fueron evaluadas las instrucciones para responder el cuestionario, es decir, el tiempo para responder el cuestionario, si se especifican la cantidad de preguntas a responder, entre otras.

Una *Sección C* en donde se midió si se expone el propósito de cada pregunta contenida en el instrumento de recogida de datos, la coherencia de la clasificación de las preguntas de acuerdo al contenido, el lenguaje y si están la cantidad suficiente de preguntas para aclarar los aspectos fundamentales de la investigación.

Por último, una *Sección D* donde se hizo una valoración global del contenido del cuestionario.

El *Apéndice 5* muestra las preguntas que fueron utilizadas para validar el instrumento de recogida de datos utilizado en esta investigación.

5.6.1.3 Análisis estadístico de los resultados de la validación del instrumento

El *Apéndice 6* presenta las estadísticas que corresponden a la valoración del juicio de expertos respecto al instrumento de recogida de datos utilizado en esta investigación.

De acuerdo a la valoración general que fue dada por los expertos al instrumento de recogida de datos, fue valorado en un 77.34% como *muy adecuado*. En un 19.53% valoraron como *algo adecuado* lo medido a través de la herramienta de validación, en un 2.34% dicen estar *ni adecuado ni inadecuado*, y en un 0.78% dicen que está *muy inadecuado* lo evaluado. En total en un 96.87% el instrumento de recogida de datos fue valorado como *muy adecuado* o *algo adecuado*.

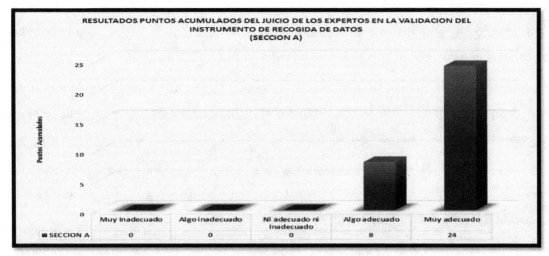

Figura 19. Resultados de los puntos acumulados de la valoración del Juicio de Expertos en la validación del instrumento de recogida de datos en la Sección A.
Fuente: Elaboración propia.

En la sección A, el 75% de las preguntas, de acuerdo al juicio de los expertos, tuvieron una valoración de *muy adecuado* en cuanto a la presentación del cuestionario.

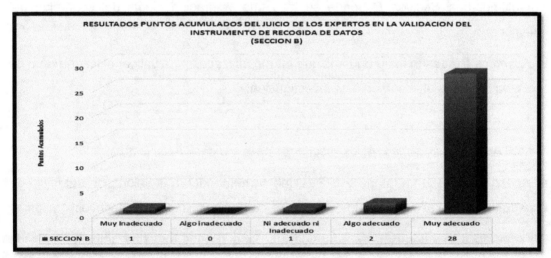

Figura 20. Resultados de los puntos acumulados de la valoración del Juicio de Expertos en la validación del instrumento de recogida de datos en la Sección B.
Fuente: Elaboración propia.

De acuerdo a la Figura 20, en la Sección B, el 87.50% de las respuestas en base al criterio de los evaluadores fue de *muy adecuado*.

132

Figura 21. Resultados de los puntos acumulados de la valoración del Juicio de Expertos en la validación del instrumento de recogida de datos en la Sección C.
Fuente: Elaboración propia.

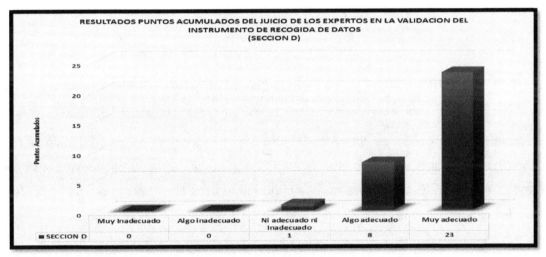

Figura 22. Resultados de los puntos acumulados de la valoración del Juicio de Expertos en la validación del instrumento de recogida de datos en la Sección D.
Fuente: Elaboración propia.

De acuerdo a la Figura 21, en cuanto a las preguntas incluidas en el cuestionario, de manera global en la Sección C, el 75% de la valoración del juicio de los expertos fue de *muy adecuado*.

Asimismo, en la Figura 22, en un 71.88% del criterio de los expertos valoraron de manera global como *muy adecuado* el instrumento de recogida de datos. En un 96.88% el instrumento tuvo una valoración de *muy adecuado* y *algo adecuado*.

133

En ese mismo sentido, para conocer el coeficiente de concordancia entre el juicio de los expertos, de acuerdo a Escobar-Pérez y Cuervo-Martínez (2008), se utiliza el estadístico Kappa cuando la escala de los datos es nominal o el Coeficiente de Concordancia W de Kendall cuando la escala de los datos es ordinal. Para el caso de la valoración del instrumento con respecto a la concordancia del juicio de expertos fue utilizada la W de Kendall. Entre mayor es el valor de Kendall, más fuerte es la asociación que otorga validez y confiabilidad al instrumento, de esta manera, se podrá utilizar el mismo para lo que fue diseñado.

En ese sentido, existen las siguientes hipótesis:

H_0: El juicio de los expertos es independiente, no concuerdan (H_0= W = 0).

H_1: Hay concordancia significativa entre el juicio de los expertos (H_1= W > 0).

N	8
Kendall's W	.08
Chi-Square	9.14
df	15
Asymp. Sig.	.870

Figura 23. Resultados del cálculo del coeficiente de concordancia para validar el instrumento de recogida de datos por el método de juicio de expertos. Fuente: Elaboración propia a partir de los resultados obtenidos en PSPP.

De acuerdo a los resultados obtenidos (Figura 23), el coeficiente de concordancia de los ocho (8) evaluadores utilizando el software PSPP para calcularlo, de acuerdo a la W de Kendall, es de .08. Esto significa que hay una fuerte asociación que le otorga la validez y confiabilidad suficiente al instrumento de recogida de datos a ser utilizado.

5.6.1.4 *Validación de la confiabilidad, validez y objetividad de los resultados del instrumento de recogida de datos*

La confiabilidad, validez y objetividad de los datos recogidos por el instrumento de medición utilizado, fue evaluada mediante la técnica del *alfa de cronbach*, que de acuerdo a Alarcón y Cea (2007), midiendo el coeficiente de correlación entre las variables, que es una de las técnicas del método de *Medidas de Coherencia o Consistencia Interna*, no es necesario aplicar el instrumento dos o más veces como en otros métodos, o dividirlo en dos partes iguales para comparar sus puntuaciones.

134

En ese mismo sentido, de acuerdo a Ibarra-Morales et al. (2020, p. 8), para efectos de validez y fiabilidad de un cuestionario, señalan estos autores que se puede analizar mediante la *consistencia interna* utilizando el coeficiente del *Alfa de Cronbach*.

En ese mismo sentido, de acuerdo a Martos (2014, p. 41, citado por Ibarra-Morales, 2020, p. 8), se requiere un valor mínimo de 0.7 para que un instrumento reúna las condiciones de confiabilidad y validez.

De acuerdo a Germán, Ospina, y Ramírez (2019), quienes citan a George y Mallery (2003), para establecer los criterios que se deben considerar al momento de hacer un análisis de los resultados del Alfa de Cronbach. En ese sentido, cuando el coeficiente es mayor que 0.9, se considera *excelente*; cuando es mayor que 0.8, se considera *bueno*; cuando es mayor que 0.7, es *aceptable*; cuando es mayor a 0.6, es *cuestionable*; cuando es mayor que 0.5, se considera *pobre*; y cuando el resultado es por debajo de 0.5, se considera *inaceptable*.

De acuerdo al *Apéndice 7*, el resultado del cálculo del *Coeficiente del Alfa de Cronbach* aplicado al instrumento de recogida de datos utilizado en esta investigación, arrojó como resultado un *0.91*, valor que se considera *excelente*.

También en la recogida de datos para hacer más objetivos los resultados obtenidos, durante la aplicación del instrumento de recogida de datos, fueron realizadas entrevistas al equipo directivo del plantel educativo, a los docentes, al equipo coordinador TIC (en los casos que los centros educativos contaban con uno) y estudiantes, con la finalidad de recabar cualquier aportación, sugerencia y conocer los puntos de vistas de cada uno respecto al tema tratado en esta investigación en complemento a los datos recogidos por el instrumento.

5.6.2 Validación del Modelo

De acuerdo a León (2011), el criterio de expertos es un método que nos permite consultar un grupo de expertos, con la finalidad de validar nuestra propuesta, en este caso el modelo diseñado resultante y las instrucciones metodológicas para su implementación, fundamentado en los conocimientos que estos poseen, sus investigaciones, la experiencia lograda, estudios bibliográficos, entre otras.

En ese sentido, siguiendo la secuencia de pasos establecidos por los investigadores anteriormente citados para establecer el *coeficiente de competencia* de los candidatos a expertos, el autor de esta investigación llevó a cabo los siguientes pasos:

1. Elaboración de la lista de candidatos a expertos

Fue elaborado un listado de 25 posibles expertos, que de alguna manera han tenido incidencia en el Ministerio de Educación y en el área académica de formación técnico profesional para docentes de educación, así como también, profesionales del área de las tecnologías de la información y comunicación. El instrumento utilizado para la autovaloración de los candidatos a expertos fue diseñado en la plataforma *Google Forms* para facilitar su aplicación.

2. Determinación del coeficiente de experiencia de cada experto

Fue realizado un cuestionario de ocho (8) preguntas, para medir el nivel de experiencia que poseen sobre el tema para evaluar su nivel de conocimientos. En cada pregunta suministrada mediante la autoevaluación, se midió los niveles de información y argumentación que tienen respecto al tema en cuestión.

En ese sentido, cada pregunta se valoró en una escala del 1 al 10 (siendo 10 el mayor valor en la puntuación), donde cada candidato a experto debió marcar el grado de conocimiento o información que poseen del tema.

Tabla 15
Preguntas del cuestionario de autoevaluación del nivel de conocimientos sobre el tema de los candidatos a expertos

Número	Pregunta
1	Problemática actual y retos de la educación en la República Dominicana.
2	Procesos sustantivos, estratégicos y de apoyo que conforman la Educación en República Dominicana.
3	Cultura organizacional
4	Nivel de experiencia en el uso de las TIC
5	Ventajas / Desventajas del uso de las TIC en la Educación
6	Brecha digital
7	Objetivos y metas del mundo hacia el año 2030 (Objetivos de Desarrollo Sostenible, Estrategia Nacional de Desarrollo, etc)
8	Estudios de medición del nivel de educación en la República Dominicana (Pruebas LLECE, Informe PISA, Índice de Competitividad Global)

Nota. Elaboración propia.

3. Cálculo del Coeficiente de Conocimiento o Información (K_c) de los candidatos a expertos

Una vez se organizaron los resultados de la autovaloración sobre el nivel de conocimientos sobre el tema por parte de los candidatos a expertos, fue calculado el *Coeficiente de Conocimiento o Información (K_c)* de cada participante a experto, utilizando la fórmula $K_c = n (0.1)$, donde:

Kc = Es el Coeficiente de Conocimiento o Información.

n = Rango seleccionado por el experto.

K_c es el resultado del promedio de los valores que cada candidato le otorgó a cada una de las preguntas de la autovaloración, según el conocimiento que consideró tener al respecto.

El *Apéndice 8* muestra los resultados obtenidos luego de aplicado el *cálculo del coeficiente de conocimiento o información* de los candidatos a expertos.

4. Grupo de preguntas que influyen sobre el nivel de argumentación o fundamentación (K_a) de los candidatos a experto

Luego se le realizó una segunda ronda de preguntas de autovaloración a los candidatos a expertos, compuesta de seis (6) preguntas, cuya finalidad es, a partir de los resultados, establecer el *Coeficiente de Argumentación o Fundamentación* de los criterios del experto, obtenido como resultado de la suma de los puntos de los aspectos de mayor influencia entre los indicados en cada pregunta, presentados estos en la Tabla 16.

5. Determinación de los aspectos de mayor influencia.

La Tabla 16, de igual manera, presenta los valores que son considerados como patrón, y que serán contrastados con los valores reflejados por cada candidato a experto en su autovaloración sobre los aspectos que han ejercido mayor influencia en el nivel de argumentación de sus conocimientos sobre el tema tratado en esta investigación.

Tabla 16

Aspectos que influyen en el nivel de argumentación o fundamentación del tema a estudiar en los candidatos a expertos

Nro.	Fuentes de Argumentación o Fundamentación	ALTO (A)	MEDIO (M)	BAJO (B)
1	Estudios teóricos realizados por Usted	0.30	0.20	0.10
2	Experiencia profesional	0.50	0.40	0.30
3	Conocimiento de investigaciones y/o publicaciones nacionales e internacionales	0.05	0.04	0.03
4	Conocimiento propio sobre el estado del tema de la investigación	0.05	0.04	0.03
5	Actualización en cursos de postgrado, diplomados, maestrías, doctorado, etc	0.05	0.04	0.02
6	Intuición	0.05	0.03	0.02
		1.00	0.75	0.50

Nota. Elaboración propia.

6. Cálculo del nivel de argumentación o fundamentación del tema (K$_c$) de los candidatos a expertos

Una vez establecidos los aspectos de mayor influencia, se procedió a organizar los resultados de la selección de las respuestas de los candidatos a expertos del grado de influencia (Alto / Medio / Bajo) que ha tenido en él cada una de las fuentes de argumentación presentadas, en sus conocimientos y criterios respecto al tema tratado en esta investigación.

Para el cálculo del *Coeficiente de Argumentación* (K$_a$), se utilizó la siguiente fórmula:

K$_a$ = (N$_1$ + N$_2$ + N$_3$ + N$_4$ + N$_5$ + N$_6$) donde:

K$_a$ es el Coeficiente de Argumentación.

N$_i$ es el valor correspondiente a la fuente de argumentación (desde la pregunta 1 hasta la 6).

El *Apéndice 9* presenta los resultados indicados por los candidatos a expertos del nivel de influencia que en cada una de las fuentes de argumentación establecidas han ejercido sobre él, la fundamentación sobre el tema tratado en esta investigación.

De acuerdo a los resultados presentados en el *Apéndice 10*, el 76% (19 de 25) de los candidatos a expertos tiene un nivel por encima del nivel medio en cuanto al *coeficiente*

138

de argumentación. Estos valores fueron contrastados de acuerdo a los resultados que se presentan en el *Apéndice 9*.

7. Cálculo del Coeficiente de Competencia (K_{comp})

Luego de haber sido obtenidos los cálculos de los Coeficientes de Conocimiento (K_c) y el Coeficiente de Argumentación (K_a) para cada participante candidato a experto, se procedió a realizar el cálculo del valor del Coeficiente de Competencia (K_{comp}), el cual es el que determina finalmente cuál de los candidatos a expertos evaluados se tomaron en consideración para la validación del modelo diseñado en esta investigación para cumplir con el principal objetivo de la misma.

El *Apéndice 11* contiene el resultado final del cálculo del coeficiente de competencia de los candidatos a expertos que fueron evaluados para la validación del modelo propuesto. Este Coeficiente de Competencia fue calculado utilizando la siguiente fórmula:

$K_{comp} = 0.5 (K_c + K_a)$, donde:

K_{comp} = Coeficiente de Competencia (este será el resultado del promedio de la suma del Coeficiente de Conocimiento más el Coeficiente de Argumentación).

K_c = Coeficiente de Conocimiento.

K_a = Coeficiente de Argumentación.

8. Valoración de los resultados

La valoración de los resultados del Coeficiente de Competencia (K_{comp}), fue establecida de la siguiente manera:

a) La competencia del candidato a experto es Alta (A): si K_{comp}: 0.75
b) La competencia del candidato a experto es Media (M): si $0.5 < K_{comp} < 0.75$
c) La competencia del candidato a experto es Baja (B): si $K_{comp} =< 0.5$

Los resultados de la valoración del coeficiente de competencia son presentados en el *Apéndice 12*. El 68% (17 candidatos) de los candidatos a expertos obtuvieron una valoración de competencias *ALTA*.

9. Listado de expertos

De acuerdo a Mendoza (s/f), el investigador debe utilizar para su consulta expertos cuya competencia tengan un coeficiente *alto*, no obstante, puede valorar si utiliza expertos de competencia *media* en caso de que el coeficiente de competencia promedio de todos los posibles expertos sean alto. Sin embargo, un investigador nunca deberá de utilizar expertos de competencia *baja*.

De acuerdo a León (2011, p. 108) que cita a Dalkay (1969), para garantizar la confiabilidad de la validación del modelo, con un número de expertos que oscile entre 15 y 20, el error de la decisión que se tome como resultado de la evaluación, se encuentra en un rango comprendido entre 2.5% y 5%. Para el caso de esta investigación se incluirán 17 expertos, lo que significa que la cantidad es adecuada para garantizar la confiabilidad de los resultados.

En ese sentido, de acuerdo a los resultados obtenidos en el *Apéndice 12*, fue tomado en consideración el criterio de 17 de los 25 candidatos a experto para la validación del modelo.

10. Resultados de la validación del modelo

La validación del modelo para potenciar el proceso de integración de las TIC en la educación primaria en escuelas públicas de la República Dominicana (RD), se llevó a cabo a partir del juicio de valor emitido por los expertos seleccionados en tres (3) aspectos: La relevancia, la pertinencia y la coherencia del mismo. En donde:

Relevancia (R): Es la influencia de cada uno de los componentes de la estructura del modelo en el proceso de integración de las TIC en la educación primaria en escuelas públicas de RD.

Pertinencia (P): La estructura del modelo, sus componentes y contenido son congruentes con los objetivos del mismo, y consideran las exigencias de los actores implicados, del Ministerio de Educación y del contexto en la educación primaria en escuelas públicas de RD.

Coherencia (C): Existe coherencia e interrelación entre los componentes del Modelo (principios, objetivos, premisas, enfoques, momentos).

Para evaluar la **Relevancia** del modelo propuesto, se valoró la misma por los expertos, de acuerdo a la valoración que va desde: Muy alta (MA); Alta (A); Media (M); Baja (B); y Ninguna (N). De igual manera fue evaluada la **Pertinencia**, en donde la valoración va desde: Muy pertinente (MP), Pertinente (P), Media (M), Poco pertinente (PP) y Nada pertinente (NP). Del mismo modo fue evaluada la **Coherencia**, cuya valoración va desde: Muy coherente (MC), Coherente (C), Medianamente (M), Poco coherente (PC), Nada coherente (NC).

Tabla 17

Resultados de la validación del modelo respecto a su relevancia, su pertinencia y su coherencia de acuerdo al juicio de los expertos.

EVALUACION DEL MODELO							
ASPECTO A EVALUAR		**FRECUENCIA**					
Relevancia del Modelo		MA	A	M	B	N	TOTAL
1) Principios	Frecuencia	10	6	1	0	0	17
	Porcentaje	58.82%	35.29%	5.88%	0.00%	0.00%	**100.00%**
2) Objetivo	Frecuencia	12	4	1	0	0	17
	Porcentaje	70.59%	23.53%	5.88%	0.00%	0.00%	**100.00%**
3) Premisas	Frecuencia	8	7	2	0	0	17
	Porcentaje	47.06%	41.18%	11.76%	0.00%	0.00%	**100.00%**
4) Enfoques	Frecuencia	11	5	1	0	0	17
	Porcentaje	64.71%	29.41%	5.88%	0.00%	0.00%	**100.00%**
5) Cualidades	Frecuencia	7	9	1	0	0	17
	Porcentaje	41.18%	52.94%	5.88%	0.00%	0.00%	**100.00%**
6) El modelo como un todo	Frecuencia	9	8	0	0	0	17
	Porcentaje	52.94%	47.06%	0.00%	0.00%	0.00%	**100.00%**
TOTAL	Frecuencia	57	39	6	0	0	102
	Porcentaje	**55.88%**	**38.24%**	**5.88%**	**0.00%**	**0.00%**	**100.00%**
ASPECTO A EVALUAR		**FRECUENCIA**					
		MP	P	M	PP	NP	TOTAL
Pertinencia del Modelo	Frecuencia	9	8	0	0	0	17
	Porcentaje	52.94%	47.06%	0.00%	0.00%	0.00%	**100.00%**
ASPECTO A EVALUAR		**FRECUENCIA**					
		MC	C	M	PC	NC	TOTAL
Coherencia del Modelo	Frecuencia	11	6	0	0	0	17
	Porcentaje	64.71%	35.29%	0.00%	0.00%	0.00%	**100.00%**

Nota. Elaboración propia.

De acuerdo a los resultados obtenidos en la Tabla 18 respecto a la validación del modelo, en cuanto a su *Relevancia*, el criterio de los expertos para cada uno de los aspectos que se evalúan en los rangos de *muy alta* y *alta* fueron los siguientes: En cuanto a los principios (94.11%), objetivo (94.12%), premisas (88.24%), enfoques (94.12%), cualidades (94.12%) y el modelo visto como un todo (100%).

De manera general, de acuerdo al criterio de los expertos en un 55.88% el modelo fue de relevancia muy alta y en un 38.24% fue alta para un 94.12% con respecto a la influencia que este tiene en cada una de sus estructuras en el proceso de integración de las TIC en la educación primaria en escuelas públicas de la República Dominicana.

En cuanto a la *Pertinencia* del modelo, para cada uno de los aspectos que se evalúan en los rangos de *muy pertinente* y *pertinente*, el criterio de los expertos fue de un 100.00% en donde el 52.94% evaluó el modelo como muy pertinente y el 47.06% lo evaluó como pertinente, con relación a su estructura, sus componentes y si su contenido es congruente con los objetivos del mismo, así como también, con las exigencias de los actores implicados.

En el caso de la *Coherencia* del modelo, para los aspectos que se evalúan por los expertos en los rangos de *muy coherente* y *coherente*, fue evaluado el modelo con un resultado de un 100% en ambos aspectos, en donde, en un 64.71% los expertos evaluaron la coherencia del modelo como *muy coherente* respecto a la interrelación y coherencia entre sus componentes, y en un 35.29% como *coherente*.

En cuanto a la evaluación de las *instrucciones metodológicas* para la implementación del modelo, los expertos dicen estar en un 35.29% muy de acuerdo en lo que respecta a la *correspondencia entre el modelo y sus instrucciones metodológicas*, y en un 64.71% indican estar de acuerdo al respecto.

En cuanto a la *importancia de las diferentes etapas de las instrucciones metodológicas* los expertos dicen estar en un 52.94% y un 41.18% muy de acuerdo y de acuerdo respectivamente.

En lo que respecta a las *etapas de las instrucciones metodológicas*, de manera general, los expertos evaluaron con un 64.71% y un 31.76% estar muy de acuerdo y de acuerdo respectivamente con lo relacionado a las etapas del Diagnóstico, Planificación, Aprobación, Ejecución y Evaluación para la implementación del modelo.

Del mismo modo, en un 52.94% y un 47.06% los expertos dicen estar muy de acuerdo y de acuerdo respectivamente, en la *valoración del modelo y sus instrucciones metodológicas vistas como un todo* para dar respuesta a la necesidad de potenciar el proceso de integración de las TIC en la educación primaria en escuelas públicas de la República Dominicana.

La Tabla 19 presenta los resultados de la valoración, por parte de los expertos, de las instrucciones metodológicas para la implementación del modelo diseñado en cumplimiento al objetivo general de esta investigación.

Adicionalmente, a las favorables valoraciones obtenidas de parte de los expertos, se recibieron algunas sugerencias de estos:

a. Debe revisarse en el gráfico del modelo la manera en cómo se expresa (gráficamente) la retroalimentación, teniendo en cuenta el carácter sistémico y el principio de mejora continua.

b. Se debe considerar entre las salidas, el docente con competencias TIC, porque es un resultado esencial para la sostenibilidad del modelo.

c. El componente de evaluación de los resultados debe impactar a los restantes componentes, por lo que debería graficarse debajo de los tres restantes y eso daría mayor visibilidad a la retroalimentación.

d. En el diagnóstico sería bueno aclarar los componentes abarcados por el perfil tecnológico de las escuelas.

e. En la planificación, la acción 2.7 debe ir antes de la 2.6, primero se determinan los roles necesarios y luego se hace el cronograma de trabajo asignando responsabilidades y fechas de entrega a cada rol previamente definido.

f. En la evaluación, no queda claro dónde se evalúan las competencias de los individuos (estudiantes) ¿algún instrumento sugerido?

g. Presentar en las instrucciones metodológicas dónde se evidencia claramente la mejora continua en el proceso de implementación del modelo.

h. Considero que se debe trabajar con celeridad para que los resultados de esta propuesta impacten favorablemente la educación primaria dominicana. No debe perder de vista que lo esencial no es la tecnología, ya que ella por sí misma no supone un cambio. La transformación se logra realmente mediante la sensibilización de los docentes para que realicen un diseño instruccional coherente y pongan todo su conocimiento y creatividad en función de los niños. Por otro lado, contar con todos los recursos necesarios (infraestructura) no siempre es posible con la celeridad que se requiere, hoy en día el HORIZONT REPORT sugiere el incremento del empleo de dispositivos a través de "Trae tu propio dispositivo" o Bring Your Own Device (BYOD), cuestión que debe considerarse en el modelo y en el procedimiento.

i. Fuera del modelo, pero como parte de la tesis doctoral, sugiero evaluar los posibles retos que se pudieran presentar al implementar este modelo (otorgación de recursos para su implementación, brecha digital de los docentes, etc).

j. Se obtuvieron otros comentarios que iban en sentido de resaltar el modelo como de excelente en todo su contexto, y el proyecto (o tesis) como de excelente.

Todas estas propuestas fueron tomadas en consideración al momento de que el autor de esta investigación diseñara el modelo teórico. Sin embargo, es hacer una nota aclaratoria en la observación presentada en el *Literal H* sobre traer su propio dispositivo a las aulas. Lamentablemente el estado de situación económico de los entornos sociales en donde están alojadas las escuelas públicas de educación primaria que fueron diagnosticadas son de muy escasos recursos económicos, no siendo así diferente para las demás escuelas públicas del país.

Siguiendo en el mismo sentido del párrafo anterior, precisamente, lo que le da mayor aquiescencia a la acción de integrar tecnología en educación, es hacer que la educación sea más inclusiva, entre otros. Por lo tanto, este tipo de iniciativas para poder viabilizar

144

la integración de las TIC en la educación, en el caso de la República Dominicana, no sería factible.

Tabla 19

Resultados de la valoración de las instrucciones metodológicas para la implementación del modelo propuesto

EVALUACION DE LAS INSTRUCCIONES METODOLOGICAS							
ASPECTO A EVALUAR		FRECUENCIA					
		MA	A	M	B	N	TOTAL
a) Correspondencia entre el modelo y la metodología propuestos	Frecuencia	6	11	0	0	0	17
	Porcentaje	35.29%	64.71%	0.00%	0.00%	0.00%	**100.00%**
b) Importancia de las diferentes etapas de las instrucciones metodológicas	Frecuencia	9	7	1	0	0	17
	Porcentaje	52.94%	41.18%	5.88%	0.00%	0.00%	**100.00%**
c) Etapas de las Instrucciones Metodológicas	Frecuencia	**55**	**27**	**3**	**0**	**0**	85
	Porcentaje	**64.71%**	**31.76%**	**3.53%**	**0.00%**	**0.00%**	**100.00%**
ETAPA I – Diagnóstico	Frecuencia	12	5	0	0	0	17
	Porcentaje	70.59%	29.41%	0.00%	0.00%	0.00%	**100.00%**
ETAPA II – Planificación	Frecuencia	11	6	0	0	0	17
	Porcentaje	64.71%	35.29%	0.00%	0.00%	0.00%	**100.00%**
ETAPA III – Aprobación	Frecuencia	9	7	1	0	0	17
	Porcentaje	52.94%	41.18%	5.88%	0.00%	0.00%	**100.00%**
ETAPA IV – Ejecución	Frecuencia	13	3	1	0	0	17
	Porcentaje	76.47%	17.65%	5.88%	0.00%	0.00%	**100.00%**
ETAPA V – Evaluación	Frecuencia	10	6	1	0	0	17
	Porcentaje	58.82%	35.29%	5.88%	0.00%	0.00%	**100.00%**
d) Valoración del modelo y sus instrucciones metodológicas vistas como un todo para dar respuesta a la necesidad de potenciar el proceso de integración de las TIC en las metodologías de enseñanza / aprendizaje en la educación primaria en escuelas públicas de República Dominicana.	Frecuencia	9	8	0	0	0	17
	Porcentaje	52.94%	47.06%	0.00%	0.00%	0.00%	**100.00%**

Nota. Elaboración propia.

5.6.3 Métodos utilizados para el diseño / validación del modelo

El diagnóstico llevado a cabo centró su atención en las siguientes tareas (ver Figura 24):

a) Definición de las fuerzas impulsoras y restringentes que inciden en el logro de la integración de las TIC en la educación primaria en escuelas públicas del Municipio de Santo Domingo Oeste (MSDO) en República Dominicana.

b) Desarrollo del mapa conceptual del uso de las TIC en la generación del conocimiento en la educación primaria en escuelas públicas.

c) Determinación de las necesidades de aprendizaje asociadas al proceso de integración de las TIC en la educación primaria en escuelas públicas del MSDO en República Dominicana.

d) Determinación del estado de equipamiento, conectividad y soporte de las TIC asociados al proceso de integración de las TIC en la educación primaria en escuelas públicas del MSDO en República Dominicana.

e) Evaluación del estado de avance del proceso de integración de las principales funcionalidades asociadas al uso de las TIC en la educación primaria en escuelas públicas del MSDO en República Dominicana.

f) Elaboración del diagrama causa – efecto asociado al proceso de integración de las TIC en la educación primaria en escuelas públicas del MSDO en República Dominicana.

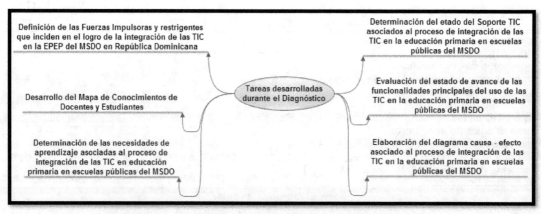

Figura 24. Tareas desarrolladas durante el diagnóstico.
Fuente: Elaboración propia.

146

5.7 Análisis de los datos

El proceso efectuado para realizar el análisis de los datos de esta investigación es el establecido por Hernández *et al.* (2014, p. 272), en el cual se agotaron los siguientes pasos:

PASO 1 – Selección de los programas de análisis de datos.

Seleccionar un software apropiado para analizar los datos. Para el caso de esta investigación fue utilizado el *PSPP* y el *Lenguaje R*, que son dos aplicaciones (softwares) del tipo open source, las cuales disponen de todas las herramientas para organizar y realizar los procedimientos científicos de análisis de los datos generados en esta investigación. Para el diseño de la encuesta que fue aplicada para diagnosticar el estado de situación de la integración de las TIC en las escuelas públicas de educación primaria que fueron seleccionadas como muestra y para la validación del modelo, fue utilizada la plataforma *Google forms*, en donde fue diseñado el instrumento de recogida de datos y los cuestionarios utilizados para validar tanto el instrumento como el modelo propuesto en esta investigación.

PASO 2 - Las variables exploradas

Entre las variables exploradas están: Tipos de centros (públicos / semi públicos / privados), Tipos de tanda, Sostenibilidad, Políticas TIC, Metodología (de la enseñanza basada en TIC), Recursos tecnológicos e infraestructura, Cultura digital, Gestión TIC del centro, Presupuesto, Nivel socioeconómico, Competencia TIC del docente y los estudiantes.

PASO 3 - Descripción estadística de las variables

Para las *variables categóricas* y las *variables ordinales* (como las que definen el perfil tecnológico de la escuela), las estadísticas descriptivas que fueron utilizadas para el análisis descriptivo de cada una de estas variables fueron utilizado el *gráfico de barras* y *gráficas circulares*, tomando en consideración como las medidas de tendencia central a ser utilizadas para estos casos la *moda* y la *mediana*. En el caso de las *variables continuas*, se utilizaron todas las medidas de tendencia central (media, mediana, moda) y las medidas de variabilidad como la *desviación estándar*, *varianza* y el *rango*.

En ese sentido, fueron utilizados dentro de los análisis paramétricos para probar hipótesis de las variables de razón, el *Coeficiente de Correlación de Pearson* que, aunque no considera directamente cuando una variable es dependiente u otra es independiente ya que no considera la causalidad, se pueden establecer estos criterios teóricamente por el autor de la investigación.

Fueron explorados los datos y analizados de manera descriptiva utilizando la moda y la mediana como medida de tendencias centrales, el *coeficiente de determinación (r^2)* y el *nivel de correlación entre las variables (rs)* para determinar la correlación entre las variables. De manera visual por cada una de las variables, fueron desarrollados gráficos de distribución de frecuencia y sus respectivas tablas.

De esta manera aparte de interpretar el perfil tecnológico de los centros educativos encuestados, también se analizaron con los métodos estadísticos citados, otros detalles que se especifican a continuación:

a. La consideración de los directivos de los centros educativos en cuanto a la claridad de las *Políticas TIC* establecidas por el MINERD y si están contenidas estas políticas en el *currículo* de educación primaria. En ese mismo sentido, el aprovisionamiento de *material educativo digital* para el aprendizaje del docente / estudiante.

b. Si a partir de las *políticas* del MINERD ha quedado claramente establecida la *planificación* y *presupuesto* TIC en los centros educativos.

c. Cuál es el perfil tecnológico más frecuente en los centros educativos en general de acuerdo a las dimensiones medidas.

d. Una comparativa entre el perfil tecnológico de los centros educativos encuestados por el conglomerado de la *tanda*.

e. La correlación existente entre la claridad de las políticas TIC del MINERD de acuerdo al tipo de tanda en los centros educativos encuestados.

f. El efecto que tienen algunas variables sobre otras como, por ejemplo, *las de políticas TIC del MINERD* sobre la *integración TIC en el currículo* de educación primaria o el *aprovisionamiento de herramientas digitales*, así como también,

148

medir la correlación de estas variables con la *cantidad de computadoras para la instrucción*. No menos importante es medir que tanto inciden estas variables con la variable *alcance comunitario* que conoce la preparación de la comunidad en el entorno del centro educativo y su preparación para el uso de las TIC en el contexto educativo.

g. Qué tan frecuente es la inclusión del uso de las TIC por parte de los docentes de las asignaturas principales en los centros educativos.

h. La correlación existente entre la *planificación TIC* en el centro educativo, con los *presupuestos* para el *desarrollo profesional del docente*, y la *compra de material digital didáctico*.

i. El análisis descriptivo de la preparación de las aulas de los centros educativos para la educación del Siglo XXI en cuanto a la equidad en el acceso, el uso que hacen los estudiantes de las herramientas tecnológicas y la comunidad.

Al final de cada dimensión evaluada, se realizó un análisis estadístico comparativo de las *tandas educativas* por las que se determinó la muestra a tomar en cuenta, la tanda matutina / vespertina y la tanda de jornada extendida, para determinar el estado de avance en cada una de estas, siendo la tanda de jornada extendida el tipo de educación hacia donde el Estado Dominicano se dirige.

PASO 4 - La confiabilidad y validez de los datos presentados.

Esta fue verificada utilizando el método de medidas de coherencia o consistencia interna utilizando el coeficiente *del alfa de cronbach*.

Preparación de los resultados para presentarlos

Los resultados de esta investigación fueron debidamente organizados en el mismo orden establecido en el instrumento para las dimensiones evaluadas. Del mismo modo, se hizo una descripción de la esencia de los resultados de cada variable medida, utilizando como parámetro de análisis los valores de las tablas de resultados, diagramas y otras gráficas utilizadas para mostrar los resultados del diagnóstico realizado.

Conclusiones de la Metodología

A partir de lo expuesto en la metodología, el autor de esta investigación llega a las siguientes conclusiones:

a. Tanto la validación del instrumento de recogida de datos como la validación del modelo, han cumplido con el marco metodológico establecido en el contexto científico para validar ambas herramientas.

b. El instrumento de recogida de datos que se elaboró, permite establecer un perfil tecnológico de las escuelas públicas encuestadas, lo que facilita saber el nivel en que se encuentra el proceso de integración de las TIC en la educación primaria en escuelas públicas del Municipio de Santo Domingo Oeste en República Dominicana.

c. Para la selección de los expertos fue utilizado el resultado de los siguientes cálculos: i) Coeficiente de experiencia, ii) coeficiente de conocimiento, iii) nivel de argumentación y iv) coeficiente de competencia.

d. Para establecer el nivel de confiabilidad y validez de los datos presentados fue utilizado el método de coherencia o consistencia interna, utilizando el Coeficiente del Alfa de Cronbach.

e. Para la selección de la muestra fue utilizada el método de muestreo probabilístico, utilizando la técnica del muestreo aleatorio estratificado proporcional. La estratificación fue realizada a través de los tipos de educación primaria en escuelas públicas del Municipio de SDO, que son la matutina / vespertina y la de jornada extendida.

CAPÍTULO VI. RESULTADOS

6.1   Resultados del diagnóstico

Los resultados se analizaron en el mismo orden en que fueron recogidos los datos con el instrumento. En ese sentido, se proporcionaron conclusiones para cada dimensión medida y posteriormente, al final de los resultados, se realizó una conclusión general del diagnóstico realizado. También se realizó un análisis por el conglomerado de las tandas tomadas en consideración para la muestra.

6.1.1 Dimensión: Sector Educativo

En esta dimensión del instrumento se mide en los centros educativos el avance del proceso de integración de las TIC en cuanto a las políticas y programas nacionales de estudio. La intención es determinar el nivel de madurez de las políticas, el contenido y los recursos que provee el Ministerio de Educación de República Dominicana (MINERD) desde la óptica del Administrador del centro educativo.

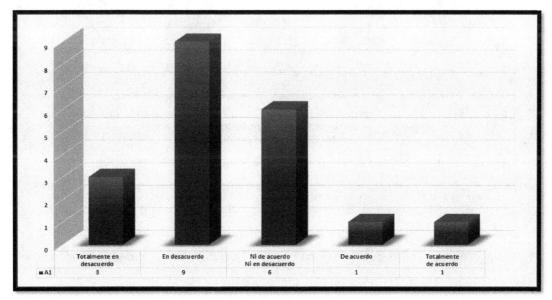

Figura 25. Valoración de los centros educativos de las Políticas TIC del MINERD.
Fuente: Elaboración propia.

De acuerdo a los datos obtenidos con relación a la pregunta A1 del instrumento se puede tener la siguiente interpretación: Los Centros Educativos están en un 90% *ni de acuerdo ni en desacuerdo, en desacuerdo* o *totalmente en desacuerdo* con relación a si el

151

Ministerio de Educación (MINERD) ha sido lo suficientemente claro en cuanto a las políticas de integración de las TIC en la educación. La categoría que más se repitió fue la 2 (*en desacuerdo*).

Apenas el 10% de los centros encuestados está *de acuerdo* o *totalmente de acuerdo,* es decir, solamente en dos (2) de los centros consideran que han sido claras las políticas definidas por el MINERD. En el 30% de los centros están *ni de acuerdo ni en desacuerdo*.

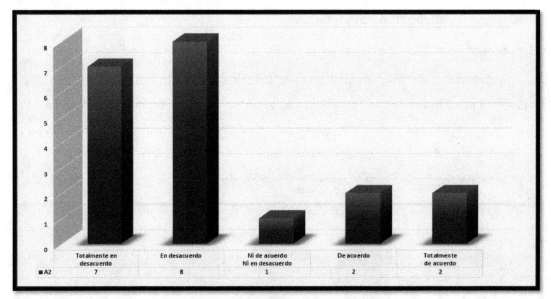

Figura 26. Valoración de la integración de las TIC en el currículo de educación primaria en los centros educativos públicos.
Fuente: Elaboración propia.

De acuerdo a los datos obtenidos relacionados a la pregunta A2 del instrumento se puede interpretar lo siguiente: No ha sido integrada de manera clara el uso de las TIC en el currículo de educación primaria. Se llega a esta conclusión debido a que, de acuerdo a los resultados obtenidos, el 75% de los centros encuestados dijo estar *en desacuerdo* y *totalmente en desacuerdo* que añadiendo el 5% que dice estar *ni de acuerdo ni en desacuerdo* suman el 80% de los centros encuestados (16 de 20 centros). La categoría que más se repitió fue la 2 (*en desacuerdo*).

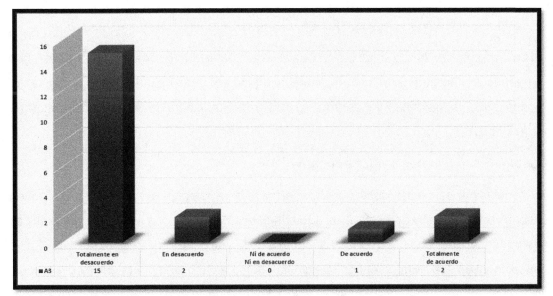

Figura 27. Valoración del suministro de herramientas digitales.
Fuente: Elaboración propia.

De acuerdo a los datos obtenidos, se puede hacer la siguiente interpretación: El MINERD no provee de herramientas digitales a docentes y estudiantes. La categoría que más se repitió entre los centros encuestados fue la 1 (*totalmente en desacuerdo*).

El 85% de los centros educativos están *en desacuerdo* y *totalmente en desacuerdo* con respecto a si el MINERD provee de las herramientas TIC para los docentes y estudiantes. Apenas el 15% (3 de 20 centros educativos) está *de acuerdo* o *totalmente de acuerdo*.

Comparativo estadístico por tandas (Extendida y Matutina / Vespertina)

- El 88.24% de los centros con *tanda matutina / vespertina* (MV) están en ni de acuerdo ni en desacuerdo, en desacuerdo y totalmente en desacuerdo con relación a si están claramente definidas las políticas TIC del MINERD. No muy diferente a estos resultados fueron los obtenidos por los centros con *tanda jornada extendida (JE)*, en donde el 100% de los centros encuestados opina estar entre *en desacuerdo* y *totalmente en desacuerdo* respecto a la claridad de las políticas.

- Con respecto a la claridad en que está contenida la integración de las TIC en el currículo de educación, apenas el 23.53% de los centros con *tanda matutina /*

153

vespertina dice estar de acuerdo o totalmente de acuerdo. Los centros encuestados de *tanda extendida* el máximo fue en la categoría *totalmente en desacuerdo*.

- Los centros de *tanda extendida* consideraron estar totalmente en desacuerdo con respecto al aprovisionamiento de material digital por parte del MINERD. La otra tanda analizada, la matutina / vespertina, su mayor frecuencia fue en esta misma categoría (un 70.59%).

Conclusión dimensión sector educativo

En conclusión, se puede decir que no fueron muy favorables de acuerdo a la opinión encontrada en los diferentes centros educativos encuestados con relación a las políticas emanadas desde el MINERD a los centros educativos para integrar las TIC en la educación y en ese mismo sentido la inclusión de estas herramientas dentro del currículo de educación primaria. Esa misma valoración se mantiene en lo que respecta al aprovisionamiento de herramientas digitales para el uso de docentes y estudiantes. Al mismo tiempo, no hubo ningún tipo de diferencia en cuanto a los tipos de tandas.

Es decir:

- El 90% (18 de 20) de los centros encuestados cuando evalúa si está claramente definida la *política de integración* de las TIC en la educación tienen una valoración entre *totalmente en desacuerdo*, *en desacuerdo* y *ni de acuerdo ni en desacuerdo*.

- Con respecto a la *integración de las TIC* claramente en el currículo de educación primaria, apenas el 20% (4 de 20) de los centros educativos tienen una opinión favorable al respecto entre *de acuerdo* y *totalmente de acuerdo*.

- Con respecto a si el MINERD provee *herramientas digitales* a los centros educativos, el 90% le da un puntaje muy bajo. Un dato interesante es que el 75% de los centros encuestados considera estar *totalmente en desacuerdo* respecto a si el MINERD aprovisionamiento de materiales digitales.

6.1.2 Dimensión: Centros educativos

En esta dimensión se procura medir el nivel de adopción de tecnología escolar en lo que concierne a dos ejes fundamentales en los centros educativos: La gestión administrativa y la infraestructura tecnológica. En ese sentido, se miden variables como la gestión de la planificación TIC en el centro, del presupuesto, cantidad de computadoras para la instrucción, cantidad de estudiantes en computadoras conectadas a internet, el soporte técnico, apoyo tecnológico instruccional, uso de otras tecnologías para la enseñanza y planes de seguridad y sostenibilidad de la infraestructura TIC en el centro.

- *Gestión Administrativa.*

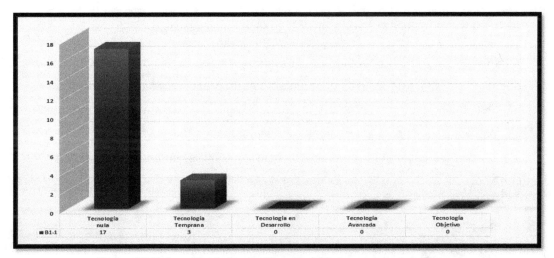

Figura 28. Valoración de la planificación TIC del centro educativo.
Fuente: Elaboración propia.

El nivel de planificación TIC en los centros educativos públicos encuestados en la provincia de Santo Domingo Oeste (SDO) se encuentra en la categoría de *tecnología nula* en su mayor frecuencia, lo que significa que carecen de una planificación TIC. Las puntuaciones tienden a ubicarse en los valores más bajos de acuerdo a la moda (cuyo valor es 0). Esto representa el 85% de la muestra seleccionada.

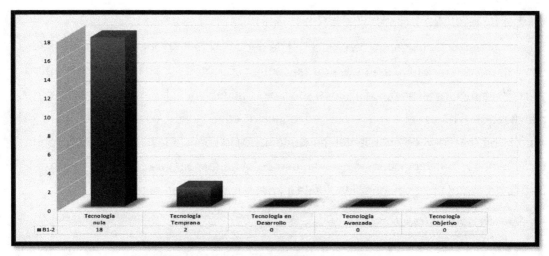

Figura 29. Valoración de la gestión del presupuesto.
Fuente: Elaboración propia.

De acuerdo a los datos encontrados se puede hacer la siguiente interpretación descriptiva: Los centros educativos no cuentan con un presupuesto orientado a las TIC. El perfil tecnológico más frecuente fue el de *tecnología nula*, lo que representa que el 90% de los centros encuestados no tiene fondos asignados para la planificación TIC. El 10% de los centros encuestados restantes (2 de 20 centros) su perfil es de *tecnología temprana* con relación a la gestión del presupuesto TIC.

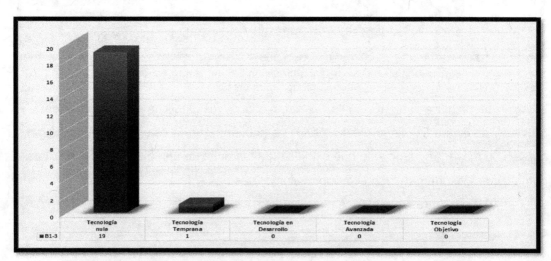

Figura 30. Valoración de la gestión de fondos TIC para los centros educativos.
Fuente: Elaboración propia.

156

De acuerdo a los datos encontrados, se puede hacer la siguiente interpretación: Los centros educativos no tienen asignación de fondos para las TIC. El perfil tecnológico más frecuente fue el de *tecnología nula,* lo que representa el 95% de los centros. Apenas un (1) centro educativo tiene fondos asignados para la planificación TIC, lo que significa que su perfil tecnológico es de *tecnología temprana.*

- *Infraestructura tecnológica del centro educativo*

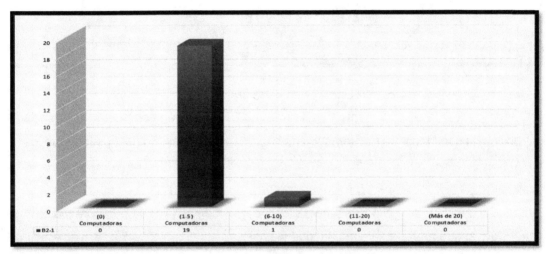

Figura 31. Distribución de la cantidad de computadoras por centro educativo para la gestión administrativa.
Fuente: Elaboración propia.

Se puede hacer la siguiente interpretación descriptiva de los datos obtenidos: Existe en las escuelas públicas encuestadas, aunque sea (1) computador para la gestión administrativa. La cantidad de computadoras en la parte administrativa más frecuente fue de 3 equipos. El cincuenta por ciento de los computadores está por encima del valor de 3.00, y el restante 50% se sitúa por debajo de este valor (de acuerdo a la mediana).

El 85% de los centros encuestados tienen entre una y tres computadoras que son utilizadas para procesos de gestión administrativos. Un dato interesante consiste en que no existen CE educativos de la muestra en los que no haya, aunque sea (1) computador para realizar tareas administrativas. El 95% de los CE tiene entre una y cinco computadoras.

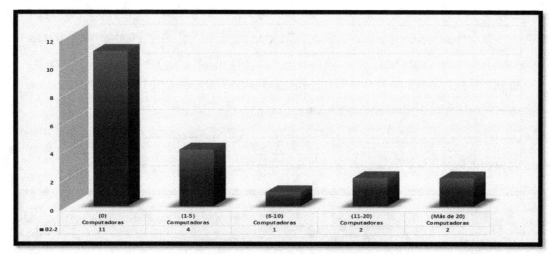

Figura 32. Cantidad de computadoras para la instrucción.
Fuente: Elaboración propia.

Se puede decir que prácticamente la mitad de los CE no tienen computadoras para la instrucción, la cantidad más frecuente fue de cero computadoras. Es decir, el 55% de los centros educativos encuestados carecen de por lo menos (1) computador para la instrucción. En el 70% de los CE encuestados hay menos de (5) cinco computadoras por centro. En un 45% de los CE encuestados hay al menos (1) computadora para la instrucción, lo que representa una cantidad insignificante.

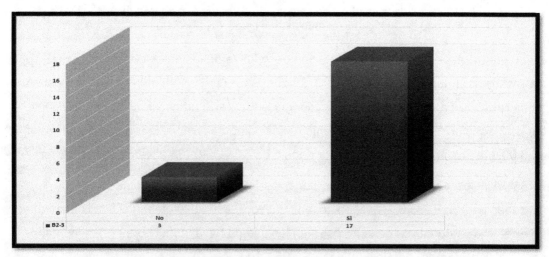

Figura 33. Porcentaje de centros educativos con conectividad a internet.
Fuente: Elaboración propia.

158

De los datos obtenidos se puede hacer la siguiente interpretación descriptiva: Existe una gran cantidad de escuelas públicas que tienen disponibilidad de conexión a internet. Esto significa que el 85% de los centros encuestados cuenta con el servicio lo que representa el dato de mayor frecuencia.

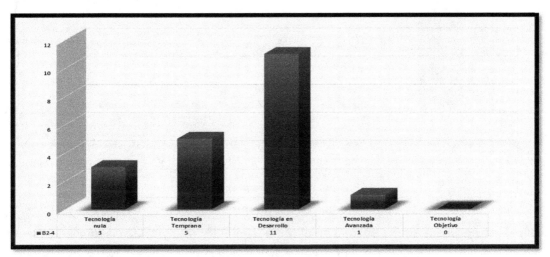

Figura 34. Distribución porcentual del pago del internet en centros educativos.
Fuente: Elaboración propia.

De acuerdo a los datos obtenidos se puede interpretar que en su gran mayoría las escuelas públicas del Municipio de SDO reconocen la importancia de la conectividad a internet, y que por esta razón procuran su autogestión de acuerdo a la categoría que más se repitió que fue la del perfil tecnológico de *tecnología en desarrollo*, lo que representa un 55% de la muestra. En esta variable (pago del internet) el 40% de los centros se sitúa en las categorías de *tecnología nula* (3) centros y *tecnología temprana* (5) centros. Uno (1) de estos centros recibe una conectividad donada por una empresa privada que lo categoriza en un perfil tecnológico de *tecnología avanzada*.

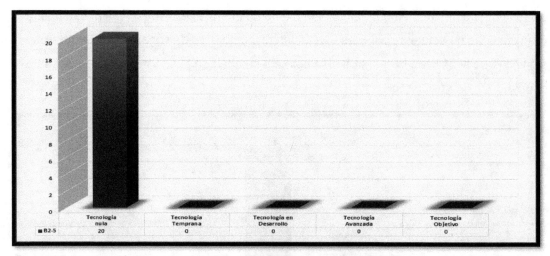

Figura 35. Distribución porcentual de la cantidad de oficinas administrativas y aulas disponibles para instrucción basada en TIC conectadas a internet.
Fuente: Elaboración propia.

De acuerdo a los datos obtenidos se puede interpretar que en general en los centros educativos encuestados la cantidad de oficinas administrativas y aulas disponibles para la instrucción basada en TIC conectadas a internet se encasillan en la categoría *tecnología nula*. Esto se debe a que o prácticamente no existe esta disponibilidad o la existente está por debajo del 25% con relación a la distribución de oficinas administrativas y aulas para la enseñanza existentes en los centros educativos públicos encuestados.

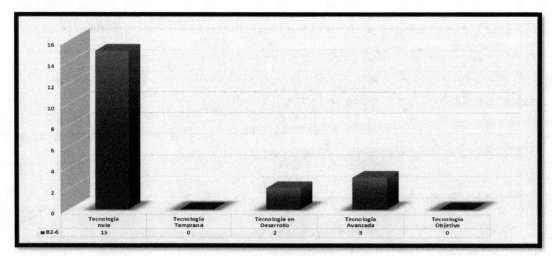

Figura 36. Cantidad de estudiantes por computadora conectada a internet para instrucción.
Fuente: Elaboración propia.

160

De acuerdo a los datos obtenidos, se puede hacer la siguiente interpretación: La cantidad de estudiantes por computadoras conectadas en internet para la instrucción es prácticamente inexistente (*tecnología nula*). Es decir, el 75% de los centros encuestados no tienen computadoras conectadas a internet para la construcción del conocimiento del estudiante. Eso se hace notar al ser este perfil tecnológico el de mayor frecuencia entre los datos obtenidos. En el 10% de las escuelas públicas, la cantidad de estudiantes por computadoras conectadas a internet para la instrucción es mayor de 10 estudiantes lo que les da un perfil de *tecnología en desarrollo*. Otro 15% de los centros su perfil tecnológico se categoriza como *tecnología en avanzada*, donde por computadora hay entre 6 y 10 estudiantes.

Un dato interesante con relación a la pregunta B2_2 (*cantidad de computadoras para la instrucción*) y los datos encontrados en la pregunta B2_3 (*¿tiene el centro educativo conectividad a internet?*), es que existen escuelas públicas que tienen computadoras para la instrucción, sin embargo, estos equipos no tienen acceso a internet, y en el peor de los casos, están las computadoras no están conectadas para la función que fueron provistas al centro, es decir, para fines educativos.

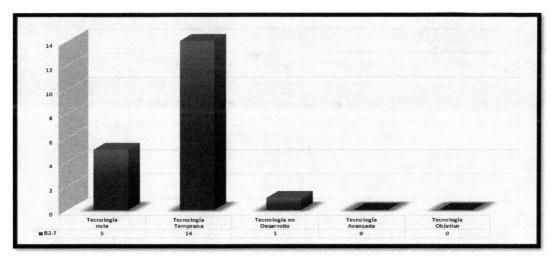

Figura 37. Uso y disponibilidad de otras formas de tecnologías para la enseñanza.
Fuente: Elaboración propia.

De acuerdo a la Figura 37, se podría interpretar que los centros educativos en un 70% tienen un acceso limitado a otros tipos de instrucción, lo que los sitúa en un perfil tecnológico de *tecnología temprana*, siendo esta categoría la más frecuente. El 25% de estos centros tiene un perfil tecnológico situado en *tecnología nula*. Apenas uno (1) se categoriza en *tecnología en desarrollo*.

El apoyo tecnológico instruccional que reciben del MINERD las escuelas públicas encuestadas, cuya finalidad es la de ayudar a hacer efectivo el proceso de integración de las TIC en la educación primaria en la provincia de Santo Domingo Oeste (SDO) es prácticamente inexistente, siendo la categoría más frecuente la de *tecnología nula*. Eso se ve reflejado en que el 95% de los centros educativos, es decir, 19 de 20 centros educativos, tienen una calificación de cero en lo que a esta variable respecta (moda). Apenas (1) un centro educativo tiene un especialista en tecnología de instrucción a tiempo completo en la escuela (ver Figura 38).

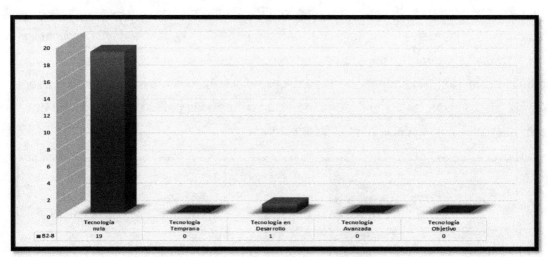

Figura 38. Apoyo técnico instruccional que recibe el centro educativo de parte del MINERD para integrar las TIC en la educación primaria.
Fuente: Elaboración propia.

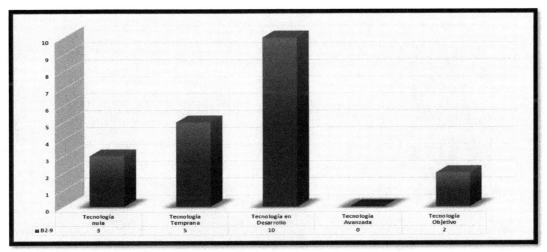

Figura 39. Velocidad de la conexión a internet de la escuela pública.
Fuente: Elaboración propia.

La categoría que más se repitió fue la velocidad de internet de *más de 4Mbps o menos de 10Mbps* representando el 55% de los centros encuestados, y categorizándolos en *tecnología en desarrollo*. Solo en (3) de estos centros no hay conexión a internet. En apenas (2) centros la conexión a internet es mayor de *10Mbps*.

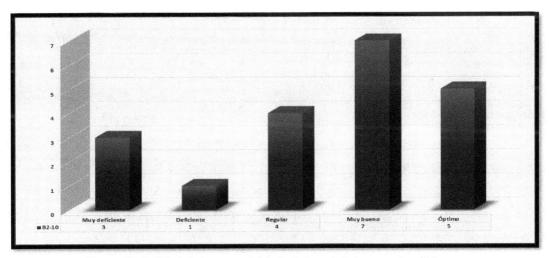

Figura 40. Calidad de la conectividad a Internet de la escuela pública.
Fuente: Elaboración propia.

163

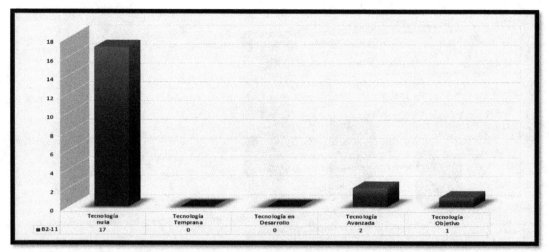

Figura 41. Tiempo de respuesta a las necesidades de soporte técnico.
Fuente: Elaboración propia.

De acuerdo a los datos obtenidos (ver Figura 40), se podría interpretar que la calidad del internet en los centros educativos es buena. El 60% de los centros encuestados categorizaron de *muy bueno* o de *óptimo* la calidad del servicio. El 40% restante los categoriza un 15% como *muy deficiente*, un 5% como *deficiente* y un 20% como *regular*.

De acuerdo a los datos obtenidos se puede decir que prácticamente no existe soporte técnico en los centros educativos para dar respuesta a las necesidades de esa índole. Así lo indica el dato que más se repite, lo que define el perfil tecnológico en el 85% de los centros educativos como *tecnología nula* en este aspecto.

Lo que, si llama la atención con respecto a este dato, es que aún en los centros que tienen computadoras para la instrucción, en muchos de ellos no hay un soporte técnico que pueda dar respuesta en ese sentido. En el 15% de los centros educativos restantes (3 de 20) se categorizan en el perfil tecnológico de *tecnología avanzada* y *tecnología objetivo*, dado que en (2) dos de esos centros el soporte técnico responde el mismo día y en (1) un centro el soporte técnico es 24 horas los 7 días de la semana (ver Figura 41).

164

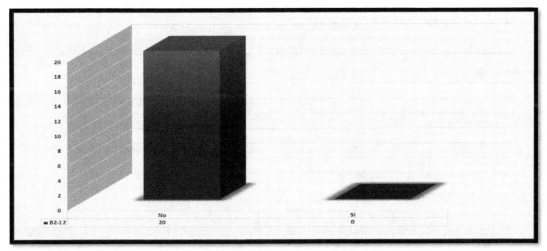

Figura 42. Cuenta el centro con algún plan de seguridad y sostenibilidad de los servicios tecnológicos ante cualquier eventualidad (Plan de Seguridad y Plan de Contingencia). Fuente: Elaboración propia.

La interpretación de los datos obtenidos se circunscribe simplemente a que el universo de los centros educativos encuestados no dispone de un plan que permita hacer sostenible el funcionamiento de los servicios TIC que haya adoptado la escuela. Esto indica, de acuerdo a informaciones obtenidas durante la entrevista realizada por el autor de esta investigación a los entrevistados, que las escuelas públicas dependen completamente del Departamento de Tecnología Educativa del MINERD, y este departamento no tiene la capacidad suficiente para dar la respuesta de soporte técnico necesaria a todos los centros.

Comparativo estadístico por tandas (Extendida y Matutina / Vespertina)

-   En cuanto a la gestión administrativa de los centros, la gestión de la planificación, del presupuesto y de los fondos en los centros educativos de tanda MV la categoría más frecuente es *tecnología nula*. Es decir, que no tienen planificación TIC (82.35%), no tienen presupuesto asignado (88.24%), ni tampoco fondos para la gestión TIC (94.12%). Sin embargo, en los centros educativos con tanda de JE sigue siendo la mayor frecuencia la categoría de *tecnología nula* en estos aspectos, así como también su valor máximo, lo que indica que en vez de mejorar en este tipo de tanda por el apoyo que reciben del Estado Dominicano, empeora.

- En lo que respecta a la infraestructura tecnológica del centro educativo, en la tanda MV se cuantificaron 72 computadoras para la instrucción en todos los centros educativos encuestados, en promedio 4.24 computadoras por centro. Un dato bien interesante es que la cantidad de computadora más frecuente fue de cero computadoras por centro. En la tanda JE la sumatoria de computadoras entre centros encuestados fue de 36, y en promedio, 12.00 computadoras por centro. Sin embargo, la cantidad de estudiantes por computadora conectadas a internet para la instrucción en ambos casos fue categorizada entre *tecnología nula* y *tecnología temprana*, siendo la *tecnología nula* la más frecuente.

- El soporte técnico es prácticamente inexistente, su mayor frecuencia se concentra en la categoría de *tecnología nula* para ambos conglomerados.

- Ambos conglomerados (tandas) no tienen soporte técnico instruccional disponible en su mayor frecuencia, es decir, se categoriza como *tecnología nula*. En los casos en que existe la posibilidad de que haya este soporte, no proviene directamente del MINERD.

- Aunque en ambas tandas el dato más frecuente sobre la existencia de conectividad a internet fue el *sí*, ambos conglomerados tienen un 25% o menos de aulas disponibles o existentes para la instrucción basada en TIC. Sin embargo, la conectividad en equipos para la instrucción basada en TIC para ambos tipos de tanda su mayor frecuencia es de *tecnología temprana*, es decir, que apenas la conexión a internet está habilitada para las oficinas administrativas, pero no para aulas utilizadas para la instrucción.

- Ambas tandas se categorizan en *tecnología temprana* en lo que respecta a si tienen algún otro tipo de disponibilidad de tecnologías para la enseñanza. Esto significa que tienen un acceso limitado a recursos como televisores, VHS, etc.

- Ninguna de las tandas posee un plan de seguridad y de contingencia que permita garantizar de manera sostenible el funcionamiento de estos equipos.

Conclusión dimensión centro educativo

Con respecto a la dimensión de centros educativos se puede concluir categorizando como *tecnología nula y temprana* la mayoría de las variables que fueron analizadas a través del contexto de la encuesta.

En lo que concierne a la *gestión administrativa de los centros*, se puede interpretar lo siguiente:

-   La *planificación* TIC de los centros es inexistente, un 85% de los centros encuestados no tiene planificación TIC, esto los sitúa en un perfil tecnológico de *tecnología nula*.

-   El 90% de los centros educativos no tiene una asignación *presupuestaria* orientada a las TIC, lo que también los sitúa en un perfil tecnológico de *tecnología temprana*.

-   Respecto a si los centros educativos disponen de una *asignación de fondos* para las TIC, el 95% de los centros encuestados respondió no tener fondos asignados para la planificación TIC por parte del MINERD. El 15% de los centros educativos restantes tiene una asignación de fondos TIC independiente.

En lo que respecta a la *infraestructura tecnológica* del centro educativo se puede concluir con la siguiente interpretación:

-   Las computadoras para la *gestión administrativa* en los centros educativos públicos se sitúan en su mayor frecuencia en 9, representada en la existencia de 3 computadoras por centro educativo. Esto significa el 45% de los centros encuestados.

-   En lo que respecta a la *cantidad de computadoras para la instrucción*, si se fuera a calcular el promedio de computadoras por escuela pública el dato sería de 5 computadoras por centro educativo. Sin embargo, cabe resaltar respecto a este dato, que la categoría que más se repitió fue la de cero computadoras por centros educativos con una frecuencia de 11 centro educativos que no cuentan con un equipo tecnológico para la instrucción, en términos porcentuales esta cantidad representa el 55% de los centros encuestados.

-   Sin embargo, en cuanto a la cantidad de *equipos conectados a internet para la instrucción*, el 75% de los centros educativos carecen de una conexión para estos fines. A pesar de este dato, cabe destacar que en el 85% de los centros hay conectividad a internet. Por lo que se hace relevante que aun en aquellos centros donde hay presencia de equipos tecnológicos para la instrucción, estos equipos están desprovistos de una conexión a internet para la instrucción, servicio fundamental para la construcción del conocimiento lo que los sitúa en un perfil tecnológico de *tecnología nula*. En aquellas computadoras donde hay conectividad a internet que representan el 25% de los centros encuestados, en 20% de esos centros la distribución de estudiante por computadora es entre 6 a 10 estudiantes o mayor de 10 por computadora (*tecnología temprana*).

- El *tiempo de respuesta al soporte técnico* es prácticamente inexistente, en donde el 85% de los centros (17 de 20) no tiene soporte técnico disponible, lo que sitúa esta variable en *tecnología nula*. Así mismo en el 95% de los centros no cuentan con un *apoyo técnico instruccional*, es decir, un soporte técnico que apoye a los docentes en el proceso de integración de las TIC en el proceso de enseñanza y aprendizaje. De igual manera, 13 de 20 centros encuestados (65%) no cuentan con alguna oficina administrativa o aula disponible para la instrucción TIC.

- Aparte de verificar que es muy mínima la existencia de computadores en los centros educativos encuestados para la construcción del conocimiento, el *uso y disponibilidad de otras formas de tecnologías para la enseñanza* en un 25% de los centros es prácticamente inexistente, y en un 70% tienen acceso limitado a otras formas de enseñanza (videograbadores, televisores, entre otros).

- En el 100% de los centros educativos encuestados no existe un plan de sostenibilidad y contingencia que garantice el funcionamiento de los equipos informáticos ante cualquier riesgo que los pueda vulnerar.

En general, con respecto a la dimensión centro educativo sigue siendo el perfil de *tecnología nula* el más frecuente.

6.1.3 Dimensión: Competencias TIC Docente

En esta dimensión se busca medir las competencias TIC del Docente en lo que concierne al conocimiento de este en el uso de las herramientas tecnológicas, su frecuencia de uso e inclusión en el contenido de sus clases en procura de apoyarse en estos instrumentos para facilitar el proceso de enseñanza / aprendizaje en el estudiante.

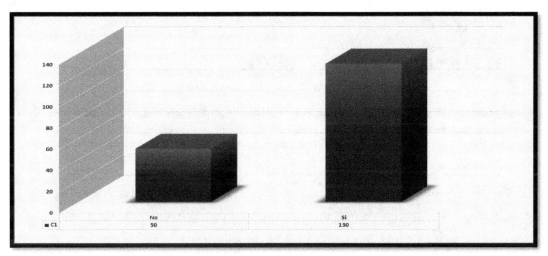

Figura 43. Cantidad de docentes que se ha capacitado recientemente en cursos para la integración TIC en sus clases.
Fuente: Elaboración propia.

De acuerdo a los datos obtenidos de la cantidad de docentes que han recibido algún tipo de capacitación TIC, se puede interpretar que los docentes de los centros encuestados, prácticamente no han recibido en su mayoría capacitación alguna para integrar en el proceso de enseñanza / aprendizaje las TIC, de acuerdo al dato más repetitivo, y que por lo tanto no han podido desarrollar las competencias TIC necesarias para hacer viable el proceso en la educación primaria en escuelas públicas de Santo Domingo Oeste en República Dominicana.

En términos porcentuales diríamos que apenas el 27.8% de los docentes de los centros encuestados ha recibido alguna capacitación TIC para integrar estas herramientas en el proceso de enseñanza / aprendizaje, el 72.2% restante no ha recibido ningún tipo de instrucción.

169

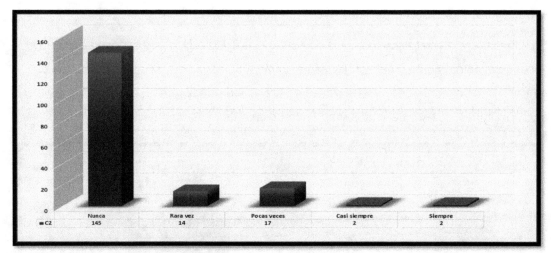

Figura 44. Uso de las TIC en las prácticas docentes (lengua española, matemática, ciencias sociales, ciencias naturales, educación física, educación artística, formación integral humana y religiosa, inglés y francés).
Fuente: Elaboración propia.

Se pudiera interpretar que el 60% de los docentes de lengua española (LE) de los centros encuestados nunca utilizan las TIC en sus prácticas docente. La cantidad que más se repite en ese sentido es 1.00 (moda). El 90% se sitúa entre *nunca, rara vez* y *pocas veces*, lo que se interpreta que prácticamente en esta asignatura no hay inclusión alguna de las TIC.

En cuanto a los datos obtenidos en los centros encuestados del uso que hacen los docentes de matemáticas de las TIC en la práctica docente, encontramos que el 95% *nunca, rara vez* o *pocas veces* lo hace. El dato más frecuente es 1.00 (moda), lo que indica que en su mayoría *nunca* un profesor de matemática hace uso de estas herramientas en el proceso de enseñanza y aprendizaje. Esto significa en términos porcentuales el 65% de los profesores de matemáticas de los centros encuestados.

En la asignatura ciencias sociales se puede interpretar que los docentes *nunca* hacen uso de las TIC en su práctica. Así se confirma cuando la categoría más repetitiva es (1) cuyo valor es *nunca* (moda). Un dato alarmante en este caso sería que el 100% de los centros encuestados están entre *nunca*, *rara vez* y *pocas veces*, lo que quiere decir que la integración del uso de estas herramientas en la asignatura de ciencias sociales por parte de los docentes no ha sido llevada a cabo.

Según las estadísticas que se han recogido, la integración del uso de las TIC por parte de los docentes de ciencias naturales se puede interpretar que ha sido nula. La categoría más frecuente ha sido *nunca*, lo que representa el 60% de los centros encuestados. Un dato interesante al respecto es que el 95% de los centros encuestados en lo que concierne al uso de las TIC están categorizados entre *nunca*, *rara vez* y *pocas veces*.

Prácticamente los profesores de las asignaturas básicas fueron los que utilizaron las TIC de alguna manera para sus docencias, en las demás asignaturas, fue prácticamente inexistente el uso de las herramientas tecnológicas en el proceso de enseñanza / aprendizaje.

En general, en un 80.56% los profesores no hacen uso de sus prácticas docentes haciendo uso de herramientas tecnológicas, dato que obtuvo una frecuencia de 145 de 180 docentes encuestados.

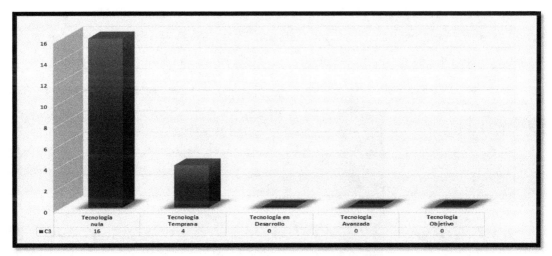

Figura 45. Uso de las TIC por parte de los Docentes.
Fuente: Elaboración propia.

De acuerdo a los datos obtenidos se interpreta que prácticamente el uso de las TIC por parte de los docentes en actividades propias de sus funciones se puede categorizar en un perfil tecnológico de *tecnología nula*. Esto quiere decir que el 80% de los docentes no hacen ningún uso de las TIC durante su práctica administrativa como docente. El 20% restante se categorizan como *tecnología temprana*, donde apenas utilizan el correo electrónico y aplicaciones para el procesamiento de texto, pero no expresamente para revisar información de evaluación de los estudiantes.

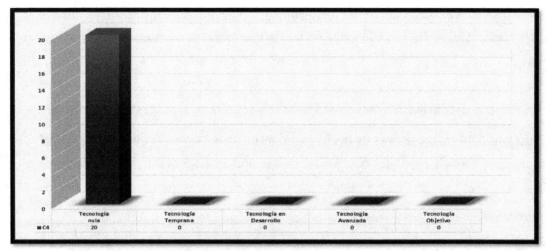

Figura 46. Porcentaje del presupuesto tecnológico asignado al desarrollo profesional.
Fuente: Elaboración propia.

En lo que concierne al porcentaje del presupuesto tecnológico asignado al desarrollo profesional de los docentes es inexistente la asignación del mismo de acuerdo a los datos recogidos en los centros educativos encuestados. Esto sitúa la variable del presupuesto tecnológico para el desarrollo profesional en un perfil tecnológico de *tecnología nula*.

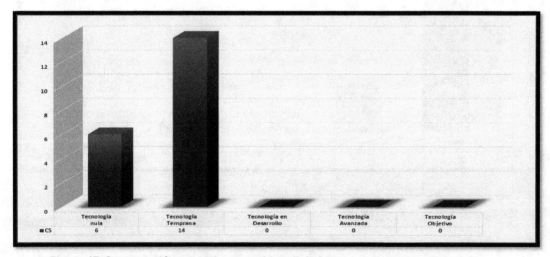

Figura 47. Comprensión y uso de contenidos digitales por parte de los educadores.
Fuente: Elaboración propia.

De acuerdo a los datos obtenidos se interpreta que la categoría que más se repite es aquella en la que los docentes tienen un conocimiento básico del uso de las TIC, lo que los sitúa en un perfil tecnológico de *tecnología temprana*. Esto quiere decir que el 70%

172

de los centros encuestados representan esta cifra. En el 30% de los centros educativos restantes, los docentes no comprenden ni utilizan contenidos digitales, lo que los conlleva a ser categorizados como *tecnología nula*.

Comparativo estadístico por tandas (Extendida y Matutina / Vespertina)

- Con relación a la capacitación para la inclusión de las TIC en sus clases, los docentes de los centros con tanda de JE ninguno ha recibido entrenamiento alguno para integrar las TIC en su práctica docente. En la tanda MV apenas entre un 29% y 35% han recibido dicha capacitación.

- Así mismo pasa cuando se evalúa el nivel del uso de las TIC en la práctica docente donde el valor máximo obtenido en la JE es que *rara vez* hacen uso de estas herramientas. Sin embargo, en la tanda MV la mayor frecuencia fue que *nunca* hacen uso los docentes de las TIC en su práctica docente, aunque el valor máximo obtenido fue de *casi siempre* y *siempre* en uno de los centros pertenecientes a este tipo de tanda, donde los docentes de lengua española y ciencias naturales son los que prácticamente mayor uso hacen de la tecnología escolar.

- Aparte del posible uso de las TIC en su práctica docente, los profesores de la tanda de JE en el 100% de los centros bajo esta tanda no hacen uso de las TIC definiéndose como un perfil de *tecnología nula*. Este mismo perfil es el de mayor frecuencia para la tanda MV, obtenida en 13 de los 17 centros de tanda MV encuestados, lo que representa el 76.47% de los centros. En apenas los cuatro (4) centros restantes de tanda MV los docentes utilizan programas de correo electrónico y de procesamiento de textos, aunque no es utilizado para fines de evaluación de la calificación de los estudiantes.

- En ambas tandas, dentro del presupuesto no hay partida asignada al desarrollo profesional, lo que significa que el perfil de lo que representa toda la muestra en este sentido es de *tecnología nula*.

- Con respecto a la comprensión y uso de los contenidos digitales por parte de los educadores, el perfil más frecuente (2 de 3) en la tanda de JE es de *tecnología temprana* lo que significa que los docentes tienen un conocimiento básico del uso de la tecnología. Sin embargo, en la tanda MV en el 100% de los centros no comprenden ni utilizan contenidos digitales enmarcándolos en un perfil de *tecnología nula*.

Conclusión dimensión competencias TIC en el docente

Con respecto a la dimensión de las competencias TIC en el docente, se puede concluir categorizando como *tecnología nula* la mayoría de las variables que fueron analizadas a través del contexto de la encuesta respecto a la referida dimensión.

En ese sentido, se pueden señalar los siguientes aspectos como de mayor relevancia:

- Con mayor frecuencia (alrededor de un 70% a 75%) *no* recibieron los docentes de las asignaturas básicas algún curso de capacitación para la inclusión de las TIC en el contenido de clases. Así mismo se ve evidenciado cuando en el resultado de la pregunta C2 de la encuesta la categoría más repetitiva indica que los docentes *nunca* hacen uso de las TIC en la práctica docente.

- En ese mismo sentido, en el 80% de los centros educativos los docentes hacen *poco uso de las TIC* como herramientas de apoyo a su labor.

- La debilidad del proceso de integración de las TIC en la práctica docente se debe, a que no existe un *presupuesto tecnológico* en la gran mayoría de los centros y donde pudiera existir la probabilidad, en un 100% de los centros encuestados, no hay una asignación para el desarrollo profesional del docente en lo que a sus competencias TIC respecta. En ese sentido, dependen directamente de cualquier evento de capacitación que pudiera llevar a cabo el MINERD.

- En un 30% los docentes de los centros educativos encuestados no comprenden ni utilizan los contenidos digitales.

En general, con respecto a la dimensión de las competencias TIC del docente el perfil es de *tecnología nula*, prácticamente. Este representa la frecuencia dominante.

6.1.4 Dimensión: Metodología para la enseñanza basada en TIC

Esta dimensión, a través del instrumento diseñado, mide el nivel de adopción de tecnología escolar en cuanto al contenido digital se refiere, la integración de este contenido en la instrucción para facilitar el proceso de enseñanza y aprendizaje. En ese mismo sentido, la cantidad de estudiantes y el uso que hacen de este contenido para construir el conocimiento.

De acuerdo a los datos recogidos se interpreta lo siguiente: Prácticamente no se recibe ningún tipo de formato de contenido digital en los centros educativos, es decir, se categoriza esta variable como *tecnología nula* dentro del perfil tecnológico correspondiente. Esta fue la categoría que tuvo mayor frecuencia, con 18 centros educativos que no han recibido ningún tipo de contenido en formato digital, lo que representa el 90% de la muestra.

En ese sentido se dificulta el que los docentes puedan planificar una metodología para la enseñanza basada en TIC (ver Figura 48).

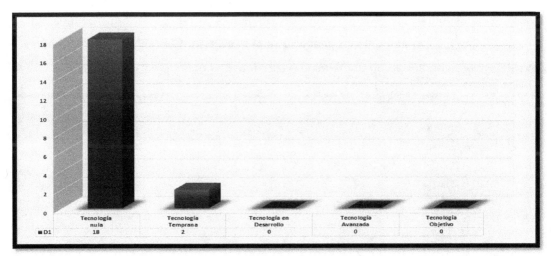

Figura 48. Resultados del formato contenido digital utilizado en la metodología para le enseñanza. Fuente: Elaboración propia.

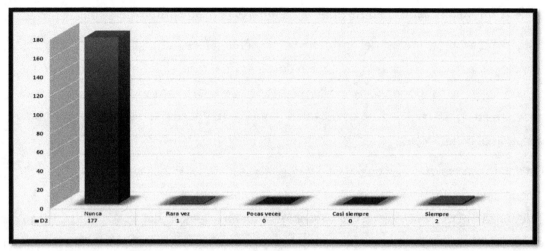

Figura 49. Resultados de la frecuencia de creación de material didáctico digital para las clases por parte del Docente.
Fuente: Elaboración propia.

Respecto a la creación de material didáctico digital por docentes para sus clases, prácticamente ha sido inexistente la elaboración de este tipo de materiales. En algunos centros educativos los profesores de lengua española, matemática y ciencias naturales tuvieron algún tipo de iniciativa. Sin embargo, en general la categoría más frecuente fue que *nunca* han creado contenido digital lo que representa un 98.33% de los docentes. Esto se enmarca dentro de un perfil tecnológico de *tecnología nula*.

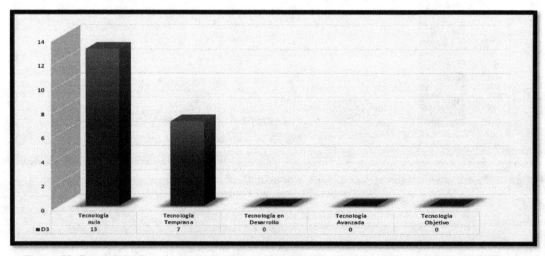

Figura 50. Papel del educador y grado en que el contenido digital se integra a la instrucción.
Fuente: Elaboración propia.

De acuerdo a la Figura 50, en el 65% de los centros educativos no se integra contenido digital en la instrucción, es decir, la instrucción es centrada en el maestro. Estos centros se categorizan en un perfil tecnológico de *tecnología nula*. El 35% de los docentes restantes, apenas complementa la instrucción con algún contenido digital, situándose en un perfil de *tecnología temprana*. Esto significa que todavía sigue siendo el modelo de educación primaria en escuelas públicas de República Dominicana el centrado en la figura del maestro en pleno siglo XXI.

De acuerdo a los datos recogidos (ver Figura 51), se interpreta que los estudiantes no hacen uso del contenido digital en el proceso de aprendizaje. El perfil tecnológico más frecuente fue el de *tecnología nula*, es decir, que el 80% de las escuelas públicas que son parte de la muestra no hacen uso alguno de contenido digital. El 20% de los centros restantes, los estudiantes utilizan contenido digital para reforzar habilidades académicas básicas, situándose en un perfil tecnológico de *tecnología temprana*.

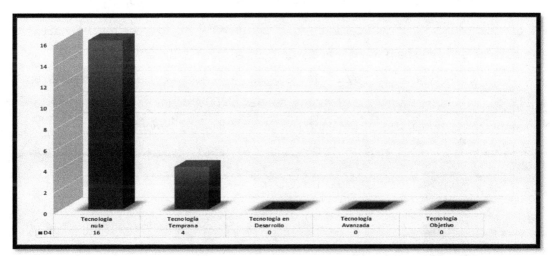

Figura 51. Uso que hacen los estudiantes del contenido digital en el proceso de aprendizaje.
Fuente: Elaboración propia.

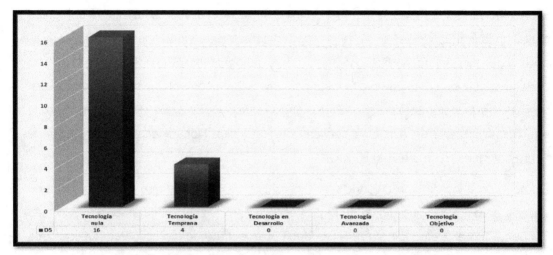

Figura 52. Porcentaje de estudiantes que utilizan contenido digital.
Fuente: Elaboración propia.

Muy parecido a la pregunta D4 son los resultados de la pregunta D5 visualizados en la Figura 52, con respecto al porcentaje de estudiantes que utilizan contenido digital.

En ese sentido, se puede interpretar que en el 80% de los centros educativos encuestados los estudiantes no hacen uso de contenido digital. Por lo tanto, se categorizan estos centros con un perfil tecnológico de *tecnología nula*. Por otra parte, en el 20% de los centros educativos restantes, apenas un 50% de los estudiantes o menos hacen uso del contenido digital, perfilándolos como *tecnología temprana*.

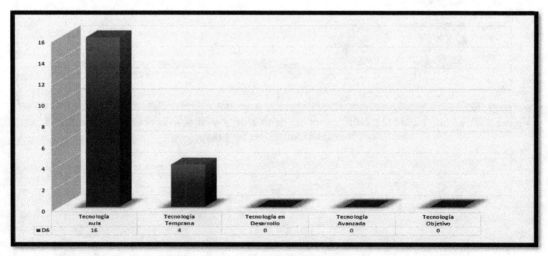

Figura 53. Frecuencia del uso del contenido digital por parte de los estudiantes.
Fuente: Elaboración propia.

El perfil tecnológico de los centros educativos es el mismo que el anterior en cuanto a la frecuencia del uso del contenido digital por parte de los estudiantes. En el 80% de los casos los estudiantes no hacen ningún tipo de uso del contenido digital, categorizándose como *tecnología nula*. Apenas un 20% de los estudiantes hacen uso semanal de este tipo de contenido, lo que se categoriza como *tecnología temprana*.

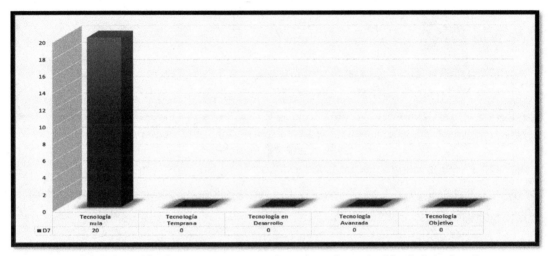

Figura 54. Asignación de presupuesto para la compra de contenido digital educativo.
Fuente: Elaboración propia.

En el 100% de las escuelas públicas que corresponden a la muestra de esta investigación, no hay fondos asignados para la compra de contenido digital. En ese sentido, se sitúan en un perfil tecnológico de *tecnología nula*.

La no existencia de asignación de fondos presupuestarios en las escuelas públicas para la adquisición de contenido digital, y que, de no ser provisionado por el MINERD, dificulta el proceso de integración de las TIC en el proceso de enseñanza / aprendizaje, debido a que los Docentes tampoco son asiduos a la creación de este tipo de contenido para las clases, de acuerdo a los resultados que han sido obtenidos a través de la aplicación de este instrumento.

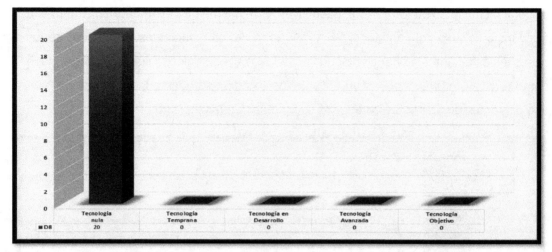

Figura 55. Evaluaciones a los estudiantes a través de estrategias digitales.
Fuente: Elaboración propia.

En el 100% de los centros educativos encuestados no se integran ningún tipo de estrategias digitales en sus evaluaciones. En ese sentido, se sitúan en la categoría de perfil tecnológico de *tecnología nula*.

Comparativo estadístico por tandas (Extendida y Matutina / Vespertina)

-   Respecto al formato del contenido, en el 100% de los centros encuestados de tanda de JE no han recibido ningún contenido en formato digital lo que los enmarca en un perfil de *tecnología nula*. En ese mismo sentido, la tanda MV en un 88.24% de los centros encuestados se categorizan en este mismo *perfil tecnológico* lo que representa el perfil más frecuente para esta tanda. Apenas dos (2) de los centros de tanda MV (que representan el 11.76%) recibe la información en CD Rom o accesan a contenido en línea, lo que les da un perfil de *tecnología avanzada*.

-   En ninguno de los centros de tanda JE encuestados los docentes han creado material didáctico digital para sus clases, siendo esto enmarcado como *tecnología nula*. En la tanda MV este perfil también es el de mayor frecuencia, donde prácticamente alcanza cifras de que *nunca* se han creado materiales didácticos digitales en un 88.24% en un 94.12% y en algunos casos hasta en un 100%.

180

- El papel del educador y grado en que el contenido digital se integra en la instrucción en todos los centros en ambas tandas sigue siendo centrada en el maestro. Es decir no existe prácticamente esta integración, aunque en el 35% de los centros el maestro complementa la instrucción con algún contenido digital. En la tanda JE el perfil más frecuente fue *tecnología temprana*, no siendo así en la tanda MV, donde el perfil más frecuente fue *tecnología nula* en un 70.59% de los centros.

- El uso que hacen los estudiantes del contenido digital en el proceso de aprendizaje es prácticamente nulo en los centros de tanda JE. El 66.67% de los centros tiene un perfil de *tecnología nula*. En ese mismo sentido, en los centros de tanda MV este perfil es el de mayor frecuencia, con un 70.59% de los centros enmarcados en este perfil tecnológico. Apenas cinco (5) de los centros de tanda MV (29.49%) en la construcción del conocimiento hacen uso de contenido digital para reforzar habilidades académicas básicas (*tecnología temprana*).

- El porcentaje de estudiantes que utilizan contenido digital es muy reducido, siendo la categoría *no hacen uso de contenido digital* la de mayor frecuencia dándole al 80% de los centros encuestados un perfil de *tecnología nula*. El 66.67% (2 de 3) de los centros de tanda JE se enmarcan en este perfil, y en ese sentido, el 82.35% de los de tanda MV están dentro de este avance tecnológico bastante atrasado de acuerdo a los tiempos en que vivimos y los avances tecnológicos que en materia de educación se han logrado.

Conclusión dimensión metodología para la enseñanza basada en TIC

De acuerdo a la frecuencia de los datos recogidos en las diferentes preguntas de la encuesta que componen esta dimensión, se puede interpretar que, en cuanto a la metodología para la enseñanza basada en TIC, la educación primaria en los centros educativos públicos de República Dominicana se categoriza en *tecnología nula*. Esta categoría fue la mayor frecuencia en todas las preguntas relacionadas a esta dimensión. En algunos casos, hay un mínimo porcentaje de un 20% en donde el nivel de avance es de *tecnología temprana*.

En ese mismo sentido, se pueden señalar los siguientes aspectos como los que tienen mayor relevancia:

- El 90% de los centros educativos no ha recibido ningún contenido en formato digital. La categoría que más se repitió fue de *tecnología nula*.

- Ha sido casi nula la creación de material didáctico digital para las clases por los docentes. Esto sitúa los centros educativos en estos aspectos en la categoría de *tecnología nula*.

- No ha existido esta integración del uso de contenido digital en el proceso de enseñanza y aprendizaje en los centros educativos encuestados. En ese sentido sigue siendo la educación centrada en el maestro, es decir, *tecnología nula*. En algunos casos, el maestro hace poco uso de contenido digital para reforzar las habilidades académicas básicas.

- El porcentaje de contenido digital que es utilizado en un 80% de los centros educativos, es prácticamente de un 0% de estudiantes (*tecnología nula*). En el otro 20% de los centros, un 50% o menos de los estudiantes hacen uso de contenido digital (*tecnología temprana*).

- En un 80% de los centros, la frecuencia con la que se utiliza el contenido digital por parte de los estudiantes es inexistente (*tecnología nula*). En el 20% de los centros restantes, los estudiantes hacen uso semanal.

- En el 100% de los centros encuestados no hay fondos asignados para la compra de contenido digital, lo que los enmarca en un perfil de *tecnología nula* en ese sentido.

- Con respecto a las evaluaciones realizadas a los estudiantes, en ninguno de los centros educativos se utilizan algún tipo de entorno dominado por el uso de las TIC, lo que los sitúa en un perfil de *tecnología temprana*.

En general, con respecto a la dimensión de la metodología para la enseñanza basada en TIC, los centros educativos públicos del Municipio de SDO siguen obteniendo una valoración en el perfil de *tecnología nula*, prácticamente. Se llega a esta interpretación dado que este fue el perfil tecnológico que obtuvo la mayor frecuencia entre los centros encuestados.

6.1.5 Dimensión: Competencias TIC del estudiante.

La presente dimensión mide las variables entorno a las competencias TIC del estudiante, entre las que serán categorizadas mediante un perfil tecnológico si el aula de los centros educativos está orientada a las exigencias del siglo XXI, la equidad del acceso a las TIC, el uso que hacen estudiantes de las TIC en el proceso de aprendizaje y construcción del conocimiento, y el alcance comunitario de las TIC evaluando qué tan preparada esta la comunidad para adoptar estas herramientas necesarias en el presente siglo para desarrollar en el individuo las competencias que les permitirá insertarse de manera productiva en la sociedad.

Con respecto al aula del siglo XXI en el centro educativo, de acuerdo a los datos recogidos en los centros educativos, se puede interpretar que el aprendizaje sigue siendo centrado en el maestro. La categoría más repetitiva indica que el aprendizaje sigue siendo centrado en el profesor, lo que sitúa los centros en un 90% a un perfil de *tecnología nula.*

En el otro 10% de los centros, sigue siendo el docente la figura principal en la generación del conocimiento, aunque en algunos casos, el maestro permite a los estudiantes el uso de las tecnologías para construir conocimientos básicos categorizándose dentro del perfil de *tecnología temprana* (ver Figura 56).

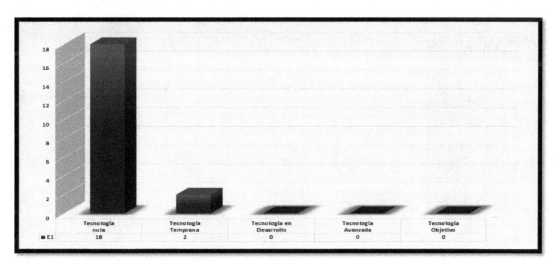

Figura 56. Aula del Siglo XXI en el centro educativo.
Fuente: Elaboración propia.

183

Con respecto a la equidad de acceso (ver Gráfico 57), se puede interpretar de acuerdo a los datos recogidos en los centros educativos encuestados, que los estudiantes no tienen acceso a las TIC para la construcción del conocimiento, salvo algunos casos. El perfil más frecuente fue de *tecnología nula*. Esto quiere decir que el 80% de los centros no tienen la facilidad de equidad de acceso para la construcción del conocimiento de sus estudiantes a través del uso de las TIC. El otro 20% restante apenas facilita algún acceso para reforzar conocimientos básicos.

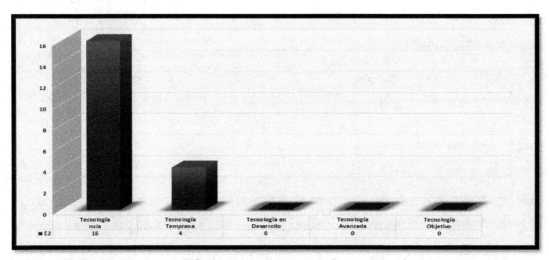

**Figura 57. Equidad de acceso TIC de los estudiantes para la construcción del conocimiento.
Fuente: Elaboración propia.**

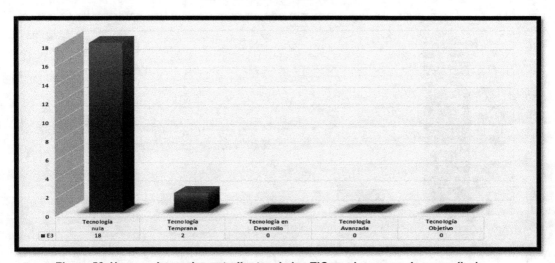

**Figura 58. Uso que hacen los estudiantes de las TIC en el proceso de aprendizaje.
Fuente: Elaboración propia.**

184

De acuerdo a los resultados respecto al uso que hacen los estudiantes de las TIC en el proceso de aprendizaje (ver Gráfico 58), no han sido muy diferentes los resultados de integración de las TIC (o el nivel de madurez de acuerdo a las categorías tecnológicas establecidas) respecto a las anteriores, ya que si ha sido prácticamente considerada la integración de estas herramientas de manera general en el proceso de educación tiene un perfil tecnológico de *tecnología nula*, directa e indirectamente inciden sobre estos resultados.

En ese sentido, el uso de las TIC por estudiantes en el proceso de aprendizaje es prácticamente inexistente (perfil tecnológico de *tecnología nula*). Así se interpreta al ser esta categoría la más repetitiva (18) en los centros encuestados, lo que representa el 90% de los mismos. En apenas el 10% el uso que hacen los estudiantes es poco frecuente, utilizando herramientas básicas, para hacer ejercicios, prácticas y/o laboratorios de aprendizaje integrados, situándose este reducido grupo en un perfil tecnológico de *tecnología temprana*.

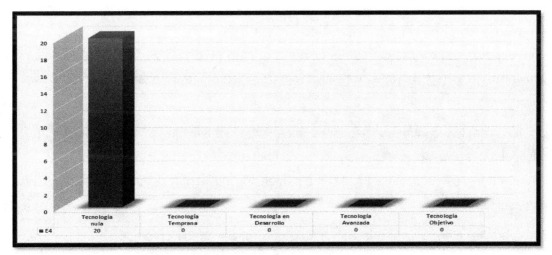

Figura 59. Alcance comunitario de las TIC.
Fuente: Elaboración propia.

Respecto al *alcance comunitario de las TIC* se interpreta claramente que la comunidad no tiene acceso a las TIC para la construcción de conocimiento. El 100% de las comunidades alrededor de las escuelas públicas no hacen uso de las TIC en el proceso de enseñanza / aprendizaje, lo que las sitúa en un perfil de *tecnología nula*.

185

Este resultado deja en clara evidencia el alto nivel de brecha digital existente en la República Dominicana, y que hace aún más complejo el proceso de integración de las herramientas tecnológicas en el aula.

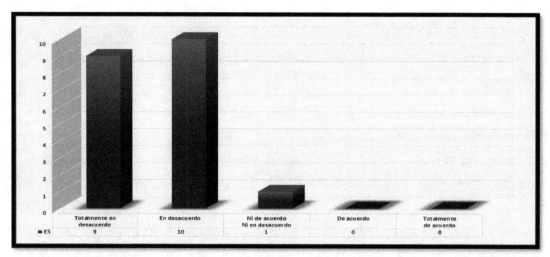

Figura 60. Resultados que evidencian lo preparada que está la comunidad para el uso de las TIC en el contexto educativo, de acuerdo al criterio de los Gestores y Docentes de los planteles educativos.
Fuente: Elaboración propia.

Con respecto a si está preparada la comunidad para el uso de las TIC en el contexto educativo, la categoría más repetitiva por los centros encuestados fue estar *en desacuerdo*.

Un 95% de los centros encuestados dice estar *totalmente en desacuerdo* o *en desacuerdo* con respecto a si está preparada la comunidad para recibir la integración de las TIC en el plano educativo. La máxima puntuación indica que se está *ni de acuerdo ni en desacuerdo*.

Esto permite interpretar que la comunidad que reside en los entornos de los centros educativos no está todavía preparada para el proceso de integración de las TIC en la educación, esto ralentiza más el proceso de integración de tecnologías educativas y amplía aún más la brecha digital en estas comunidades.

Comparativo estadístico por tandas (Extendida y Matutina / Vespertina)

- El aula del Siglo XXI en el centro educativo para las tandas tanto JE (en un 100%) y MV (en un 88.24%) el perfil más repetitivo fue de *tecnología nula*. En general esto representa el 90% de los centros encuestados. Esto significa que no ha tenido diferencia alguna entre ambas tandas donde en ese sentido la tanda JE ha debido de tener algún tipo de avance con relación a la MV, y no ha sido así.

- En cuanto a la equidad de acceso no existe ningún tipo de diferencia en cuanto a los perfiles obtenidos en los diferentes centros educativos. El 80% de los centros educativo tienen un perfil de *tecnología nula* por ser más frecuente el dato de que ningún estudiante tiene acceso a las TIC para la construcción del conocimiento. En los centros de tanda JE esto representa el 66.67% (2 de 3) de los centros, y un 82.35% (14 de 17) de los centros de tanda MV.

- En el uso que hacen los estudiantes de las TIC en el proceso de aprendizaje siguen enmarcándose los centros educativos, de acuerdo a los resultados obtenidos, en perfil de *tecnología nula* como el más frecuente (90%). El 100% de los centros de tanda JE se sitúan en un perfil de *tecnología nula*, es decir, los estudiantes no hacen uso de las TIC en el proceso de aprendizaje. En ese mismo sentido está categorizada la tanda MV, cuando en mayor frecuencia sus centros tienen un perfil de *tecnología nula* en el 88.24% de los centros.

- En cuanto al alcance comunitario, en un 100% de los centros encuestados, por ende, de las tandas, la comunidad no tiene acceso a ningún tipo de herramienta TIC para la construcción del conocimiento. Esto sitúa todos los centros en un perfil de *tecnología nula*.

- En cuanto a la preparación de la comunidad para el uso de las TIC en el contexto de educación, no hubo mucha diferencia entre el criterio entre las tandas que representan el conglomerado seleccionado, en donde el 90% de los centros encuestados determinó estar prácticamente *en desacuerdo* o *totalmente en desacuerdo* respecto a si está preparada la comunidad.

Conclusión dimensión competencias TIC del estudiante.

Con respecto a la dimensión de las competencias TIC del estudiante, en su generalidad esta dimensión está prácticamente categorizada como *tecnología nula*, lo que indica que prácticamente no ha existido un gran avance en el proceso de integración de las TIC en la educación.

En ese sentido, se pueden señalar los siguientes aspectos:

- Las aulas de los centros educativos en un 90% están centradas al docente, y el 10% restante está en la misma tesitura a diferencia de que el docente permite el acceso a las TIC para reforzar conocimientos básicos. Esto quiere decir que el aula no está al nivel del aula requerida en el siglo XXI, por lo tanto, es *tecnología nula*.

- Con respecto a la *equidad de acceso* en un 80% de los centros encuestados los estudiantes no tienen acceso a las TIC para la construcción del conocimiento.

- En el 90% de los centros encuestados, los estudiantes no hacen uso de las TIC en el proceso de aprendizaje para la construcción de conocimientos.

- Con relación al alcance de las TIC en la comunidad, el 100% de los centros educativos encuestados no provee de herramientas que permitan el intercambio de información y construcción del conocimiento entre el centro educativo y la comunidad.

- En ese mismo sentido con relación a si está preparada la comunidad para el uso de las TIC en el contexto educativo, de los 20 centros educativos encuestados, un 95% de los centros educativos encuestados dijo estar *totalmente en desacuerdo y en desacuerdo*. Apenas el 5% dijo estar *ni de acuerdo ni en desacuerdo*. Esto significa que realmente no están preparados los entornos sociales que rodean esos centros educativos encuestados al uso de las TIC en la educación, lo que los categoriza como *tecnología nula* (y en algunos posibles casos *tecnología temprana*).

Conclusión de los resultados del diagnóstico

De acuerdo a los resultados obtenidos con la aplicación del instrumento de recogida de datos utilizado en esta investigación, en las cinco (5) dimensiones que se han medido en este, el perfil tecnológico más frecuente en las escuelas públicas en cada una de estas dimensiones es de *tecnología nula*.

Esto indica que no ha existido ningún tipo de avance por falta de planificación, por falta de presupuesto, por la falta de contenido digital, y principalmente, por la falta de competencias TIC en los docentes quienes tienen la mayor responsabilidad para lograr el objetivo deseado.

Eso se evidencia en el siguiente análisis de correlación y determinación entre las siguientes variables:

a. Las normativas / políticas TIC constituyen el 47.61% (r2 coeficiente de determinación) de la existencia de la planificación y presupuesto TIC en las escuelas públicas, donde el nivel de correlación entre las variables (r) es de 0.69 con una significancia de .001, lo cual es muy buena, de acuerdo a Sampieri et al. (2012, pp.302-305).

b. De igual manera, sin planificación TIC, no podrá existir un aula del siglo XXI concretizada, dado que ambas variables están considerablemente relacionadas (r = 0.79 / significancia = .000). Esto significa que la planificación constituye el 62.41% de la variación del aula (r2).

c. Así mismo la cantidad de estudiantes por computadoras conectadas a Internet, está correlacionada de manera muy considerable con la variable aula siglo XXI, (r = 0.79 / sig. 000) y equidad de acceso con una correlación muy fuerte (r = 0.90 / sig. 000).

d. Asimismo, el grado de integración del contenido digital en el proceso de enseñanza / aprendizaje está considerablemente relacionado al aprovisionamiento del contenido digital por parte del MINERD (r = 0.72). En ese sentido, el aprovisionamiento de contenido digital explica el 51.84% de la falta de integración de contenido digital (r2). De lo que se interpreta, que, si el Ministerio de Educación de República Dominicana no hace esfuerzos para proveer el material en contenido digital necesario, en un poco más del 50% no habrá una debida integración de este tipo de contenido en el proceso de enseñanza / aprendizaje en escuelas públicas.

e. De igual manera, la variable aula siglo XXI, tiene un nivel de correlación perfecto, con la variable alcance comunitario (r = 1.00 / sig. 000). Por lo que se puede interpretar que, si no avanza el nivel de integración de las TIC en el proceso de enseñanza / aprendizaje, la comunidad no podrá estar preparada para insertarse en el aparato productivo del país, por la falta de un aula que garantice lo establecido por los Objetivos de Desarrollo Sostenible, PNUD (2015), que indican que la educación debe ser equitativa, inclusiva y de calidad, en donde el uso de las TIC en la educación tributa a garantizar estos aspectos.

6.2 Diseño del modelo para potenciar la integración de las TIC en la educación primaria en escuelas públicas de República Dominicana

6.2.1 Fundamentación teórica del Modelo para potenciar la integración de las TIC en la educación primaria en escuelas públicas de República Dominicana

6.2.1.1Principales retos de la educación primaria en escuelas públicas de República Dominicana

Las bases que sustentan la construcción de un modelo para potenciar la integración de las TIC en la educación primaria en escuelas públicas de República Dominicana, son: Los principales retos de la educación primaria en las escuelas públicas en la actualidad, y que influyen en el proceso de inclusión de las TIC en la enseñanza y el aprendizaje, y la clasificación de los procesos de educación.

Visto los objetivos y metas mundiales, en el apartado 3.8 de esta tesis, que deben ser cumplidos por las naciones del mundo al año 2030, así como también, los estudios de mediciones realizados, tanto por los organismos nacionales e internacionales con la responsabilidad de llevar a cabo la verificación del estado de avance en el cumplimiento de los objetivos propuestos, el Estado Dominicano a través del Ministerio de Educación (MINERD) tiene grandes retos que lograr para cumplir con las exigencias mundiales en el sector educativo.

En MINERD (2006) se señalan seis aspectos que caracterizan a las escuelas no efectivas, entre estos: a) La no comunicación de los propósitos educativos a los estudiantes y sus familiares; b) los contenidos curriculares no son asumidos por los maestros, ni en el discurso ni en la práctica; c) las estrategias de enseñanzas son principalmente memorísticas y rutinarias; d) la planificación se realiza de manera asistemática y discontinua; e) la pizarra sigue siendo el principal recurso empleado en el aula en el proceso de enseñanza / aprendizaje; y f) en la evaluación prima la medición de los conocimientos (p. 24).

En ese sentido, el autor de esta tesis destaca seis (6) aspectos fundamentales que se convierten en el principal reto de la educación en República Dominicana, y que, de manera directa o transversal, sustentan el modelo a diseñarse. Estos elementos son: 1)

Acceso a la educación; 2) calidad de la educación; 3) las desigualdades sociales; 4) competencias del docente; 5) metodologías para la enseñanza; y 6) el uso de las TIC en la educación como herramienta de apoyo a la consecución de mejora de los elementos anteriores.

a) *Acceso a la educación*

De acuerdo a Parodi, Ramírez y Thompson (2017), el acceso a la educación en la República Dominicana decae mientras más alto es el nivel educativo. Estos autores señalan, de acuerdo a información imperfecta, que uno de los factores de la baja demanda de acceso a la educación radica en que los entornos de inversión no son atractivos. En su estudio, demuestran que la inversión en educación en el país tiene rendimientos positivos, aunque, la tendencia de la tasa de retorno en el período de tiempo analizado ha sido a la baja.

En ese sentido, el Foro Económico Mundial (2017), indica que la tasa de matriculación de educación primaria es de un 86.9%, lo que significa un crecimiento con relación a años anteriores. Para el 2014, la tasa era de 86.5%, para el 2015 era de 86.5%, para el 2016 de 83.6%.

b) *Calidad*

De acuerdo a la Constitución de la República Dominicana, en su artículo No. 63, este reza que toda persona tiene derecho a una educación de calidad e integral. Esto significa que el Estado Dominicano, en consonancia con lo establecido en los Objetivos de Desarrollo Sostenible en su 4to objetivo *"educación de calidad"*, tiene la responsabilidad de garantizar lo establecido en la carta magna de la nación.

De acuerdo al MINERD (2006), la calidad de la educación se concibe como el desarrollo de una escuela como una comunidad de aprendizajes, en donde se organizan un conjunto de relaciones y procesos educativos, que propician en todos los sujetos, procesos de formación integral y aprendizajes que den respuestas a sus intereses particulares y de la sociedad, desde la perspectiva de una sociedad democrática y participativa, productiva, ecológica y éticamente responsable (p. 13).

En ese mismo sentido, la Estrategia Nacional de Desarrollo 2030 (Ley No. 1-12, 2012), contempla en su Segundo Eje Estratégico, el logro de siete (7) objetivos generales, entre los que respectan al tema en cuestión, en su primer objetivo general "*educación de calidad para todos y todas*".

Es de esta manera como en su objetivo específico 2.1.1 define i*mplantar y garantizar un sistema educativo nacional de calidad, que capacite para el aprendizaje continuo a lo largo de la vida, propicie el desarrollo humano y un ejercicio progresivo de ciudadanía responsable, en el marco de valores morales y principios éticos consistentes con el desarrollo sostenible y la equidad de género* (p.37).

Lograr la calidad en la educación, en un mundo gobernado por la globalización, es lo que permitirá el desarrollo de las competencias necesarias en el individuo para que este pueda insertarse productivamente en la sociedad.

En los estudios de medición que han sido aplicados en el país, el resultado ha dejado claramente evidenciado la deficiencia del nivel de calidad de la educación. De acuerdo al Foro Económico Mundial (2017), el nivel de calidad de la educación es de 2.7 (donde 7 es el mayor puntaje) y el de calidad del sistema de educación es de 2.5 (donde 7 es el mayor puntaje). Esta medición está también en declive, luego de haber subido ligeramente durante los años del 2014 con 2.2, el 2015 con 2.6, el 2016 con 2.8.

c) *Desigualdades*

En la Estrategia Nacional de Desarrollo 2030 (Ley No. 1-12, 2012), el Objetivo General 2.3 "*Igualdad de derechos y oportunidades*", el cual procura reducir las tasas de sobre edad, repitencia y deserción; así como también, fortalecer la oferta educativa con miras a que el individuo pueda responder a las características de los grupos poblacionales en los que este se desenvolverá. Esta procura reducir las desigualdades sociales existentes en la República Dominicana.

d) *Competencias del Docente*

Es de vital importancia desarrollar, para mantener al más alto nivel, las competencias del docente quien es el ente principal en el proceso de enseñanza / aprendizaje, y aunque su rol ha cambiado en la educación del siglo XXI, sigue siendo un ente de gran valor, en especial para lograr la calidad.

Así mismo lo establece la Estrategia Nacional de Desarrollo 2030 (Ley No. 1-12, 2012), cuando en la línea de acción 2.1.1.4 se establece el fortalecimiento de la formación, profesionalización y capacitación de los docentes de la educación pública, con miras a que estos durante el proceso de enseñanza / aprendizaje puedan poner de manifiesto el elemento de la calidad.

e) *Metodología*

La metodología de enseñanza ha cambiado para el presente siglo, de una educación donde el docente era figura principal, a una educación centrada en el estudiante.

La Estrategia Nacional de Desarrollo 2030 (Ley No. 1-12, 2012) en su línea de acción 2.1.1.7 establece la revisión periódica de todos los niveles preuniversitarios, con miras a garantizar el desarrollo de las capacidades para el aprendizaje continuo.

f) *Tecnología*

Todos los elementos anteriormente mencionados tienen la garantía de la mejora a través del uso de las TIC como punto de apoyo.

De acuerdo a la Estrategia Nacional de Desarrollo 2030 (Ley No. 1-12, 2012, p. 38), en su línea de acción 2.1.1.8, se establece la necesidad de fortalecer la enseñanza de las ciencias, tecnologías de la información y la comunicación como una vía para que el individuo pueda insertarse en la sociedad del conocimiento.

Este es el mayor sustento teórico del modelo debido a que, de manera transversal, con la implementación de tecnologías en la educación se hace viable el proceso de mejora de los retos como el de calidad, e fortalecer el acceso y erradicar la tasa de deserción en las escuelas, impulsan a que el docente tenga que enfrascarse en procesos de mejoras de sus competencias y reduce las desigualdades de las cuales padece en la actualidad el sistema educativo.

En resumen, tomando en cuenta el objeto de estudio de la presente tesis doctoral, se destacan los elementos aquí citados como los principales retos a los que se deberá enfrentar el Estado Dominicano en función de la educación primaria y que el modelo resultando de este trabajo, potenciando el proceso de integración de las TIC, de manera directa o transversal, ayude a mitigar y lograr los objetivos establecidos.

6.2.1.2 Procesos asociados al sistema de educación de República Dominicana.

En el contexto de educación se maneja la clasificación de los procesos en tres (3) tipos. De acuerdo a León (2011), estos son:

a) *Procesos Estratégicos:* Son aquellos que establecen los lineamientos, las políticas y pautas generales que necesita la organización, los cuales tributan al análisis del funcionamiento con el fin de proceder a propulsar las mejoras continuas. En esta clasificación se incluyen, entre otros, los de planificación estratégica y evaluación de los objetivos institucionales. En ese sentido, la planificación y desarrollo, jurídico, fiscalización y control, gestión directiva y la gestión de calidad son los procesos encontrados en este renglón.

b) *Procesos Sustantivos:* Son los que se refieren a los procesos que están directamente ligados a la realización de las actividades principales. Para el caso de la educación primaria de República Dominicana, están la formación básica, la orientación psicológica, la evaluación y participación comunitaria. En ese sentido, la educación básica, orientación psicológica, la evaluación y participación comunitaria están como los procesos definidos para esta categoría de procesos.

c) *Procesos de Apoyo:* Son los procesos que sirven para darle soporte a la realización de los procesos estratégicos y sustantivos. En ese sentido, en esta categoría podemos encontrar los siguientes procesos: Administración y finanzas, tecnología de la información y la comunicación, y recursos humanos.

Los *procesos de apoyo* del MINERD, conforman el eje principal para lograr la integración de las TIC en la educación, objeto de estudio en la presente investigación, ya que estos fortalecen los procesos sustantivos del sistema de educación en República Dominicana, los cuales están conformados por la Dirección de Administración y Finanzas donde se manejan los recursos, Tecnologías de la Información y Comunicación, y Recursos Humanos.

De acuerdo a MINERD (2012), la Dirección de Recursos Humanos es una instancia técnica cuya responsabilidad consiste en orientar la gestión del talento humano en el Ministerio, asesorando al ministro(a) de Educación en la administración de los recursos humanos y las relaciones laborales interdepartamentales (p. 4).

En ese sentido, la Dirección de Tecnología de la Información y Comunicación funge como una instancia técnico - asesora con la responsabilidad del desarrollo y la adquisición, gestión y monitoreo del soporte tecnológico que requiere el normal funcionamiento del sistema educativo en República Dominicana (MINERD, 2012, p. 4).

Respecto a la instancia de Apoyo Administrativo y Financiero, es la responsable de administrar los recursos económicos, financieros y materiales, así como también, de coordinación y prestación de los servicios de apoyo a las actividades del Ministerio. Esta Dirección tendrá la responsabilidad de velar el que se proporcionen los recursos para los diferentes planes, proyectos y actividades, así como de velar el fiel cumplimiento de ejecución de los recursos presupuestados bajo sus dependencias: Dirección Administrativa y Dirección Financiera.

En cuanto a los *procesos estratégicos*, que están directamente involucrados en lo que ha esta investigación respecta, están la instancia de Planificación y Desarrollo Educativo, en cuya responsabilidad está a su cargo el conjunto de acciones del MINERD tendentes a investigar, preparar, sustentar y proponer los planes de desarrollo que son destinados a garantizar una mejora continua del Sistema Educativo Dominicano (MINERD, 2012, p. 5).

También, la instancia de Supervisión, Evaluación y Control de Calidad, tiene a su cargo la verificación del cumplimiento de los planes y los programas, sustentado en las disposiciones legales y reglamentarias del Ministerio, para poder facilitar la acción oportuna y efectiva.

Estas instancias están encargadas de velar la gran mayoría de los procesos de apoyo y estratégico para que los procesos sustantivos llevados a cabo por la instancia de Servicio Técnico Pedagógico como responsable de coordinar los recursos, estrategias y actividades específicas, que son desplegados por el Ministerio, con el fin de llevar a cabo la orientación y consecución de los objetivos del Sistema Educativo (p. 6). Del mismo modo, bajo la estructura de esta instancia, de vital importancia, está la Dirección General de Currículo, que es una instancia técnica para el diseño, revisión y actualización del currículo y su validación e implementación en el aula (p. 6).

Asimismo, estará vinculada a la Dirección General de Educación Básica, instancia técnico – pedagógica responsable de orientar los planes, programas y proyectos, como también, los procesos institucionales y pedagógicos de la educación básica (o primaria) asociada al tema central de esta investigación.

Tal como se han definido, de acuerdo a MINERD (2012), para las principales instancias que se involucran en el proceso de enseñanza / aprendizaje (procesos sustantivos del MINERD), es fundamental que dominen aspectos asociados al uso de las TIC en educación y la planificación oportuna de los recursos.

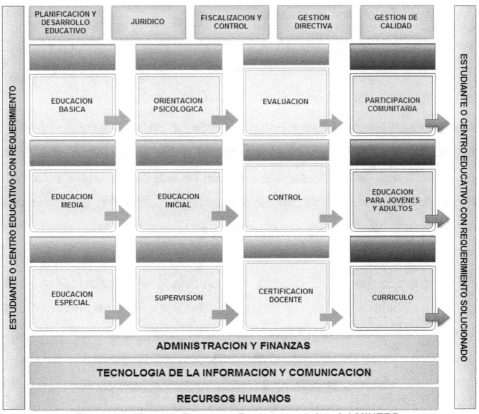

Figura 61. Mapa de Procesos Departamentales del MINERD.
Fuente: Recreado de MINERD (2017).

197

6.2.1.3 Desarrollo del diagnóstico de la integración de las TIC en la educación primaria en escuelas públicas de República Dominicana

A continuación, se exponen los métodos empleados, en conjunto con los resultados obtenidos durante el diagnóstico realizado acerca del estado de avance de la integración de las TIC en la educación primaria en escuelas públicas del Municipio de Santo Domingo Oeste (MSDO) en República Dominicana.

Como parte esencial del diagnóstico, durante la fase exploratoria, se realizaron búsquedas bibliográficas y fue realizado un análisis de estas sobre el tema en cuestión; la observación participante, especialmente durante la aplicación del instrumento aplicado; entrevistas realizadas con expertos relacionados con la actividad objeto del estudio.

Tareas desarrolladas durante el diagnóstico

a) *Definición de las fuerzas impulsoras y restringentes que inciden en el logro de la integración de las TIC en la educación primaria en escuelas públicas del Municipio de Santo Domingo Oeste (MSDO) en República Dominicana.*

Un rol fundamental en el proceso de integración de las TIC en la educación primaria en escuelas públicas del MSDO en República Dominicana lo tienen los recursos humanos. Esta es la razón que hace necesaria la creación de una cultura digital entre todos los actores que envuelven el sistema educativo. A partir de la definición del cambio deseado, fueron detectadas cuáles son las fuerzas que están a favor y las existentes en contra de que se pueda lograr el cambio deseado.

Para el diagnóstico de estas fuerzas fue empleado el método de *triangulación metodológica*, debido a que fueron utilizados diferentes métodos, tanto cuantitativos como cualitativos, como la observación participante, la recolección de datos bibliográficos a través de las investigaciones previas realizadas, y el uso de un instrumento diseñado para esta investigación para diagnosticar el estado de avance de la integración de las TIC mediante la recolección de datos en escuelas públicas de educación primaria del municipio objeto de estudio de esta investigación, las del Municipio de Santo Domingo Oeste (MSDO).

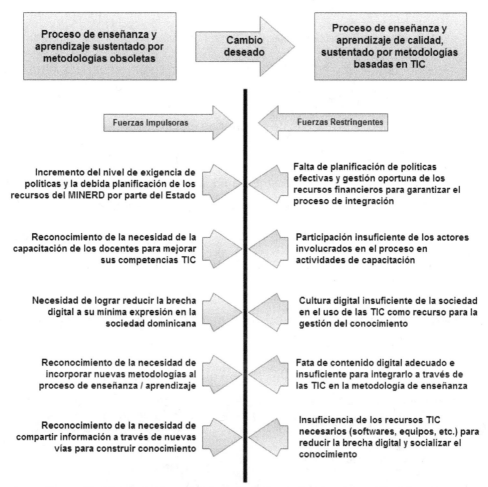

Figura 62. Diagrama de campos de fuerza con las fuerzas más relevantes.
Fuente: Elaboración propia.

A partir de la definición de las fuerzas más relevantes, como lo muestran la Figura 62, se desarrolló el listado de posibles acciones a realizar:

1. Se deberán crear políticas claras y efectivas, al igual que la gestión de los recursos necesarios, para garantizar el proceso de integración de las TIC en la educación primaria en escuelas públicas de República Dominicana.

    a. Planificación de las tareas a realizar, bajo el enfoque de gestión de proyectos, tomando en consideración los recursos necesarios (humanos y económicos) para llevarlo a cabo, el alcance de cada actividad dentro del plan de acción debidamente identificada, el tiempo de ejecución de cada tarea e identificar la ruta crítica, identificar los costes y los riesgos que se deben tratar (aceptándolos, mitigándolos, transfiriéndolos o eliminándolos) y las metodologías que serán utilizadas para controlar cada proyecto planificado.

b. Gestión de la apropiación de los recursos que serán requeridos para ejecutar la planificación establecida.

c. Diseño y puesta en marcha de programas efectivos de capacitación a docentes y la sociedad.

d. Diseño e implementación de metodologías que faciliten la integración de las TIC en centros educativos públicos de educación primaria.

2. Desarrollar las competencias TIC de docentes y estudiantes, para que estos tengan una participación más activa en el proceso de integración y posterior.

3. Diseñar y/o adquirir contenido digital, ya sea creando un presupuesto para tales fines, o también, a través de intercambios o donativos de países aliados en cuanto a educación se refiere.

4. Fomentar una cultura del uso de las TIC en el sistema de educación y la sociedad, como herramienta esencial de educación para la construcción del conocimiento.

b) *Desarrollo del mapa conceptual del uso de las TIC en la generación del conocimiento en la educación primaria en escuelas públicas.*

De acuerdo a Costamagna (2001), desde la óptica del modelo constructivista, los mapas conceptuales se convierten en una valiosa herramienta para la optimización del proceso de enseñanza / aprendizaje.

En ese mismo sentido, se puede añadir que los mapas conceptuales permiten examinar el conocimiento a través de representaciones gráficas sobre un dominio en específico, evidenciando las interrelaciones entre los conceptos, como se cita en León (2011, p. 53).

Como parte del diagnóstico realizado en esta investigación, se identificó cómo la integración de las TIC en la educación genera conocimiento e impulsa a que haya una educación de calidad en el nivel de primaria en escuelas públicas del MSDO en República Dominicana.

La Figura 63 muestra la ubicación del conocimiento que generan las TIC asociados a la educación primaria en escuelas públicas del MSDO en República Dominicana mediante la elaboración de un mapa conceptual.

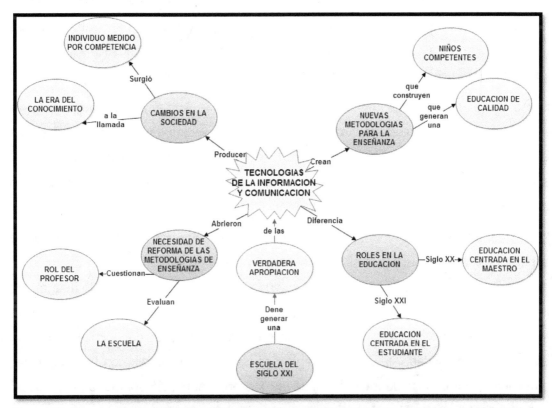

Figura 63. Mapa conceptual del uso de las TIC en la generación del conocimiento en la educación primaria en escuelas públicas del Municipio de Santo Domingo Oeste en República Dominicana. Fuente: Elaboración propia.

c) *Determinación de las necesidades de aprendizaje asociadas al proceso de integración de las TIC en la educación primaria en escuelas públicas del MSDO en República Dominicana.*

En el diagnóstico de las necesidades fueron utilizados elementos de la metodología AMIGA, que de acuerdo a Núñez y Adrián (2004), esta es una metodología integral que permite identificar y satisfacer las necesidades de formación e información en las organizaciones y comunidades. Estos autores señalan, que la metodología está compuesta por nueve procesos básicos. (citados por León, 2011)

En ese mismo sentido, entre los principales procesos de la metodología AMIGA, están: el diagnóstico de la organización y de su entorno, los potenciales grupos con necesidades de capacitación, la determinación de las necesidades (y disponibilidades) de aprendizaje y la gestión de tecnologías para el aprendizaje. Todos estos aspectos han sido tratados en el cuerpo de la presente tesis, en especial, en el apartado 6.1 de este capítulo donde se presentan los resultados y análisis del diagnóstico realizado en las escuelas públicas que representan la muestra de esta tesis.

Como parte del sistema de información existente, se tomaron en cuenta quiénes suministran las metodologías para la enseñanza y aprendizaje basados en TIC en las escuelas públicas de educación primaria en República Dominicana, y los estudiantes y el entorno social que rodea dichos centros como destino o beneficiarios de los servicios prestados.

Luego del empleo de métodos, tales como, la observación participante, entrevistas a expertos del área, la aplicación del cuestionario diseñado "ad hoc" como instrumento principal para realizar el diagnóstico del estado de situación del proceso de integración de las TIC en la educación y el análisis de los resultados, se llegó a un listado de temáticas que marcan la "brecha digital" existente entre el nivel de conocimientos que se posee en la actualidad y los mínimamente necesarios para cumplir con las exigencias que conlleva el proceso de integración de las TIC en la educación primaria en escuelas públicas del MSDO en República Dominicana.

El cuestionario aplicado a modo de entrevista se muestra en la sección *5.6.1.1 Configuración del instrumento de recogida de datos* de esta investigación, en donde se evalúan cada una de las actividades asociadas al proceso de integración de las TIC en la educación. En ese sentido, se determinaron cuáles temáticas, de las que fueron definidas previamente, requieren de una mayor capacitación.

d) *Determinación del estado de equipamiento, conectividad y soporte de las TIC asociados al proceso de integración de las TIC en la educación primaria en escuelas públicas del MSDO en República Dominicana.*

Con el inicio del proceso de integración de las TIC en la educación de República Dominicana, se han realizado varios estudios (ver capítulo 4.1), liderados por las entidades mundiales como UNESCO encargada de velar por la educación a nivel mundial como contribución a la paz y seguridad, y en los resultados encontrados solo se ha realizado un detalle estadístico del nivel de equipamiento que se ha realizado hasta el momento del levantamiento de información de los diferentes estudios realizados en las escuelas públicas de República Dominicana.

El Estado Dominicano, a través del proyecto República Digital, ha hecho un gran esfuerzo para reducir la brecha digital existente en el país, principalmente, en estudiantes de escuelas públicas.

Sin embargo, aunque los resultados arrojados han sido analizados en base a indicadores de medición, no se ha podido establecer un nivel de madurez que permita crear un perfil tecnológico en las variables medidas de cada uno de los centros educativos, lo que probablemente hace más complejo el proceso de la integración de las TIC en la educación al no poderse establecer una planificación de gestión basada en proyectos que permita hacer una ejecución eficiente de los recursos para lograr la implementación y evitar cualquier tipo de estancamiento en el proceso que en vez de remediar la situación, la empeore.

En ese mismo sentido, al haber sido aplicado el instrumento de recogida de datos elaborado "ad hoc" para esta tesis, la cantidad más frecuente de equipos para la instrucción fue de cero (o ninguna) computadoras en 11 de las 20 escuelas públicas que fueron encuestadas, lo que representa el 55% de los centros. Esto le da un perfil de *Tecnología Nula* en este aspecto al centro.

De igual manera, el 85% de las escuelas públicas cuentan con conectividad a internet. Sin embargo, en el 75% de los centros no hay computadoras para la instrucción conectadas a internet. Esto significa que la conectividad existente a internet es utilizada, posiblemente, para fines administrativos u otros fines, pero no para la construcción del conocimiento y desarrollo de las competencias de los estudiantes de educación primaria, lo que significa que la instrucción sigue siendo la del siglo XX (o antes), centrada en el maestro. En este aspecto, el instrumento categoriza como un perfil con *Tecnología Nula* a las escuelas que arrojaron estos resultados.

En lo que respecta al soporte técnico, en el 85% de los centros no hay soporte técnico disponible. Esto significa que el soporte prácticamente es inexistente, o de categoría *Tecnología Nula*, de acuerdo a la categorización establecida a través del instrumento utilizado en esta tesis, lo que significa que el riesgo de la disponibilidad de los equipos existentes es bastante alto, y así mismo el impacto de su uso en la educación.

El MINERD tiene unos técnicos, los integradores, cuya función es servir de apoyo tecnológico instruccional en las escuelas para ayudar en el proceso de integración de las TIC. El 95% de las escuelas encuestadas no cuentan con este soporte.

Con los datos aquí señalados, se puede concluir con que el nivel de madurez de las escuelas públicas en cuanto al equipamiento, conectividad a internet y soporte técnico que se encuestaron, su mayor frecuencia en el nivel de madurez el estado de avance en que se encuentra la integración de las TIC en la educación primaria en escuelas públicas de República Dominicana, es de *Tecnología Nula*.

e) *Evaluación del estado de avance del proceso de integración de las principales funcionalidades asociadas al uso de las TIC en la educación primaria en escuelas públicas del MSDO en República Dominicana.*

De acuerdo a los resultados obtenidos a través de la aplicación del instrumento utilizado en esta tesis, y en ese mismo tiempo utilizando el método de la observación participante, el estado de avance o nivel de madurez según la clasificación que se ha establecido con sus respectivos indicadores (tecnología nula, tecnología temprana, tecnología en desarrollo, tecnología avanzada y tecnología objetivo), las escuelas públicas encuestadas en las (5) dimensiones medidas (sector educativo, centro educativo, competencias TIC docente, metodologías para la enseñanza basada en TIC y competencias TIC del estudiante).

La categoría del nivel de madurez más frecuente en todas las dimensiones medidas fue la de *Tecnología Nula*, y en algunas muy pocas excepciones *Tecnología Temprana*. Para más detalles al respecto, ver el capítulo 6.1 de esta tesis.

La muestra que fue determinada mediante la técnica de muestreo estratificado proporcionado, tomando en consideración el conglomerado de las tandas educativas, en el comparativo realizado, los datos arrojaron muy poca diferencia en la categoría más frecuente entre los ítems medidos para establecer el perfil tecnológico del centro educativo.

En ese sentido esto representa el que la tanda jornada extendida, aun siendo la de mayor importancia para el Estado en cuanto al logro que se espera de ella y los recursos que se invierten para el desarrollo de las competencias de los estudiantes, en el caso de esta tesis los de educación primaria en escuelas públicas del Municipio de Santo Domingo Oeste, el estado de avance en la integración de las TIC fue prácticamente insignificante en comparación con la tanda matutina / vespertina que representa el otro conglomerado.

Lo que significa que no ha sido llevada a cabo una planificación y el uso de metodologías, que más que contabilizar los equipos tecnológicos en las escuelas públicas, determinen el verdadero estado de avance del proceso utilizando indicadores de medición que pudieran establecer (o definir) actividades de control para garantizar el éxito del proyecto y la gestión eficiente de los recursos.

f) *Elaboración del diagrama causa – efecto asociado al proceso de integración de las TIC en la educación primaria en escuelas públicas del MSDO en República Dominicana.*

Como resultado del diagnóstico realizado para conocer el nivel de avance de integración de las TIC en educación, pudiéndose establecer a través de este instrumento un perfil tecnológico de las escuelas públicas, se elaboró un diagrama causa – efecto el cual se muestra en la Figura 64, agrupándose las deficiencias e insuficiencias detectadas en (5) variables causales fundamentales:

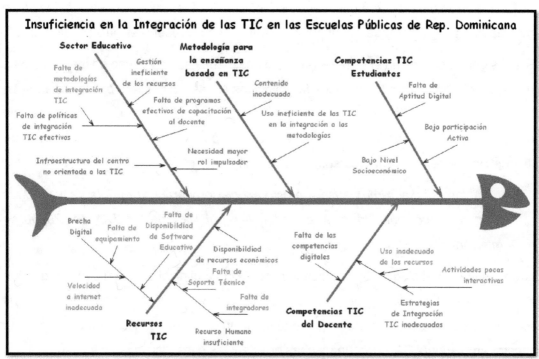

Figura 64. Diagrama causa – efecto (o Diagrama de Ishikawa) asociado al proceso de integración de las TIC en la educación primaria en escuelas públicas del MSDO en República Dominicana.
Fuente: Elaboración propia.

1. Metodología para la enseñanza basada en TIC

Incluyó la falta de contenido digital adecuado, el uso ineficiente de las TIC en la integración a las metodologías de enseñanza para el aprendizaje del estudiante, la ineficiencia de los docentes en la creación del contenido digital. En ese sentido, no ha existido mucho avance, siendo en los centros la categoría (o perfil tecnológico) que más se repitió la de *Tecnología Nula*, en todos los renglones medidos.

2. Competencias TIC del Docente

Esta variable reflejó que, debido a la falta de competencias del docente, este utiliza unas estrategias de integración TIC inadecuadas, resultando en un uso inadecuado de los recursos TIC y actividades pocas interactivas en el proceso de enseñanza. En efecto, al igual que la variable anterior, el perfil tecnológico de la gran mayoría de las escuelas públicas encuestadas es de *Tecnología Nula*, dado que en las mediciones este fue el valor repetitivo con mayor frecuencia, lo que indica que en estos aspectos prácticamente es inexistente el uso de las TIC por el docente.

3. Competencias TIC del Estudiante

El bajo nivel socioeconómico, que posiblemente incide en la falta de aptitud digital del estudiante, creada por lo que conocemos como "brecha digital", lo que lleva a que la participación del estudiante en el proceso de enseñanza / aprendizaje sea poca activa.

4. Recursos TIC

Agrupó un conjunto de insuficiencias asociadas a la brecha digital, como velocidad inadecuada del internet, falta de equipamiento suficiente, falta de disponibilidad de software educativo, muy probable por la falta de recursos económicos detectada como otra de las causas asociadas a esta variable. En el contexto del soporte técnico el recurso humano existente para estos fines es insuficiente, tanto para el soporte técnico que debe velar por mantener la disponibilidad de los equipos, y no menos importante, la falta de integradores experimentados y suficiente, que son el soporte técnico cuyo objetivo es el de acompañar a los docentes en el proceso de integración de las TIC en el proceso de la enseñanza y aprendizaje.

5. Sector Educativo

La falta de políticas de integración efectivas, la infraestructura orientada a la implementación TIC de los centros educativos, la gestión de los recursos económicos es poca oportuna, la gestión ineficiente de los recursos, falta de programas efectivos de capacitación TIC para los docentes, la insuficiencia en el aprovisionamiento de contenido digital y falta de metodologías efectivas para la integración de las TIC en la educación primaria en escuelas públicas.

En resumen, en todas estas variables, en los resultados obtenidos del diagnóstico como perfil tecnológico que más se repitió fue el de *Tecnología Nula*, lo que significa que es prácticamente inexistente el avance de integración del uso de las TIC en la educación primaria en escuelas públicas del Municipio de Santo Domingo Oeste en República Dominicana.

6.2.1.4 Objetivo del Modelo

Describir, representar las diferentes componentes de carácter organizacional, tecnológicas y sus interrelaciones con el contexto interno y externo para potenciar la integración de las Tecnologías de la Información y Comunicación (TIC) en la educación primaria en escuelas públicas (EPEP) de República Dominicana.

6.2.1.5 Relaciones esenciales que sustentan el modelo

El modelo propuesto está sustentado sobre cuatro (4) relaciones esenciales, las cuales se muestran en la Figura 65, y que serán la guía para fundamentar el contenido teórico del mismo.

Estas son: 1) Relación esencial "Contexto – Proceso enseñanza / aprendizaje (PEA) – Potenciar la integración de las TIC en la educación primaria de República Dominicana"; 2) Relación esencial "procesos estratégicos – procesos sustantivos – procesos de apoyo"; 3) Relación esencial "Entradas – Integración de las TIC en las metodologías del proceso de enseñanza y aprendizaje – Salidas"; y 4) Relación esencial "Estrategia para potenciar la integración de las TIC en la educación – Implementación y asimilación de las TIC en la EPEP de República Dominicana – Control (y monitoreo)".

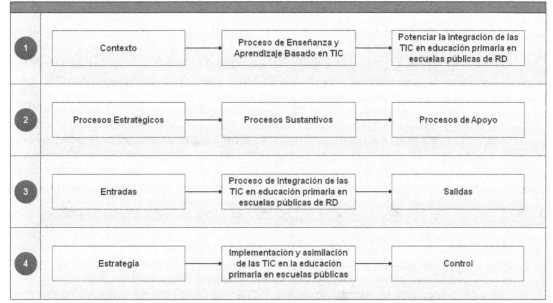

Figura 65. Relaciones esenciales que sustentan el modelo propuesto.
Fuente: Elaboración propia.

a) Relación esencial "Contexto – Proceso enseñanza / aprendizaje (PEA) – Potenciar la integración de las TIC en la educación primaria de República Dominicana".

Esta relación esencial refleja los nuevos requerimientos que emanan del contexto (internacional y nacional) como interno del Ministerio de Educación de República Dominicana (MINERD), respecto al proceso de integración de las TIC en la educación primaria en escuelas públicas de República Dominicana, las exigencias asociadas a este proceso, enfocadas en el reordenamiento de las metodologías del proceso de enseñanza y aprendizaje, a través del uso de herramientas tecnológicas y la mejora constante de estos entornos, de acuerdo al avance de la tecnología en este sentido.

Esta es la relación de mayor importancia por su alcance, ya que refleja todas las componentes propuestas del modelo, y el vínculo del MINERD con la sociedad dominicana en lo que respecta a la satisfacción de las demandas y los nuevos requerimientos del contexto externo e interno en cuanto al uso de las TIC en el proceso de enseñanza y aprendizaje para forjar un individuo con las competencias que les son demandadas a la sociedad del Siglo XXI.

El contexto que incide en la realización de los procesos asociados a la integración de las TIC en la educación primaria en escuelas públicas (EPEP) de República Dominicana, está conformado por: Políticas TIC del MINERD, nuevas competencias del docente, los nuevos entornos de aprendizaje basado en TIC, los avances en el uso de las TIC en la educación, metodologías para la enseñanza basadas en TIC, políticas TIC del mundo.

En ese sentido, para poder adaptarse a este nivel de cambios y exigencias por parte del entorno, es necesario desarrollar capacidades de aprendizaje que posibiliten la adaptabilidad ante dichos cambios. Esto se logra perfeccionando las estrategias, los procedimientos y las vías posibles en la gestión del conocimiento asociada en todos los entornos del MINERD inherentes al proceso, en este caso en particular, los docentes, directores regionales y distritales, entre otros.

El proceso de potenciar la integración de las TIC en la EPEP de República Dominicana, debe hacer confluir tres dimensiones de acuerdo a lo que establecen los estándares y metodologías que han sido analizados por el autor: Los aspectos relacionados a la medición del grado de implementación, la gestión del conocimiento para poder aplicar las TIC a las nuevas metodologías del proceso de enseñanza y aprendizaje, y las herramientas tecnológicas requeridas para ser integradas en el proceso (ver Figura 66).

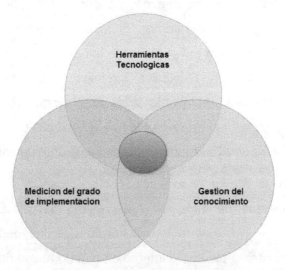

Figura 66. Confluencia necesaria de las tendencias existentes en el proceso.
Fuente: Elaboración propia.

b) Relación esencial "procesos estratégicos – procesos sustantivos – procesos de apoyo".

En el apartado 6.2.1.2 de la presente tesis doctoral, se expuso la clasificación de los procesos de educación (estratégicos, sustantivos y de apoyo). En el caso de la presente investigación, se tomaron en cuenta todos aquellos procesos que se realizan y las principales instancias que los ejecutan, en el proceso de enseñanza y aprendizaje del sistema de educación de República Dominicana, es importante destacar que los procesos asociados al proceso de integración de las TIC en educación, como los de las instancias de Tecnología de la Información y Comunicación, Administrativos y Financieros, Recursos Humanos y Planificación y Desarrollo Educativo, tienen un mayor peso con relación a los demás dado el tema que se trata en esta investigación, por su carácter estratégico, macroeconómico y metodológico en lo que respecta a la educación de República Dominicana.

En ese mismo sentido, para lograr potenciar el proceso de integración de las TIC en la educación primaria en escuelas públicas de República Dominicana, es vital tener en cuenta la necesaria interrelación e integración entre los procesos estratégicos, sustantivos y de apoyo que se desarrollan en cada nivel de dirección. Todos ellos, de manera directa e indirecta, tributan al cumplimiento de los objetivos del Sistema de Educación, a través de una mejora continua.

En todos los procesos se realizan de alguna manera actividades de planificación, organización, implementación o control de los recursos requeridos. Esto significa, que se hace necesario conocer acerca del resto de los mismos para hacer una gestión eficiente de las actividades indicadas.

Por esto, del mismo modo en que la educación primaria requiere aspectos de gestión de los recursos al momento de planificar, organizar y ejecutar cualquier tipo de actividad asociada al proceso de enseñanza / aprendizaje, también para el proceso de integración de las TIC en la educación primaria en escuelas públicas, es necesario conocer los aspectos fundamentales acerca de los procesos de educación con vista a ejercer una correcta distribución de los recursos en el proceso de su gestión.

Este autor considera, que a pesar del esfuerzo que ha realizado el Estado Dominicano para integrar el uso de las TIC en el proceso de enseñanza / aprendizaje en la educación de República Dominicana, no se ha podido lograr el objetivo deseado debido a diversos factores, entre los principales, la falta de planificación y gestión oportuna de los recursos (económicos, humanos, de equipamiento, entre otros).

c) Relación esencial "Entradas – Integración de las TIC en las metodologías del proceso de enseñanza y aprendizaje – Salidas".

Como <u>entradas</u> podemos mencionar:

- Tal y como se expuso que incide en la relación de los procesos asociados al proceso de enseñanza y aprendizaje basado en TIC, están las políticas TIC del MINERD, competencias del docente, los nuevos entornos de aprendizaje basado en TIC, los avances en el uso de las TIC en la educación, metodologías para la enseñanza basada en TIC, políticas del mundo.

- Competencias TIC del personal docente. Estos participan directamente en la integración de los recursos TIC a las metodologías de enseñanza y aprendizaje.

- La descripción actual del proceso de enseñanza y aprendizaje basado en TIC en los centros educativos públicos.

Proceso de integración TIC en la metodología enseñanza / aprendizaje

Al definir los procesos, el autor de esta investigación se ajusta al enfoque de gestión, el cual toma en cuenta las actividades de planificación, organización, implementación y control como parte de la integración de las TIC. En ese sentido, tomando en consideración la metodología para el Gobierno de las Tecnologías de la Información ISO 38500, se define lo siguiente:

- **Evaluar**. Incluye conocer los objetivos de la organización, identificar las necesidades de conocimiento a partir de los objetivos definidos, planificar los tipos de actividades a realizar, los soportes tecnológicos a emplear, los recursos humanos, materiales, financieros y de información requeridos, así como la definición de los indicadores que se emplearán para medir los resultados.

- **Dirigir**. Se organizan las actividades que permitan ejecutar los planes y políticas, asignando las responsabilidades al efecto, para asegurar la transición de potenciar la implementación de las TIC en las EPEP, considerando los impactos en el proceso de enseñanza y aprendizaje.

- **Controlar.** Se lleva a cabo la evaluación del cumplimiento de los objetivos planteados, así como el cumplimiento de los requerimientos del contexto empleando indicadores definidos durante la planificación. Como resultado del control sistemático del cumplimiento de los objetivos se definen aquellos aspectos que es necesario corregir, que sirven de retroalimentación y que son la base del proceso de potenciar la integración del uso de las TIC en el proceso de enseñanza y aprendizaje en la educación primaria en escuelas públicas de República Dominicana.

Asimismo, en este proceso se emplea el *ciclo de mejora continua*, para garantizar que el modelo se pueda transformar para garantizar su utilidad. En ese sentido, las fases que componen el ciclo de vida son las siguientes:

- **Diagnóstico.** En esta fase se procede a recopilar las informaciones más importantes del estado de situación al momento del proceso de integración de las TIC en el aula, tomando en consideración las lecciones aprendidas del ciclo en ejecuciones anteriores y poder realizar los ajustes necesarios en las siguientes fases de ejecución, en especial, la planificación.

- **Planificación.** En esta fase se establecerán las actividades y los recursos necesarios del proceso para obtener los resultados esperados. Aquí se recopilan datos para profundizar el conocimiento del proceso. Se detallan las especificaciones de los resultados esperados. Se definen las actividades, sus tiempos y recursos.

- **Implementación.** En este proceso se realizan los cambios para lograr la mejora propuesta. Se deben hacer pruebas para identificar si se está cumpliendo con lo planificado y el logro de los objetivos.

- **Evaluación.** En esta fase es donde se recopilan datos y se analizan para ser comparados con los requisitos que fueron planteados durante la planificación, para saber si se ha cumplido con la mejora esperada.

Entre las principales salidas pueden mencionarse, entre otras, las buenas prácticas respecto a la integración de las TIC en la educación, plataformas actualizadas de repositorios educativos, mejora constante en la pedagogía implementando innovaciones metodológicas que se apoyan en el uso de las TIC, un aula moderna que reúna los elementos exigidos en la educación del siglo XXI.

Como resultado del proceso de potenciar la integración de las TIC en la educación primaria en escuelas públicas en República Dominicana, se logran estudiantes con las competencias exigidas al individuo para poder insertarse de manera productiva en la sociedad del presente siglo, tales como: Pensamiento crítico, individuo capaz de solucionar problemas, aprendizaje colaborativo, pensamiento creativo, aprendizaje autónomo, tecnología para la vida, valores humanos, entre otras competencias.

d) Relación esencial "Estrategia para potenciar la integración de las TIC en la educación – Implementación y asimilación de las TIC en la EPEP de República Dominicana – Control (y monitoreo)".

El proceso de potenciar la integración de las TIC en la educación primaria en República Dominicana se lleva a cabo en una constante interacción con el entorno, con la finalidad de retroalimentarse como sistema abierto y dinámico, provocando su propia mejora continua.

Como resultado de las actividades de planificación y organización a partir de las exigencias del contexto, se obtiene la estrategia para potenciar la integración de las TIC en la educación primaria asociada a la metodología del proceso de enseñanza y aprendizaje basado en TIC. Dicha estrategia se implementa controlándose el cumplimiento de los objetivos trazados, sirviendo de retroalimentación a la mejora continua de la estrategia definida. Estos elementos se tienen en cuenta en el diseño y aplicación de la metodología asociada al modelo propuesto.

6.2.1.6 Principios o supuestos del Modelo

Los principios que sustentan el modelo propuesto para potenciar la integración de las TIC en la educación primaria en escuelas públicas de República Dominicana, son:

a) De manera General, se consideran los siguientes:

i. **Principio de particularidad.** De acuerdo al MINERD (2006), cada centro educativo es único. Esto se debe a que son únicas las particularidades, no solo de su entorno, también las relaciones que en su interior se estructuran son propias en cada uno de ellos, aunque estén alineados en la ejecución de los procesos de enseñanza / aprendizaje a los lineamientos generales del sistema de educación.

ii. **Principio de las necesidades fundamentales.** Cada año, las autoridades de cada escuela pública definen sus metas y propósitos en función del proceso interno de mejora. Aunque su guía sean los propósitos generales establecidos por el Sistema Educativo, estos deben responder a las necesidades fundamentales de desarrollo de los miembros de la comunidad educativa.

iii. **Principio de transformación.** Transformar las prácticas de los sujetos, es solo posible, si se transforma la manera de cómo estos organizan sus relaciones (MINERD, 2006). De acuerdo a Ospina (2013, p. 165), no son suficientes los métodos tradicionales para despertar en los educandos las capacidades cognitivas que la educación del Siglo XXI demanda. En ese sentido, de acuerdo a la opinión del autor de esta tesis, esto es lo que ha impulsado a que exista una transformación del aula, para que los sujetos al relacionarse puedan desarrollar / adquirir conocimientos, objetivo principal de la escuela como ente de gran importancia en la sociedad para generar conocimiento en el individuo.

iv. **Principio de planificación.** De acuerdo a MINERD (2006), los procesos de transformación son posibles cuando en ellos se estructura la planificación, la implementación y la evaluación de los logros y/o resultados, estos ejes acompañados de un marco estratégico que esté debidamente formulado, comprendido y asumido por todos los actores que están involucrados en el proceso, y que deberá ser transformado a través de la mejora continua.

v. **Principio de la participación.** De la única manera que puede ser lograda la transformación necesaria en el proceso de enseñanza / aprendizaje en la educación primaria en escuelas públicas de República Dominicana, es garantizando la participación de los actores de la comunidad educativa involucrados en dicho proceso.

vi. **Principio de mejora continua.** Todos los procesos de transformación son continuos. Independientemente de que existan muchas escuelas que de alguna manera hayan iniciado el proceso de integración de las TIC en la educación, no menos cierto es que tendrán que seguir logrando avances en el proceso y garantizar las mejoras continuas que de manera obligatoria irán imponiendo los avances tecnológicos / educativos del mundo.

vii. **Principio de escalabilidad.** Esto significa que el modelo puede bien adaptarse para establecer no solo el perfil tecnológico de una escuela pública para establecer la planificación que permita llevar al centro a lograr la integración de las TIC en el aula, sino que también, puede escalar a establecer los perfiles tecnológicos de todas las escuelas que pertenecen a un distrito educativo para así establecer la planificación a llevar a cabo para lograr el objetivo deseado de integrar las TIC al proceso de enseñanza / aprendizaje en dicho distrito, pero al mismo tiempo, también puede escalar a que se logre la planificación en toda una regional, las cuales están compuestas por diversos distritos educativos que acogen una cantidad de escuelas públicas, y el modelo garantiza la planificación para toda la pirámide educativa que compone el

216

sistema educativo de República Dominicana (Regionales, Distritos Educativos y Escuelas Públicas).

En cuanto al **Gobierno de las TI**, se consideran los siguientes:

viii. **Responsabilidad**. Es la necesidad de que todos los actores que participan en las diferentes componentes del modelo deberán de comprender y aceptar sus responsabilidades, para que se pueda garantizar el proceso de potenciar la integración de las TIC en la educación.

ix. **Estrategia**. Fundamentadas en las exigencias del estándar adoptado y la metodología para la preparación para la adopción de tecnología escolar, se hace necesario establecer estrategias de integración de las TIC en la educación evaluando las capacidades actuales y futuras de la tecnología para poder potenciar su proceso.

x. **Adquisición**. Es el compromiso de la alta dirección para que el proceso de adquisición de tecnologías sea justificado en razones válidas y en cuyas decisiones exista la transparencia donde coexista beneficios, oportunidad, costes y riesgos, tanto a corto como a largo plazo.

xi. **Rendimiento**. La integración de las TIC en la educación primaria en escuelas públicas de República Dominicana debe de garantizar el cumplimiento de las necesidades actuales y futuras en cuanto al soporte que darán en el proceso de enseñanza y aprendizaje.

xii. **Conformidad**. Se deben establecer políticas y prácticas claramente definidas e implementadas que cumplan con las legislaciones y normas aplicables sobre el uso adecuado de las herramientas tecnológicas en los centros educativos.

xiii. **Conducta humana**. Todas las políticas TIC, prácticas y decisiones deben de estar apegadas a los valores y las buenas costumbres, y orientar el uso de las TIC al contexto meramente educativo.

6.2.1.7 Enfoques del modelo

a) **Mejora continua**. El perfeccionamiento continuo, la iteración, la mejora permanente, según las necesidades internas y variaciones del contexto interno y externo.

b) **Sistémico**. Todas las componentes del modelo estarán combinándose con otras componentes del mismo para analizar las entradas del modelo y producir las salidas que se esperan de este.

c) **De Procesos**. Los objetivos a lograr por la organización se concretan en sus procesos ("conjuntos de actividades mutuamente relacionadas o que de alguna manera interactúan, las cuales transforman elementos de entrada en resultados"). Se refleja en la determinación de las entradas, las actividades que gestionan la integración de las TIC, y las salidas resultado de estas actividades.

d) **Estratégico**. Enfoque hacia un sistema abierto y dinámico a partir de las demandas del contexto y los procesos de integración de las TIC en la educación, así como por la incidencia del impacto de los resultados en dicho contexto. En el modelo propuesto, se expresa en la estrategia que se obtiene como resultado de las actividades de planificación y organización de potenciar la integración de las TIC en la educación primaria en escuelas públicas de República Dominicana, su implementación, así como la retroalimentación requerida al controlarse la incidencia de sus salidas en el contexto.

e) **Didáctico**. El modelo deberá emplear diferentes estrategias de aprendizaje y contar con los componentes pedagógicos, de diseño y comunicación apoyados fundamentalmente en las TIC, que permitan desarrollar en las aulas de los centros educativos las metodologías para la enseñanza y aprendizaje que forje un individuo con las competencias que demanda la sociedad del siglo XXI.

f) **Gestión de Proyectos**. Este enfoque es el que garantizará que se cumpla con las estrategias planteadas en todas las componentes del modelo a través del fiel cumplimiento de la planificación, la organización, la motivación y el control de los recursos, con la finalidad de alcanzar el objetivo de potenciar la integración de las TIC en la educación primaria en escuelas públicas de SDO en República Dominicana. Es necesario que todos los actores que están involucrados en el proceso de educación, especialmente los que intervienen en los procesos descritos del sistema de educación de República Dominicana, tengan una fluidez en el conocimiento de la gestión de proyectos, elemento fundamental considerado en la gestión del conocimiento para poder cumplir con los objetivos deseados.

g) **Gestión del conocimiento**. Este enfoque garantizará el que los docentes, piedra angular en el proceso de integración de las TIC en el proceso de enseñanza / aprendizaje, reúnan las competencias académicas, administrativas y humano – sociales (indicadas en el apartado 3.5 de esta tesis) necesarias para que pueda realizar sus actividades en dicho proceso de manera satisfactoria, haciendo uso de las TIC como herramienta principal para lograr una educación de calidad.

6.2.1.8 Cualidades del modelo

Las cualidades que distinguen al modelo propuesto son las siguientes:

a) Integración de políticas TIC, metodologías para la enseñanza y aprendizaje, estándares y métodos para hacer sostenible la integración TIC.

b) Flexibilidad para adaptarse a las particularidades de cada centro educativo que están agrupados en los diferentes distritos educativos, y a su vez, los distritos en regionales.

c) Iteratividad. Sistemático control de los resultados y toma de las medidas correctivas requeridas para cada caso.

d) Capacidad de retroalimentación con el contexto interno y externo.

e) Colaboración al crearse y desarrollarse espacios de intercambios y redes virtuales de colaboración.

6.2.1.9 Momentos del modelo

a. Diseño de la estrategia para la integración de las TIC a través de la planificación y organización de las actividades del modelo.

b. Aprobación por parte del Ministro de Educación de la estrategia elaborada, así como también, de los recursos humanos y financieros requeridos para su implementación.

c. Implementación de la estrategia elaborada.

d. Evaluación de los resultados e impactos del modelo.

6.2.1.10 Premisas del modelo

Para hacer viable la aplicación del modelo propuesto y obtener los resultados que se esperan del mismo, es necesario considerar las siguientes premisas:

a) <u>Compromiso efectivo de la alta dirección y los docentes</u>. Este es un factor fundamental para lograr potenciar el proceso de la integración de las TIC en la educación primaria en centros educativos públicos de República Dominicana.

b) <u>Contar con las condiciones tecnológicas mínimas indispensables</u>. Se deberá cumplir con la implementación de los requerimientos tecnológicos exigidos en cada nivel de madurez para satisfacer los indicadores establecidos hasta lograr el nivel deseado de implementación tecnológica en la EPEP en República Dominicana.

c) <u>Compromiso de uso de la metodología de gestión de proyecto</u>. Para garantizar que en todos los procesos a ejecutarse se cumpla con los objetivos definidos del proyecto, los tiempos, los costos, así también mantener claramente establecidos los roles y responsabilidades de cada participante.

d) Deben existir personas que reúnan los perfiles o competencias para la implementación del modelo.

6.2.2 Modelo para potenciar la integración de las TIC en la educación primaria en escuelas públicas de República Dominicana

El modelo diseñado (ver Figura 67), principalmente, es el producto del análisis del marco teórico y las investigaciones previas documentadas en los capítulos III y IV de esta investigación. Para poder tener una mejor comprensión del mismo, es necesario definir cada una de sus componentes, como una manera de poder entrelazar posteriormente, la correspondencia del modelo y sus componentes, con su fundamentación teórica.

6.2.2.1 Componentes del modelo

a) **Componente Tecnológico**.

Este componente está presente en todo el modelo, lo que significa que todas las componentes que serán parte de este modelo van a funcionar y desenvolverse en un ambiente de tecnologías de la información y comunicación, al igual que todas las demás, se verá impactada por los avances tecnológicos (especialmente en el ambiente de las metodologías de gobierno de TI), fortaleciendo de esta forma las funcionalidades y la capacidad del modelo de poder potenciar la integración de las TIC en la educación primaria en República Dominicana, y de velar por el buen funcionamiento de los equipos y servicios.

En ese sentido, esta componente estará representada por los procesos de *Gobierno de TI* adoptados de ISO 38500 (evaluar, dirigir y monitorear o controlar), que deberán llevarse a cabo de manera conjunta con el *ciclo de mejora continua* del modelo (diagnóstico, planificación, implementación y evaluación), los que garantizarán la consecución del objetivo del modelo y al mismo tiempo la flexibilidad de transformación necesaria para que el mismo pueda reajustarse a las nuevas necesidades para garantizar el proceso.

b) **Componente de Necesidades de Recursos TIC**.

Esta componente funciona como un observatorio que estará constantemente verificando los avances pedagógicos a través de herramientas tecnológicas para fortalecer la metodologías de enseñanza y aprendizaje basadas en TIC, las competencias requeridas a los docentes de acuerdo a dichos avances y/o políticas internacionales establecidas y adoptadas por el país (Componente de Identificación Competencias TIC Docente), para integrarlas al proceso de enseñanza y aprendizaje en las escuelas públicas de República Dominicana mediante la capacitación necesaria a docentes (Componente de Gestión del Conocimiento), y de la misma manera gestionar los recursos TIC educativos necesarios a ser utilizados en los ambientes educativos (Componente de Gestión de Recursos TIC Educativos). De esta componente es que saldrán todas las necesidades y/o requerimientos que deberán ser planificados para ser implementados y medir posteriormente si el resultado fue el esperado, utilizando como instrumento para el diagnóstico el cuestionario diseñado para esta tesis.

c) **Componente de Identificación de Competencias TIC Docentes**.

Este componente se nutre de las necesidades de nuevos recursos TIC existentes, donde a través de esta componente, se llevará a cabo un diagnóstico de necesidades de competencias del docente, proceso de evaluación que permite identificar aquellas competencias que se requiere adquirir tanto en los docentes de nuevo ingreso a la institución, como aquellos que se mantienen en la misma.

d) **Componente de Gestión de Recursos Educativos TIC**.

Al igual que la componente anterior, esta componente se nutre de la componente de necesidades de recursos TIC para identificar nuevas herramientas tecnológicas y proceder con la implementación del uso de estas en las metodologías de enseñanza en los entornos de aprendizaje. Esta se apoyará de la componente de Gestión del Conocimiento de los docentes en el uso de las nuevas herramientas y/o metodologías basadas en TIC.

e) **Componente de Gestión del Conocimiento**.

Aquí se gestionan (planifican – organizan – ejecutan – diseñan – controlan) los contenidos, ejercicios y evaluaciones a ser empleados en el proceso de desarrollo de las competencias del docente para facilitar la integración de las herramientas tecnológicas en el proceso de enseñanza y aprendizaje en la educación primaria en escuelas públicas en República Dominicana. Para lograr este objetivo, la componente se nutrirá de las demás componentes que son parte de la Componente de Necesidades de Recursos TIC del modelo.

f) **Componente de Planificación y Gestión de Proyectos**.

En esta componente serán definidos los proyectos en cuanto a su fase de iniciación y planificación, definiendo el alcance de los mismos, el manejo del tiempo a través de las técnicas y diagramas como PERT y Gantt que permitan garantizar el cumplimento de las rutas críticas de cada tarea que envuelve al proyecto al ser concebida su Estructura de División de Trabajos (EDT). Así mismo, la estimación de los costos para elaboración del presupuesto, la gestión de los recursos humanos idóneos a ser involucrados en dicho proyecto, y los protocolos para la gestión de las comunicaciones, la gestión del riesgo y las adquisiciones.

Esta componente se sustentará en base al diagnóstico realizado en la Componente de Necesidades de Recursos TIC, partiendo del marco estratégico institucional y la planificación anual de los recursos del MINERD asignado para las escuelas públicas.

Durante el proceso de planificación de esta componente deberá incluirse el de garantizar la funcionalidad de los servicios en las escuelas, tales como: Internet, soporte técnico, funcionalidad de las computadoras y de los demás dispositivos tecnológicos tal como lo establece ITIL.

La componente estará compuesta por los siguientes procesos:

i. **Visión y Estrategia**. La visión será la que definirá, de acuerdo al diagnóstico realizado previamente, qué se querrá lograr a partir del perfil tecnológico de la escuela (o del conjunto de escuelas de la comunidad).

ii. **Planificación Anual**. Una vez establecida la visión y estrategia que se desea lograr, se definirá el Plan Operativo Anual (POA) que se llevará a cabo con sus respectivos objetivos y metas a lograr.

iii. **Gestión de recursos**. En este proceso es donde se gestionarán los recursos económicos, humanos y otros materiales e insumos que serán necesarios para la consecución de los objetivos establecidos en el POA. Será necesario realizar un plan de adquisiciones e identificación del talento humano necesario para participar en el desarrollo de la planificación realizada.

iv. **Estimación de tiempo**. Conformado el equipo de trabajo, con los responsables definidos por cada objetivo a lograr y las unidades (o personal) que le servirá de apoyo, además de conocer cómo se proveerán los demás recursos para cumplir con lo planificado, el personal en conjunto establecerá las tareas y los tiempos de cumplimiento de cada una de estas que permitirán lograr los objetivos deseados.

v.   **Gestión del riesgo**. Este proceso es de vital importancia, ya que permitirá identificar todas aquellas situaciones que pudieran atentar en el logro de los objetivos deseados, y que fueron planificados a través del POA. Asimismo, se deberá establecer el tratamiento que se aplicará a cada riesgo identificado, los controles e indicadores de medición para saber si dichos controles han tenido la efectividad deseada tomando en cuenta el riesgo residual (riesgo que resulta luego de aplicar los controles de mitigación a los riesgos identificados inicialmente). De igual manera, se establecerá el presupuesto necesario, de acuerdo al método para tratar el riesgo que haya sido seleccionado.

g) **Componente del Entorno de Aprendizaje basado en TIC**.

Esta componente se nutrirá de la *Componente de Planificación y Gestión de Proyectos,* mediante la *ejecución* de la planificación realizada, manteniendo el *monitoreo y control* de la misma a través de mediciones y supervisiones del avance que permitan identificar cualquier variación o cambio en lo planificado.

En esta componente, a través de la *Gestión del Proceso de Planificación,* se *implementarán* las mejoras establecidas en la planificación llevando la ejecución de las tareas asignadas a cada responsable y al final el proceso de gestión del cambio, llevando a cabo el proceso de integración de las herramientas TIC en la metodología de enseñanza y aprendizaje en la educación primaria en los centros educativos públicos de República Dominicana. En el proceso establecido a través del *Sistema de Evaluación y Monitoreo*, es donde se realizarán las mediciones y supervisiones del estado de avance de lo planificado dándole seguimiento a las tareas, llevando a cabo la gestión de los entregables, gestionando cualquier incidente que pudiera atentar contra el fiel cumplimiento de lo planificado, y la generación de informes.

Esta componente va a interactuar con la *componente de necesidades de recursos TIC*, para evaluar y/o diagnosticar que se haya cumplido con las necesidades necesarias.

h) **Componente de Evaluación de los Resultados**.

Esta componente se nutrirá de la *Componente del Entorno de Aprendizaje basado en TIC*, con la finalidad de llevar a cabo el *cierre* de la ejecución de la planificación realizada. Estará compuesta de la componente social y los resultados que en esta se logren. Estos resultados serán diagnosticados, a través de las diferentes herramientas y estudios de medición de la calidad de la educación mencionados en el apartado 3.8 *estudios de medición del nivel de educación y uso de TIC* de esta tesis.

Asimismo, en esta componente se hará una *evaluación* (de acuerdo al ciclo de mejora continua) de los resultados logrados en la componente social, y al mismo tiempo, se va a *Monitorear* (de acuerdo al Gobierno de TI utilizado) el estado de avance en la integración de las TIC en los entornos de aprendizaje.

i) **Componente social**.

En esta componente se evaluará, a través de los sistemas de medición tanto mundiales, como regionales y nacionales (descritos los más importante para la región en el subcapítulo 3.8 de esta tesis) si el individuo ha adquirido las competencias esperadas durante el proceso de enseñanza / aprendizaje utilizando las TIC como herramienta principal de las metodologías empleadas, de acuerdo a la relación *"Entradas – Integración de las TIC en las metodologías del proceso de enseñanza y aprendizaje – Salidas"*.

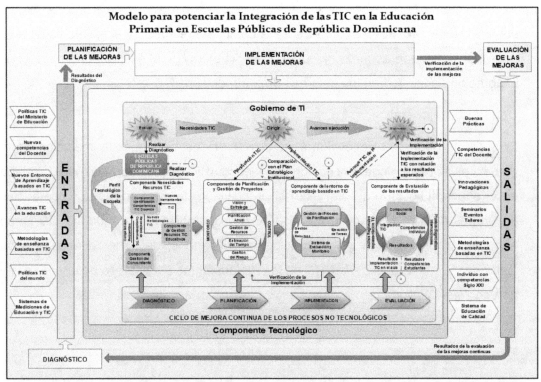

Figura 67. Modelo Funcional para Potenciar la Integración de las TIC en la Educación Primaria en Escuelas Públicas de República Dominicana.
Fuente: Elaboración propia.

6.2.3 Correspondencia del modelo con su fundamentación teórica

6.2.3.1 Correspondencia con sus relaciones esenciales

El modelo descrito refleja las cuatro (4) relaciones esenciales que se detallan en el epígrafe 6.2.1.5 *Relaciones esenciales que sustentan el modelo,* durante la fundamentación del modelo teórico.

El modelo diseñado, refleja las cuatro (4) relaciones esenciales que lo sustentan, detalladas estas en el epígrafe 6.2.1.5 *Relaciones que sustentan el modelo.* Por lo que pueden plantearse los siguientes aspectos que distinguen el modelo propuesto:

i. Con respecto a su primera relación *Contexto – Proceso de enseñanza / aprendizaje basado en TIC – Potenciar la integración de las TIC en las Escuelas Públicas de República Dominicana,* el modelo toma en consideración el proceso de *mejora continua* establecida en esta primera relación, dado que, a través de las *Entradas del modelo,* serán verificados los nuevos paradigmas existentes en el contexto de la educación y se realizará un diagnóstico en las escuelas públicas para planificar las mejoras que permitan potenciar las integraciones TIC necesarias al proceso de enseñanza / aprendizaje. Las componentes del modelo que tributan con esta relación son las de Gobierno de TI, de Necesidades de Recursos TIC, de Planificación, del entorno de aprendizaje basado en TIC y de evaluación de los resultados del modelo se vinculan con esta relación.

ii. Con respecto a su segunda relación *Procesos estratégicos – Procesos sustantivos – Procesos de apoyo,* el diseño del modelo como un todo, se sustenta esencialmente sobre el accionar de cada una de las dependencias del Ministerio de Educación que intervienen en cada uno de estos procesos citados. Entre las principales Dependencias del Ministerio de Educación que intervienen en esta relación están: Tecnología de la Información y Comunicación, Administrativas y Financieras, Recursos Humanos y Planificación y Desarrollo Educativo, dada su importancia de carácter estratégico, macroeconómico y metodológico en lo que respecta a la educación de República Dominicana y el tema de esta investigación.

iii. En lo que respecta a la tercera relación *Entradas – Proceso de Integración de las TIC en las Escuelas Públicas de República Dominicana – Salidas*, el modelo tributa visto como un todo con esta relación, dado que las componentes del modelo de manera general se alimentan de las entradas (como las políticas del MINERD, nuevas competencias TIC del Docente, nuevos entornos de aprendizaje basado en TIC, avances TIC en la educación, metodologías de enseñanza / aprendizaje basadas en TIC, las políticas del mundo, y los sistemas de mediciones de educación y TIC), para poder producir las salidas o resultados que se esperan del mismo, que de manera general se consideran estos resultados en dos aspectos fundamentales que son: a) El avance en la implementación de herramientas TIC en el aula, para lograr b) estudiantes con mejores competencias.

iv. En lo que respecta a la cuarta y última relación que sustenta el modelo propuesto, *Estrategia – Implementación y asimilación de las TIC en las Escuelas Públicas de República Dominicana – Control*, todas las componentes del modelo se retroalimentarán de las constantes interacciones del entorno. En ese sentido, luego de ser establecido el perfil tecnológico de la escuela, en donde juegan un rol determinante la *Componente de Gobierno de TI* en su proceso de *Evaluar* y la *Componente de Necesidades de Recursos TIC*, para establecer qué necesita la escuela para llegar al perfil tecnológico óptimo deseado, la *Componente de Planificación y Gestión de Proyectos* y la *Componente del Entorno de Aprendizaje basado en TIC*, en conjunto con la *Componente de Gobierno de TI* en su proceso de *Dirigir*, trazarán las pautas para lograr la asimilación deseada del uso de las TIC en el proceso de enseñanza / aprendizaje en escuelas públicas de República Dominicana. El control será establecido por el proceso de *Monitorear* de la *Componente de Gobierno de TI*.

6.2.3.2 Correspondencia con sus principios

De manera general:

i. Con su *principio de particularidad*, el modelo considera el proceso de mejora continua y potenciación de la implementación de las TIC de manera particular para cada escuela pública en cada una de sus componentes. De igual manera, en cumplimiento a este principio, el modelo da tratamiento particular a los distritos educativos y las escuelas que pertenecen a estos, así como también, le da un tratamiento particular a cada una de las regionales en que está compuesto el sistema educativo de la Nación.

ii.   Con su *principio de las necesidades fundamentales*, el modelo en el proceso de *Evaluar* y *Diagnosticar* en la mejora continua, *Componente de Necesidades de Recursos TIC* y en el *Componente de Planificación y Gestión de Proyectos* dará respuesta a las metas y propósitos que se establezcan por las autoridades.

iii.   Con relación a su *principio de transformación*, el modelo visto como un todo (principalmente con su *componente tecnológica*), tributa a las transformaciones necesarias en el sistema de educación de la República Dominicana, para llevar el proceso de enseñanza / aprendizaje al nivel de calidad que se desea, a través del uso de las TIC.

iv.   En cuanto al *principio de planificación*, el modelo a través de su *Componente de Planificación y Gestión de Proyectos* y el proceso de *Dirigir* de su *Componente de Gobierno de TI*, se corresponde con lo definido en su principio de planificación.

v.   En cuanto al *principio de participación*, el modelo vincula a todos los actores del sistema educativo a tomar parte de la integración, en especial, la figura del docente que es el eje central para lograr la integración de las TIC en el aula.

vi.   Con relación al *principio de mejora continua*, el modelo de manera intrínseca a sus componentes y extrínseca a los procesos que lo envuelven, tributa a mantener constantemente el principio de la mejora como columna vertebral en el logro de su objetivo principal.

vii.   En sentido del *principio de escalabilidad*, el modelo al poder diagnosticar el estado de situación en que se encuentra el proceso de integración de las TIC en cada escuela pública, se podrá realizar el estado de situación del avance de esta integración en todas las escuelas públicas que pertenecen a un distrito educativo, como así también, a todos los distritos educativos que componen las diferentes regionales en que se divide la educación pública de la República Dominicana. Esto significa, que se puede establecer el perfil tecnológico para la debida planificación, de las escuelas, los distritos educativos y las regionales.

En cuanto al Gobierno de las TI:

i. Con respecto al *principio de responsabilidad*, el modelo tributa a que todos los actores participantes en el proceso de integración de las TIC en la educación primaria de República Dominicana, comprendan y acepten su responsabilidad. Esto se garantiza a través de la *Componente de Planificación y Gestión de Proyectos*.

ii. En lo que al *principio de estrategia* se refiere, el modelo entre su *Componente de Gobierno de TI* y su *Componente de Planificación y Gestión de Proyectos*, contribuye a que se tomen las estrategias correspondientes para lograr los objetivos deseados.

iii. En cuanto al *principio de adquisición*, el modelo a través de su *Componente de Planificación y Gestión de Proyectos*, tributa a que en los procesos de adquisiciones de tecnologías estén justificados en base a las necesidades que nacen del diagnóstico realizado previamente.

iv. A través de las *Componentes de Evaluación de los Resultados* y la *Componente de Gobierno de TI* en su proceso de *Monitorear*, contribuyen a verificar que las implementaciones de las herramientas tecnológicas en el aula, den el resultado del rendimiento que se espera de ellas en materia de educación.

v. A través de la *Componente de Gobierno de TI*, el modelo tributa a que se tengan que establecer las políticas y prácticas en el uso de las herramientas tecnológicas que garanticen el *principio de conformidad* del mismo.

vi. En cuanto al *principio de conducta humana*, el modelo contribuye a través de su *Componente de Necesidades de Recursos TIC*, exactamente, la *Componente de Gestión de Recursos Educativos*, a que se garantice que el uso que se hará de las herramientas tecnológicas que se implementen en el aula, sea orientado al contexto educativo. El modelo identifica el cumplimiento de este principio a través de su *Componente de Evaluación de los Resultados*, en donde se analizan los resultados de la implementación de las TIC en el aula, y el resultado que se ha obtenido en la medición de las competencias de los estudiantes, y cómo han influido el uso de las herramientas tecnológicas en estos.

6.2.3.3 Correspondencia con sus enfoques

a. Como los cambios en el mundo son constantes, y, asimismo, la educación y las metodologías utilizadas en el proceso de enseñanza / aprendizaje no pueden ser estáticas, el modelo propuesto contempla la *mejora continua*, con la finalidad de mantener el proceso constante de recibir del exterior a la escuela los nuevos paradigmas del uso de las TIC en la educación, y llevar a cabo el proceso de adecuación del aula hasta lograr los resultados deseados.

b. El modelo propuesto funciona de manera *sistémica*, dado que todas sus componentes no se conciben de manera aislada, sino que están diseñadas para que trabajen como parte de un todo, para garantizar que se puedan lograr los resultados deseados en cuanto a potenciar de manera constante la integración de las TIC en la educación primaria en escuelas públicas de República Dominicana.

c. El modelo tiene en cuenta el control de los *procesos* que lo componen, la manera de cómo estos procesos interactúan entre las diferentes componentes, y las entradas y salidas que lo vinculan.

d. El modelo propuesto, fundamentado en la gestión de proyectos, permite definir claramente los objetivos a corto, mediano y largo plazo lo que garantiza la planificación de las *estrategias* institucionales, y la identificación de las acciones necesarias a realizar para lograr dichos objetivos.

e. Los objetivos / contenidos / estrategias / evaluación de la educación, serán foco constante de *mejora continua*, por lo que el modelo que se propone, procura cumplir con un *enfoque didáctico* con la finalidad de garantizar, que a través de las TIC se logren los objetivos curriculares que permitan desarrollar las competencias del individuo que son requeridas en el presente siglo.

f. Las acciones a realizar, de acuerdo al diseño del modelo propuesto, deberán ser planificadas, ejecutadas, controladas y cerradas a través de su componente de *gestión de proyectos* y los procesos allí vinculados.

g. Basado en los avances de las herramientas TIC que puedan surgir para ser aplicados en el contexto de la educación, el modelo diseñado garantizará que estas puedan ser empleadas en el proceso de enseñanza / aprendizaje, a través de la *gestión del conocimiento* tanto para docentes como estudiantes.

6.3 Instrucciones metodológicas para la aplicación del modelo propuesto para potenciar la integración de las TIC en la educación primaria en escuelas públicas de República Dominicana

Como se cita en León (2011, p.82), la metodología no es más que un conjunto de métodos, procedimientos y técnicas que son regulados por determinados requerimientos o exigencias para ordenar nuestro pensamiento y modo de actuar, cuyo propósito es el de obtener o descubrir nuevos conocimientos en el estudio de un problema o en la solución de un problema en la práctica.

Lo anteriormente señalado, sirve de referencia a las instrucciones metodológicas propuesta en esta investigación, la cual tiene un sustento teórico conceptual e instrumenta la solución del problema de la presente investigación a través de la implementación del modelo elaborado. A partir del análisis de los modelos de implementación propuestos en la literatura, se plantea una metodología de implementación del modelo compuesto por cinco (5) etapas o fases (ver Figura 68).

ETAPA I	ETAPA II	ETAPA III	ETAPA IV	ETAPA V
DIAGNÓSTICO	PLANIFICACIÓN	APROBACIÓN	EJECUCIÓN	EVALUACIÓN

Figura 68. Etapas o fases de implementación del modelo.
Fuente: Elaboración propia.

A continuación, se exponen las acciones fundamentales asociadas a cada etapa propuesta:

1. Diagnóstico – es en la cual se identifica la necesidad de herramientas y metodologías tecnológicas a través de realizar un diagnóstico que permita evaluar la situación inicial del estado en que se encuentra el proceso de integración de las TIC en educación.

2. Planificación – es donde se definen los objetivos y metas a lograr a partir de la situación encontrada en el diagnóstico para potenciar el proceso de integración, estableciendo el cronograma de trabajo a realizar y los recursos asignados a cada tarea, tomando en consideración el análisis de los riesgos que pudieran afectar la planificación elaborada y los resultados que se esperan con la ejecución de esta.

3. Aprobación – El resultado de la planificación realizada debe ser presentado a una Comisión Académica integrada por el Ministro de Educación, Directores Regionales y de Distritos Educativos, para su aprobación con miras a proceder a la etapa de ejecución. Esto permitirá vincular más a los directivos de educación, y estos a su vez vincular los directores de los planteles educativos, para que de esta manera tener mejor control sobre las responsabilidades que cada actor debe asumir en cuanto a las tareas a llevar a cabo, así mismo, la gestión de los recursos (materiales, financieros o humanos) para lograr los objetivos.

4. Ejecución – Es en donde se pone en ejecución el proceso de potenciar la integración de las TIC en la EPEP, a través de la puesta en funcionamiento del modelo y sus componentes.

5. Evaluación – a partir de los resultados del informe de evaluación anual sobre el estado de avance del proceso de integración de las TIC en la EPEP luego de implementado el modelo, bajo los indicadores de avances que establecen las metodologías

233

utilizadas (y que fueron definidas en la etapa de planificación), se va controlando la efectividad de la implementación del modelo en el proceso de potenciar la integración de las TIC. En caso de que ser necesario, es posible realizar los ajustes que se requieran al modelo implementado. Mejora continua.

En el Apéndice 18, se detallan los métodos y herramientas empleados, así como los resultados asociados a cada fase o etapa y acciones a realizar.

En el mismo sentido de lo expuesto en el párrafo anterior, en el Apéndice 19 se puede apreciar cada una de las *etapas de implementación del modelo para potenciar el proceso de integración de las TIC en la educación primaria en escuelas públicas de República Dominicana*.

La *Etapa I* de diagnóstico, está compuesta por dos (2) líneas de acciones, en donde se identificará el estado de situación del proceso de integración de las TIC y el perfil (o nivel de madurez) de la escuela pública.

La *Etapa II* de planificación, está comprendida por siete (7) líneas de acciones que, son las que permitirán definir el marco estratégico y el presupuesto de ejecución requerido, para llevar a cabo la implementación.

La *Etapa III* de aprobación, está comprendida por dos (2) líneas de acciones, las cuales comprenden la presentación y aprobación de la planificación realizada.

La *Etapa IV* de ejecución, también está compuesta por dos (2) líneas de acciones, en las cuales se aplicará la gestión y monitoreo del proceso de implementación planificado.

Y una *Etapa V* de evaluación, que tendrá dos (2) líneas de acciones que medirán el nivel de avance en la integración de las TIC en el aula, y al mismo tiempo, el impacto de la aplicación del modelo en el sistema de educación de República Dominicana, con la finalidad de mantener el proceso de mejora continua del modelo.

CAPÍTULO VII. CONCLUSIONES, LIMITACIONES Y RECOMENDACIONES

7.1 Conclusiones

Respecto a la *idea a defender*, la educación primaria en escuelas públicas de República Dominicana, enfrenta hoy día grandes retos, debido a la transición de nuevas metodologías para la enseñanza y aprendizaje que exige el presente siglo para lograr en el individuo las competencias que son necesarias para que este se pueda insertar de manera productiva en la sociedad.

El principal reto que tiene el Estado Dominicano, y por defecto el Ministerio de Educación de República Dominicana como órgano rector de la educación básica y secundaria del país, consiste en desarrollar la debida planificación presupuestaria, que le permita enfrentar satisfactoriamente los retos de implementar las herramientas tecnológicas necesarias para hacer viable las nuevas formas de aprender y enseñar, utilizando aquellas que garantizan el proceso y resultados deseados, así como también, el retorno de la inversión de manera más rápida, abaratando los costos educativos y liberando las cargas presupuestarias que consumen el presupuesto destinado a educación de la nación, hasta por la falta de automatización de los procesos mismos que envuelven la gestión de la educación.

En ese sentido, y de acuerdo a los resultados obtenidos en el diagnóstico realizado y los estudios de mediciones del nivel de educación, en este proceso de transición hacia una educación de calidad, es necesario reestructurar todo el sistema educativo, el cual sigue estancado en el formato de educación del siglo XX en los diferentes estratos educativos relacionados a la educación primaria, a un modelo educativo en donde el docente pasa a ser de transmisor del conocimiento, a ser un facilitador en la construcción del mismo por parte del individuo, y donde el uso de las TIC las convierte en las herramientas idóneas para lograr la mejora significativa en el aprendizaje que el individuo necesita, y que con urgencia requiere el sistema educativo dominicano para lograr la mejoría deseada.

De acuerdo a lo anteriormente expuesto, respecto a los nuevos roles de docentes y estudiantes, aunque el profesorado pasa a un rol secundario en el proceso de enseñanza y aprendizaje, este sigue siendo la pieza principal del rompecabezas para poner en marcha un efectivo proceso de integración de las TIC en el aula, debido a que este garantiza o no, de acuerdo a su metodología de enseñanza, el uso de las tecnologías, por ende, la efectividad del proceso de incorporación. Por lo tanto, sigue siendo necesaria la acción de mejorar sus competencias y metodología para la enseñanza, para este caso, basadas en el uso de las TIC.

Todo lo anterior lleva a la problemática de la integración de las tecnologías educativas, y que para el caso de esta investigación, queda claramente evidenciada la validez de lo planteado como *idea a defender* respecto a que si se desarrolla un modelo y sus instrucciones metodológicas de implementación, que permita categorizar cada centro educativo dentro de un perfil tecnológico, se podrá realizar una planificación estratégica que permitirá potenciar la integración de las TIC en el proceso de enseñanza / aprendizaje de la educación primaria en escuelas públicas de República Dominicana, en especial, las del Municipio de Santo Domingo Oeste, caso de estudio en esta investigación.

Señalado todo lo anterior, el autor de esta investigación considera que se han cumplido con los objetivos definidos para llevar a cabo la misma, tomando en consideración que como resultado de esta se ha diseñado un modelo para potenciar el proceso de integración de las TIC en la educación primaria en escuelas públicas de República Dominicana. Por lo que a continuación, se exponen de forma concreta, lo que fundamenta el hecho de que se haya cumplido con cada uno de los objetivos de la investigación.

Objetivo Específico No. 1 (OE1), sobre establecer los fundamentos y referentes teóricos – metodológicos sobre la integración de las TIC en la educación primaria a nivel mundial y regional.

Con relación al *OE1*, cabe destacar que el haber iniciado esta investigación analizando el vínculo existente entre las teorías del aprendizaje con las TIC dentro del proceso de enseñanza / aprendizaje, le ha dado al autor de la misma, el principal fundamento que sustenta el uso de estas herramientas en el aula. De igual manera, conocida la relación educación – tecnología, analizar los diferentes tipos de enseñanzas basadas en el uso de herramientas tecnológicas, arrojó como resultado el poder establecer las ventajas y desventajas del uso de las TIC en el aula, y la posibilidad de identificar entonces los tipos de brechas a las que se deben enfrentar los gestores del sistema de educación ante este tipo de proyectos (o los escenarios que lo envuelven) en los entornos educativos del sistema educativo público dominicano.

Otro punto dentro del desarrollo de esta investigación para cumplir con el presente objetivo, es lo que respecta al nuevo rol del docente, para lo cual el autor de este estudio identificó y analizó los diferentes estándares internacionales de referencia para la medición de las competencias digitales en los entornos educativos, y que permitió tener una visión más clara de los logros que se persiguen con los diferentes objetivos y metas que han sido establecidos para la educación hacia el año 2030, y que han sido elaboradas a partir de estos, estrategias y políticas en los países del mundo para la consecución de los avances deseados en materia de educación.

Como aporte del autor de esta investigación, fue realizado un análisis de la gestión presupuestaria del MINERD desde el año 2004 al 2018, incluyendo una proyección del incremento que debió hacerse al presupuesto con el pasar de los años. Esto para demostrar, que, con la insuficiencia de presupuesto, el MINERD debió de haber utilizado herramientas tecnológicas educativas del tipo opensource (código fuente abierto), cuyo costo de implementación es ínfimo comparado con otras, y en donde el autor de esta investigación identifica las más importantes hoy día y que son las más utilizadas en el mundo a la fecha. Esto permitiría eficientizar mejor los pocos recursos con los que se cuentan en países como este, con grandes limitaciones económicas.

Todo lo anterior, en conjunto con los estudios de medición del nivel de educación y uso de las TIC para lograr la calidad deseada, permitieron establecer los fundamentos y referentes teóricos – metodológicos necesarios sobre el tema tratado en esta investigación, y que justifica el cumplimiento con este primer objetivo definido para llevarla a cabo.

Objetivo Específico No. 2 (OE2) de esta investigación, sobre diagnosticar la situación actual de la integración de las TIC en la educación primaria en escuelas públicas del Municipio de Santo Domingo Oeste en República Dominicana.

Con relación al *OE2*, para dar cumplimiento con el presente objetivo, el autor de esta investigación corrobora su cumplimiento sustentándolo en dos fases. En una primera fase, mediante la investigación y análisis de investigaciones precedentes, y en una segunda fase, a través de los resultados obtenidos con la aplicación del instrumento de recogida de datos.

a. Primera fase del diagnóstico

Desde el desarrollo del *OE1* de esta investigación, cuando el autor de la misma identifica y analiza los estudios de medición del nivel de educación y uso de TIC en la educación dominicana, comienza a tributar con el cumplimiento del *OE2* de esta investigación, al describir los resultados en cada uno de ellos obtenidos por el país objeto de este estudio.

En los vinculados a la medición del nivel de educación como las pruebas LLECE y PISA, se mide el conocimiento de los estudiantes en lectura, matemáticas y ciencias, y entre los indicadores de medición para evaluar la calidad de la educación con relación a los resultados obtenidos, se evalúa la cantidad de horas que emplean los estudiantes utilizando las herramientas tecnológicas en el proceso de construcción del conocimiento.

Desde que República Dominicana optó por participar en estas mediciones, ha obtenido calificaciones deplorables en ambas, y del mismo modo, en los indicadores donde se mide el uso de tecnología educativa, evidenciando una gran brecha digital en los resultados.

Estos resultados coinciden con los otros dos estudios que se presentan en ese apartado, como lo son, el *Índice de Competitividad Global* que entre uno de sus pilares mide la calidad de educación de los países, y el *Informe Global de Tecnología de la Información*, que también toma en consideración el nivel de avance de la tecnología y la vinculada a la educación.

Para corroborar con el cumplimiento del objetivo, en el *Capítulo 4* de este estudio el cual trata de las investigaciones precedentes al tema en cuestión, el autor de la misma describe los resultados de varios estudios de gran importancia que tributan a realizar un prediagnóstico del estado de situación del proceso de integración de las TIC en la educación pública dominicana.

Uno de los estudios, llevado a cabo por UNESCO (2013a), es un análisis de la región de América Latina y el Caribe de la integración de las TIC en la educación y la aptitud digital de estos países, demarcación geográfica a la que pertenece el país objeto de estudio, en donde la República Dominicana obtuvo los peores resultados de la evaluación, solamente superado por Nicaragua, como los países con los peores resultados del diagnóstico realizado. Una característica bien importante a resaltar, y es que en este estudio se recolectaron datos estadísticos generales del estado de situación del proceso.

En otro de los estudios, el MINERD (2016c; 2016d; 2016e) mide la cultura digital de los actores del sector educativo público dominicano, el acceso a las TIC por parte de docentes y estudiantes, y la disponibilidad de infraestructura tecnológica en los planteles educativos del sistema público dominicano.

Es bueno resaltar que, en este último estudio, en cuanto al equipamiento, parecieran los datos resultantes dar un buen indicio de un gran avance en lo que concierne a la infraestructura necesaria para lograr la integración de tecnología educativa en el aula. Sin embargo, el autor de esta investigación, luego de haber analizado minuciosamente los resultados, y en específico los correspondientes a la regional educativa a la cual pertenecen las escuelas públicas tomadas como muestra en esta investigación (las del Municipio de Santo Domingo Oeste), la disponibilidad de infraestructura tecnológica en comparación a la cantidad de escuelas y estudiantes por aula, es prácticamente inexistente, adicionando que el mismo estudio señala la existencia de un alto porcentaje de estos están en estado infuncional. En adición, como otro factor negativo que hace más compleja la problemática, es la pobre cultura digital existente entre docentes y estudiantes del señalado Municipio.

Prácticamente con lo contenido en los dos estudios anteriores, se puede decir que el autor de esta investigación ha cumplido con la primera fase del *OE2* de la misma. Sin embargo, se adicionan otras investigaciones precedentes con las cuales se analiza el contexto de iniciativas de integración TIC llevadas a cabo en otros países del mundo y de la región. Por ejemplo, Román y Murillo (2014) en su investigación sobre la *disponibilidad y uso de las TIC en América*, resaltan a la República Dominicana como el país más rezagado de la región. Lugo (2010) establece cuatro (4) etapas de implementación, en donde indica que el país está apenas en una segunda (2) etapa, en donde identifica muchas debilidades y limitaciones en el proceso.

Es importante destacar entre todos los estudios de medición anteriormente citados, de acuerdo al criterio del autor de este estudio, que los resultados estadísticos que se manejan en ellos para diagnosticar el estado de avance del proceso de integrar tecnología educativa en la educación, no favorecen el que se pueda realizar un plan de acción con la debida planificación de recursos para lograr potenciar el proceso.

Antes de pasar a lo que fue el diagnóstico en una segunda fase, el autor de esta investigación antes de terminar el *Capítulo 4* resalta la importancia del Municipio de Santo Domingo Oeste, entre la más importante que es el territorio del país que posee la zona industrial donde se genera la mayor cantidad del sostenimiento económico de la nación. Sin embargo, el nivel de educación entre los habitantes del Municipio es muy deplorable, tomando en consideración para indicar lo expuesto el alto nivel de desempleo para las personas residentes en esta zona, y el alto índice de criminalidad imperante. Asimismo, se describen los diferentes modelos de educación primaria en el Municipio, dato que permitió ser utilizado como fundamento para la selección de la muestra de escuelas públicas, las cuales fue aplicado el instrumento de recogida de datos.

b. Segunda fase del diagnóstico

Para diagnosticar el estado de situación en que se encuentra el proceso de integración de las TIC en el Municipio de Santo Domingo Oeste, fue diseñado por el autor de esta investigación, un instrumento de recogida de datos basado en un marco de referencia que fue utilizado en otros países. Esta metodología conocida como *Tecnología Escolar y Disponibilidad* (o STaR Chart por sus siglas en inglés), consta de cuatro (4) etapas de implementación que van desde *tecnología temprana*, *tecnología en desarrollo*, *tecnología avanzada* y *tecnología objetivo* con sus respectivos indicadores de medición.

Entre los aportes realizados por el autor de esta investigación al diseño del instrumento de recogida de datos, que como se señaló anteriormente se fundamentó sobre la metodología STaR, fue la adición de un nuevo perfil tecnológico para los casos de las escuelas donde no existiera la más mínima implementación tecnológica. Esta nueva categoría fue definida como el perfil de *tecnología nula*.

Cabe destacar, que la importancia del aporte realizado por el autor de esta investigación, indicado en el párrafo anterior, radica en que de no haberse realizado el mismo para ajustar el instrumento a las particularidades de la República Dominicana, es muy alta la probabilidad de que los datos arrojados en el diagnóstico al momento de haberse aplicado el instrumento hubieran sido poco fiables, dado que la metodología STaR requiere para su medición que se haya cumplido con la implementación del más mínimo nivel de tecnología educativa entre las dimensiones a ser medidas, y en la República Dominicana hay escuelas públicas que no cumplen con este mínimo requerimiento.

Otros aportes realizados por el autor de esta investigación para cumplir con este *OE2* y el instrumento utilizado para llevar a cabo el diagnóstico en las escuelas públicas de educación primaria del referido Municipio, es que se aseguró de que el instrumento tributara con lo establecido en los estándares de referencia para la medición de competencias digitales, los objetivos y metas educativas hacia el 2030, con lo que respecta a los estudios de medición de la calidad de educación que se llevan a cabo a través de las pruebas LLECE y PISA, los diferentes planes de acciones, y en el caso particular de la República Dominicana, la Ley 1-12 sobre Estrategia Nacional de Desarrollo 2030, en lo que en materia de educación y tecnología se refiere.

Por lo tanto, el instrumento fue diseñado para diagnosticar en los diferentes perfiles propuestos, cinco (5) dimensiones: 1) *Sector educativo* que comprende las políticas de integración TIC en el aula; 2) *centro educativo* que comprende la *gestión* administrativa a través del uso de las TIC y la infraestructura tecnológica con la que esta cuenta; 3) *Competencias TIC del Docente*; 4) *Metodología para la enseñanza basada en TIC*; y por último 5) *Competencias TIC del Estudiante*.

Como valor y aporte científico del instrumento de recogida de datos diseñado y utilizado en esta investigación por el autor de la misma, puede establecer un perfil tecnológico de la escuela evaluada en las cinco (5) dimensiones medidas. Aparte de establecer el estado de situación en que se encuentra el proceso de integración de las TIC en el aula, este instrumento con los resultados obtenidos permite facilitar la elaboración de una planificación que permita potenciar el proceso de integración de las TIC en la educación primaria en las escuelas públicas de República Dominicana. Pero así mismo, el sistema de educación dominicano que está dividido jerárquicamente por Regionales, y estas a su vez por Distritos Educativos, y estos a su vez por las escuelas públicas que son parte de ellos, el instrumento permite viabilizar para la planificación deseada el perfil tecnológico tanto para las Regionales como los Distritos Educativos.

Cabe destacar, que antes de ser aplicado este instrumento, fue validado por un grupo de expertos del área de educación de la República Dominicana, seleccionados de acuerdo a la importancia de su cargo dentro del Ministerio de Educación, y los que no trabajan en el referido Ministerio, fueron seleccionados por su gran reputación en la comunidad educativa de la nación.

Finalmente, en resumen, con la aplicación del instrumento de recogida de datos, fue posible establecer un perfil tecnológico entre las escuelas públicas de educación primaria que fueron evaluadas, y de igual manera, hacer un comparativo entre las dos tandas educativas (matutina / vespertina y jornada extendida) fundamentales adoptadas por las diferentes escuelas de educación primaria del municipio.

En ese sentido, de acuerdo al criterio del autor de esta investigación, los resultados arrojados en el diagnóstico llevado a cabo no fueron diferentes a los resultados obtenidos en los otros estudios de medición aquí citados. La mayoría de las escuelas públicas, en los indicadores medidos, obtuvo un perfil de *tecnología nula*, salvo ciertas excepciones, lo que prácticamente hace casi inexistente la integración de las TIC en la educación en las escuelas públicas encuestadas.

Todo lo anteriormente expuesto con relación al *OE2* de esta investigación, permite sustentar el fundamento del autor de este estudio, de que se ha logrado el cumplimiento del mismo.

Objetivo Específico No. 3 (OE3), establecer los componentes de un modelo y las iteraciones de la misma que permita potenciar la integración de las TIC en la educación primaria en escuelas públicas del Municipio de Santo Domingo Oeste.

El autor de esta investigación dividió en dos fases el contenido de lo que daría cumplimiento al *OE3*. Una primera fase donde se hace la *fundamentación teórica* del modelo, y en una *segunda fase*, se definió todo el esquema sobre lo cual estaría estructurado el modelo de acuerdo a la fundamentación teórica.

Fase de fundamentación teórica del modelo

En esta fase fueron señalados, primeramente, los principales retos de la educación primaria en las escuelas públicas de República Dominicana, entre los que destaca y analiza el autor de la investigación los siguientes: Acceso a la educación, calidad de la educación, las desigualdades, competencias del docente, metodologías para la enseñanza basadas en TIC y el uso de tecnología en el aula.

Otro logro en el desarrollo del *OE3* y esta fase, fue la descripción de los procesos asociados al sistema de educación de República Dominicana, para una mejor comprensión de cómo funcionan los procesos estratégicos, procesos sustantivos y procesos de apoyo, lo que permitió determinar cómo tributan cada una de las principales dependencias del MINERD que componen el mapa de procesos en lo relacionado al tema tratado en esta investigación, y cómo estas se vincularían en el modelo propuesto.

También fue desarrollado un diagnóstico de la integración de las TIC en la educación primaria en escuelas públicas de República Dominicana, basado principalmente en los resultados de las investigaciones previas a este estudio, y los resultados obtenidos con la aplicación del instrumento de medición diseñado para esta investigación. En ese sentido, como principal logro en la fundamentación del diagnóstico, fueron las tareas llevadas a cabo para realizarlo, tales como:

a. La definición de las *fuerzas impulsoras y restringentes* que inciden en el logro de la integración de las TIC en la educación primaria en escuelas públicas del MSDO.
b. Se desarrolló un *mapa conceptual* para identificar cómo la integración de las TIC genera conocimiento y tributa a impulsar una educación de calidad.
c. La determinación de las *necesidades de aprendizaje* asociadas al proceso de integración de las TIC en la enseñanza / aprendizaje.
d. La determinación del *estado de equipamiento, conectividad y soporte TIC* en las escuelas públicas del MSDO.

e. La evaluación *del estado de avance* del proceso de integración de las principales funcionalidades asociadas al uso de las TIC en la educación primaria en escuelas públicas del MSDO.

f. Se elaboró un *diagrama causa / efecto* con las deficiencias e insuficiencias detectadas en el proceso en cinco (5) variables causales fundamentales.

Fase de diseño del modelo

Para dar cumplimiento con el *OE3* propuesto, en esta fase se definió el objetivo principal del modelo propuesto "describir, representar las diferentes componentes de carácter organizacional, tecnológicas y sus interrelaciones con el contexto interno y externo para potenciar la integración de las Tecnologías de la Información y Comunicación (TIC) en la educación primaria en escuelas públicas (EPEP) de República Dominicana".

En ese mismo orden, fueron establecidas las *relaciones que sustentan el modelo*, las cuales constan de cuatro (4) relaciones, entre las que citamos:

a) Relación esencial "Contexto – Proceso de enseñanza / aprendizaje – Potenciar la Integración de las TIC en la educación primaria de escuelas públicas de República Dominicana", donde el autor de esta investigación analiza el contexto mundial respecto al vínculo tecnología y educación, para planificar su inserción en el contexto de la enseñanza / aprendizaje en la República Dominicana, y potenciar el proceso en la educación primaria en escuelas públicas.

b) Relación esencial "Procesos Estratégicos – Procesos Sustantivos – Procesos de Apoyo". En esta relación, el autor de esta investigación, resaltó la importancia de las dependencias que ejecutan los procesos estratégicos y de apoyo, que tributan directamente en la implementación de las TIC en los procesos sustantivos de la educación dominicana, para extrapolar esta vinculación entre dependencias al modelo propuesto.

c) Relación esencial "Entradas – Integración de las TIC en las metodologías del proceso de enseñanza / aprendizaje – Salidas". En esta relación esencial, el autor de esta investigación, resalta todos los elementos (políticas, competencias docentes, nuevas metodologías para la enseñanza basadas en TIC, entre otras) que de manera continua deben ser verificados para ser integrados a las metodologías de enseñanza y aprendizaje del sistema educativo público dominicano, para producir las salidas (o resultados) que se esperan con relación al aula del siglo XXI y el individuo que se formará en ella. Es importante resaltar, que en esta relación se envuelve el uso de metodologías para el *Gobierno de Tecnologías de la Información* y de *Mejora continua*, para que el modelo garantice su constante iteración con los factores internos y externos con el objetivo de mantener en las escuelas públicas de educación primaria un aula con las herramientas tecnológicas acorde al avance de los tiempos.

d) Relación esencial "Estrategia para potenciar la integración de las TIC en la educación – Implementación y asimilación de las TIC en la EPEP de República Dominicana – Control (y monitoreo)". Esta relación garantiza la planificación estratégica de la implementación y asimilación de las nuevas herramientas tecnológicas vinculadas al proceso de enseñanza / aprendizaje, y el control de los recursos y ejecutorias que sean planificadas para lograr el objetivo. Esta relación es prácticamente la puesta en ejecución de la relación que le antecede.

También, el autor de esta investigación, logró establecer los principios del modelo de manera General, entre los que se citan: *Principio de Particularidad* (cada centro educativo es único y envuelve sus propias particularidades), *Principio de Necesidades Fundamentales* (las metas y propósitos en cada escuela tienen que ir en función de dar respuesta a las necesidades de la comunidad), *Principio de Transformación* (transformar la práctica de los sujetos tanto en la enseñanza como en el aprendizaje), *Principio de Planificación* (para garantizar la implementación deseada, mediante la buena gestión del tiempo y los recursos), *Principio de Participación* (garantizando la participación de todos los actores del sistema de educación pública de República Dominicana), *Principio de Mejora Continua* (todos los procesos de transformación e innovación son continuos a medida que se vayan imponiendo nuevos avances tecnológicos para la educación en el mundo, así mismo deberán innovar las escuelas públicas dominicanas), y *Principio de Escalabilidad* (el modelo puede bien adaptarse para establecer el perfil tecnológico de una escuela, al distrito educativo y las escuelas que lo componen, y a las regionales compuestas por sus diferentes distritos educativos).

Asimismo, fueron definidos por el autor de esta investigación, los principios del modelo en cuanto al Gobierno de TI, entre los cuales están: *Responsabilidad* (en donde todos los actores que participen en las componentes del modelo deberán comprender y aceptar sus responsabilidades), *Estrategia* (es indispensable el establecimiento de estrategias sobre las capacidades actuales y futuras de la tecnología para potenciar su proceso de implementación), *Adquisición* (comprometer la alta gerencia para que el proceso de adquisición de tecnologías sea justificado en razones válidas y transparentes), *Rendimiento* (la integración de las TIC en la educación primaria en escuelas públicas debe garantizar el cumplimiento de las necesidades actuales y futuras en el proceso de enseñanza / aprendizaje), *Conformidad* (establecer políticas y buenas prácticas sobre el uso adecuado de las TIC en las escuelas públicas), y por último, *Conducta Humana* (todas las políticas, prácticas y decisiones deben estar apegadas a los valores y las buenas costumbres, orientando el uso de las TIC al contexto meramente educativo).

Asimismo, el modelo propuesto está diseñado tomando en consideración cinco (5) *cualidades,* que son:

a. Hacer sostenible la integración TIC en la educación pública, mediante la integración de políticas TIC, metodologías para la enseñanza y aprendizaje, estándares y métodos.
b. Tiene la flexibilidad para adaptarse a las particularidades de cada escuela pública.
c. Interactividad.
d. Capacidad de retroalimentarse del contexto interno y externo.
e. Colaboración al crearse y desarrollarse espacios de intercambios y redes virtuales de colaboración.

Entre sus *premisas*, se encuentran:

a. Compromiso efectivo entre la alta dirección y sus docentes.
b. Contar con las condiciones tecnológicas indispensables.
c. Compromiso del uso de metodologías para la gestión de proyectos.
d. Deben existir personas que reúnan los perfiles o competencias para la implementación del modelo.

El modelo propuesto por el autor de esta investigación está compuesto por nueve (9) componentes, que son: i) componente tecnológico; ii) componente de necesidades de recursos TIC; iii) componente de identificación de competencias TIC Docentes; iv) componente de gestión de recursos educativos; v) componente de gestión del conocimiento; vi) componente de planificación y gestión de proyectos; vii) componente del entorno de aprendizaje basado en TIC; viii) componente de evaluación de los resultados; y ix) componente social.

Finalmente, el autor de esta investigación, para dejar establecida la correspondencia del modelo con su fundamentación teórica, describió la correspondencia del modelo con sus relaciones esenciales. De igual manera, describió la correspondencia del modelo con sus principios, con sus enfoques y con sus cualidades.

Objetivo Específico No. 4 (OE) "Elaborar un esquema de instrucciones metodológicas para la implementación del modelo propuesto, así como la definición de los indicadores para medir el avance del proceso".

Los logros obtenidos en el cumplimiento del *OE4* fue el de definir las instrucciones metodológicas de cómo poder implementar el modelo que ha sido propuesto, para lo cual, el autor de esta investigación definió cinco (5) etapas.

En una primera etapa, *diagnóstico*, se aplicaría el instrumento en la escuela pública para diagnosticar el estado de avance del proceso de integración de las TIC en el proceso de enseñanza / aprendizaje.

En una segunda etapa, *planificación*, es donde se define la planificación estratégica de los objetivos y las metas que se desean lograr a partir de los resultados del diagnóstico, estableciendo una línea de tiempo para lograr la ejecución de las líneas de acción establecidas, y los recursos que son requeridos para su puesta en marcha.

En una tercera etapa, *aprobación*, es donde se presenta el resultado del diagnóstico y la planificación diseñada para que sea aprobada por el Ministro de Educación, en consenso con los Directores Regionales, de los diferentes Distritos Educativos y los directores de escuelas públicas.

En una cuarta etapa, *ejecución*, es donde se pone en marcha el proceso de integración de las TIC en la EPEP, a través de la puesta en funcionamiento del modelo y sus componentes.

En una quinta etapa, *evaluación*, es donde a partir de los resultados del informe de evaluación anual sobre la ejecución de la planificación realizada, es donde se evalúa la efectividad del modelo propuesto para potenciar la integración de las TIC en la educación, y en caso de ser necesario, se realizan los ajustes requeridos al modelo y a la planificación realizada. El carácter iterativo de estas etapas de implementación, posibilita la realización de un proceso de mejora continua.

También el autor de esta investigación, expone los métodos y herramientas empleados en cada etapa, así como los resultados asociados a cada una.

Objetivo Específico No. 5 (OE5) "Validar el modelo y las instrucciones metodológicas para su implementación propuestos".

Los pasos seguidos por el autor de esta investigación, para cumplir con el objetivo de la validación del modelo y de sus instrucciones metodológicas fueron los siguientes:

Paso 1 – fue confeccionado un listado de personas posibles de cumplir con los requisitos para ser expertos en el tema tratado en la presente investigación.

Paso 2 – se elaboró un cuestionario (ver Tabla 15) para los candidatos a expertos, para valorar su nivel de experiencia y conocimientos sobre el tema tratado en esta investigación.

Paso 3 – se realizó el cálculo del *coeficiente de conocimiento o información* de los candidatos a expertos.

Paso 4 – se realizó otra ronda de preguntas (ver Tabla 16) de autovaloración a los candidatos a expertos con un grupo de preguntas que influyen sobre el *nivel de argumentación o fundamentación* de los candidatos a expertos.

Paso 5 – se determinaron los aspectos de mayor influencia para contrastarlos con los valores de conocimiento de los candidatos a expertos (ver Tabla 17).

Paso 6 – se realizó el *cálculo del nivel de argumentación o fundamentación del tema* de los candidatos a expertos. Los resultados pueden ser consultados en el Apéndice 9 y 10 de esta investigación.

Paso 7 – luego se realizó el *cálculo del coeficiente de competencia* de cada candidato a experto. Los resultados pueden ser consultados en el Apéndice 11.

Paso 8 – el autor de esta investigación llevó a cabo la definición para la valoración de los resultados (ver Apéndice 12). Fueron seleccionados como expertos todos aquellos candidatos que obtuvieron un *coeficiente de competencia* ALTO.

Paso 9 – listado de expertos. De 25 candidatos a expertos, fueron seleccionados 17 como expertos para validar el modelo y sus instrucciones metodológicas.

Paso 10 – diseño y aplicación de instrumento para validar el modelo y sus instrucciones metodológicas. La validación del modelo se llevó a cabo en el valor emitido en tres aspectos: Relevancia, pertinencia y coherencia del modelo.

La Relevancia, es la influencia de cada uno de los componentes de la estructura del modelo en el proceso de integración de las TIC en la educación primaria en escuelas públicas de República Dominicana.

La Pertinencia, es la determinación si la estructura del modelo, sus componentes y contenido son congruentes con los objetivos del mismo.

La Coherencia, es si existe coherencia en la interrelación entre los componentes del modelo (objetivo, principios, premisas, enfoques, momentos).

La Tabla 18 y Tabla 19 contienen los resultados de la validación del modelo y los resultados de la valoración de las instrucciones metodológicas para la implementación del modelo, respectivamente.

En ese sentido, fueron recibidas 10 observaciones / sugerencias por parte de los expertos que validaron el modelo y sus instrucciones metodológicas. Todas las propuestas fueron aceptadas y aplicadas, tanto para el modelo propuestos como sus instrucciones metodológicas de implementación, exceptuando una de ellas, que consideraba que se incluyera dentro del modelo la opción en donde cada alumno pudiera llevar al aula su propio dispositivo (bring your own device - BYOD). Esta opción fue rechazada, dado que el nivel socioeconómico de los estudiantes que asisten a las escuelas públicas es de muy escasos recursos, entonces esta situación crearía una gran brecha digital.

Con todo lo anteriormente expuesto, quedan claramente evidenciados los logros del autor de esta investigación en el cumplimiento de este objetivo.

Por todo lo anteriormente justificado, el autor de esta investigación es del criterio de que se ha evidenciado con el desarrollo de esta investigación, el cumplimiento del objetivo general establecido de "*desarrollar un modelo y las instrucciones metodológicas para su implementación, que permita categorizar cada centro educativo dentro de un perfil tecnológico, para potenciar la integración de las TIC en apoyo al proceso de enseñanza / aprendizaje de la educación primaria en escuelas públicas del Municipio de Santo Domingo Oeste en República Dominicana*".

7.2 Limitaciones

Entre las limitaciones encontradas durante el desarrollo de esta investigación tenemos:

a. La implementación del modelo propuesto debe ser bajo la aprobación del Ministerio de Educación de República Dominicana para el aprovisionamiento de los recursos, debido a que las escuelas públicas manejan un presupuesto muy limitado.

b. La falta de recursos humanos, técnicos debidamente certificados en integración TIC para apoyar las escuelas públicas, y de recursos económicos muy limitados.

c. Diferencias políticas históricas entre los que ocupan el cargo de Ministro de Educación, y la Asociación Dominicana de Profesores (ADP), lo que se convertiría en un riesgo de alta probabilidad e impacto en la implementación del modelo propuesto.

d. El tiempo, debido a la necesidad imperante de lograr un cambio en la educación pública de la República Dominicana, en donde la situación de la calidad de la educación empeora, y lo que tardaría en llevarse a cabo la implementación del modelo por la falta de recursos. Se requiere de una planificación y estricta ejecución para evitar cualquier tipo de desviación en el tiempo de implementación del modelo propuesto.

e. El nivel socioeconómico de los individuos que asisten a las escuelas públicas, de alguna manera, esto tributa a que se requiera un mayor presupuesto del que conlleva la implementación del modelo para potenciar la integración de las TIC en la EPEP de República Dominicana.

7.3 Recomendaciones

En esta investigación, al igual que en otras previas, se ha comentado bastante sobre las bondades del uso de las TIC en la educación. Sin embargo, al momento de llevar a cabo el proceso de integración de estas herramientas en la enseñanza / aprendizaje, es cuando se descubre las dificultades que esto genera, especialmente, en los países de escasos recursos.

Es posible, que al llevar a cabo todo el proceso de implementación en los países donde existe algún tipo de estancamiento por las limitaciones imperantes, con la rapidez en que van los avances tecnológicos impulsados por el fenómeno de la globalización, las tecnologías que se desean ser implementadas, posiblemente sean ya obsoletas. Esto puede causar que se genere graves inconvenientes de brecha digital, que den al traste con agudizar aún más la situación de la calidad de la educación en estos países, como probablemente esté pasando ahora en el país objeto de esta investigación.

Sin embargo, son las investigaciones científicas y sus resultados, las que permiten a las sociedades ir superando las dificultades existentes, y continuar conquistando su desarrollo. Una muestra es el aporte que hace esta investigación.

Por tal razón, el autor de esta investigación considera necesario recomendar, las siguientes líneas de acciones futuras:

a. Investigar sobre las implicaciones político – sociales de la implementación de un plan piloto del modelo propuesto en esta investigación en la República Dominicana, y de esta manera poder validar sus resultados y posible adopción por el Ministerio de Educación de República Dominicana.

b. Investigar sobre las implicaciones de la implementación del modelo propuesto en esta investigación, en la educación secundaria en escuelas públicas de República Dominicana.

c. Investigar sobre los niveles de deserción escolar en la educación primaria en escuelas públicas con metodologías de enseñanza / aprendizaje basadas en TIC.

d. Investigar sobre las implicaciones de la dependencia tecnológica en los niños de educación primaria, y su afectación para la construcción del conocimiento y desarrollo de competencias.

e. Investigar sobre las implicaciones del uso de software educativo de código abierto para abaratar los costos de implementación de herramientas tecnológicas educativas en el proceso de enseñanza / aprendizaje.

Finalmente, el autor de esta investigación continuará consolidándola, en la búsqueda de conseguir la oportunidad de presentarla al Ministro de Educación y los Directivos bajo su mando, para lograr la aprobación de una prueba piloto en alguna de las escuelas públicas utilizadas como parte de la muestra, para que el modelo propuesto, de acuerdo a los resultados que se obtengan (evaluando el avance de la implementación y la gestión de los recursos), sea adoptado por el Ministerio de Educación de la República Dominicana como instrumento para potenciar el proceso de integración de las TIC en la educación pública de República Dominicana.

REFERENCIAS BIBLIOGRÁFICAS

Aguerrondo, I. (2017). *El nuevo paradigma para la educación del siglo.* Recuperado de http://beu.extension.unicen.edu.ar

Alarcon, H. R., y Cea, B. G. A. (2007). Diseño y validación de un modelo de medición del clima organizacional basado en percepciones y expectativas. Revista Ingeniería Industrial, 6(1), 5. Recuperado de https://dialnet.unirioja.es

Aldape, T. (2008). Desarrollo de las competencias del docente. Demanda de la aldea global siglo XXI. LibrosEnRed. Recuperado de https://books.google.es

Almenara, J. C., y Cejudo, M. D. C. L. (2015). Tecnologías de la Información y la Comunicación (TIC): escenarios formativos y teorías del aprendizaje. *Revista lasallista de investigación, 12(2), 186-193.* Recuperado de https://www.redalyc.org

Ananiadou, K. y Claro, M. (2009). "21st Century Skills and Competences for New Millennium Learners in OECD Countries", OECD Education Working Papers, No. 41, OECD Publishing. http://dx.doi.org/10.1787/218525261154

Aragón, M. y Jiménez, Y. I. (2009, julio-diciembre). Diagnóstico de los estilos de aprendizaje en los estudiantes: Estrategia docente para elevar la calidad educativa. *CPU-e, Revista de Investigación Educativa, 9.* http://www.redalyc.org

Asociación de Empresas Industriales de Herrera (AEIH). (s/f). *Información corporativa.* Recuperado de http://aeih.org.do. Página visitada el 17 de agosto del 2017.

Ballesta Pagán, F. J., y Cerezo Máiquez, M. (2011). Familia y escuela ante la incorporación de las tecnologías de la información y la comunicación. Recuperado de http://e-spacio.uned.es

Batista, L. (2016, 06 de diciembre). República Dominicana obtiene los peores puntajes de pruebas educativas PISA. *Diario Libre.* Recuperado el 30 de mayo del 2017 de https://www.diariolibre.com

Cabero Almenara, J., y Llorente Cejudo, M. D. C. (2013). La aplicación del juicio de experto como técnica de evaluación de las tecnologías de la información y comunicación (TIC). *Revista Eduweb, Volumen 7, N° 2 Julio-Diciembre 2013 pp. 11-22*. Recuperado de http://www.mriuc.bc.uc.edu.ve

Cabrera, E. C., Valadez, M. C., y Pichardo, C. R. (2014). Diagnóstico universitario sobre el uso de la TIC en el proceso de enseñanza-aprendizaje bajo la modalidad educativa presencial en Santo Domingo. *Edutec. Revista Electrónica de Tecnología Educativa, (50)*. Recuperado de http://www.edutec.es

Cataldi, Z. (2000). Una metodología para el diseño, desarrollo y evaluación de software educativo (disertación doctoral, Facultad de Informática). Recuperado de http://sedici.unlp.edu.ar

Cataldi, Z., y Salgueiro, F. (2007). Software libre y código abierto en educación. *Quaderns Digitals*, 48, 01-12. URI: http://hdl.handle.net/10915/4055

Castañeda, A., Carrillo, J., y Quintero, Z. (2013). El uso de las TIC en la educación primaria: la experiencia Enciclomedia. *México: Redie*.

Castillero Mimenza, O. (23 de enero de 2017). Conductismo y Constructivismo en Psicología: bases teóricas y diferencias. Recuperado el 10 de noviembre de 2017, de psicologiaymente.net: https://psicologiaymente.net/psicologia/conductismo-constructivismo-psicologia

Ceara, M. (2015, 3 de agosto). RD obtiene peores notas que Haití en indicadores de calidad educativa. *Acento*. http://acento.com.do

CEPAL. (2013). *Lista de indicadores para el eLAC2015*. Recuperado el 9 junio del 2017 de http://repositorio.cepal.org

Cobo, J. (2009, 29 septiembre). El concepto de tecnologías de la información. Benchmarking sobre las definiciones de las TIC en la sociedad del conocimiento. *Revista Zer*. Volumen 14 (núm. 27), pp. 295-318. Recuperado de http://www.ehu.eus

COBO, C. (2016). Plan Ceibal: nuevas tecnologías, pedagogías, formas de enseñar, aprender y evaluar. Experiencias Evaluativas de Tecnologías Digitales en la Educación. Recuperado de http://digital.fundacionceibal.edu.uy/jspui/handle/123456789/204

Cóndor, C. N. Q., Rojas, J. J. O., y Ccora, C. R. Q. (2019). Análisis del programa de una computadora por niño en instituciones educativas en zonas de exclusión y pobreza: caso Perú. *Revista Iberoamericana de Educación*, 79(1), 71-95. DOI: https://doi.org/10.35362/rie7913391

Contreras, Lidia. (18 de diciembre del 2013). *Raspberry Pi* [Mensaje en un blog]. Recuperado de https://histinf.blogs.upv.es/2013/12/18/raspberry-pi/

Costamagna, A. M. T. (2001). Mapas conceptuales como expresión de procesos de interrelación para evaluar la evolución del conocimiento de alumnos universitarios. *Enseñanza de las ciencias: revista de investigación y experiencias didácticas*, 19(2), 309-318. Recuperado de https://www.raco.cat

Datos Abiertos (2018, 29 de noviembre). Relación de Centros Educativos de República Dominicana. *Datos Abiertos Gobierno de República Dominicana*. Recuperado el 25 de junio del 2018 de https://datos.gob.do/dataset/centros-educativos-de-republica-dominicana

De La Rosa, A. (2015, 29 de julio). República Dominicana ocupa el lugar 146 de 148 países con baja calidad de la educación. *Diario Libre*. Recuperado el 25 de mayo del 2017 de https://www.diariolibre.com

De la Selva, A. R. A. (2015). Los nuevos rostros de la desigualdad en el siglo XXI: la brecha digital. *Revista mexicana de ciencias políticas y sociales, 60(223)*, 265-285. https://doi.org/10.1016/S0185-1918(15)72138-0

Dellit, J. (2001). *Using ICT for quality in teaching-learning evaluation processes* [Utilizando las TIC en la calidad del proceso de evaluación de enseñanza y aprendizaje]. Learning Federation Secretariat Australian Education Systems Officials Committee. Recuperado de http://ictliteracy.info/rf.pdf/UsingICTQuality.pdf

Díaz, I. O., Maldonado, R., y Peña, R. (2019). *Ambientes colaborativos de aprendizaje basados en las TIC*. uri: https://repositorio. idep. edu. co/handle/001/2099.

Domingo Coscollola, M., y Fuentes Agustí, M. (2010). Innovación educativa: experimentar con las TIC y reflexionar sobre su uso. Pixel-Bit. Revista de Medios y Educación, 2010,(36): 171-180. Recuperado de https://www.redalyc.org/pdf/368/36815128013.pdf

Escobar-Pérez, J., y Cuervo-Martínez, A. (2008). Validez de contenido y juicio de expertos: una aproximación a su utilización. *Avances en medición*, 6(1), 27-36. Recuperado de https://www.researchgate.net

Fernández Cruz, F. J., Fernández Díaz, M. J., y Rodríguez Mantilla, J. M. (2018). EL PROCESO DE INTEGRACIÓN Y USO PEDAGÓGICO DE LAS TIC EN LOS CENTROS EDUCATIVOS MADRILEÑOS. *Educación XXI*, 21(2). Recuperado de http://www.academia.edu/download/56739096/Educacion_XX1_21.2_2018.pdf#page=395

Foro Económico Mundial. (2014). *Índice de Competitividad Global*. Recuperado de https://www.weforum.org

Foro Económico Mundial. (2015). *Índice de Competitividad Global*. Recuperado de https://www.weforum.org

Foro Económico Mundial. (2016a). *Índice de Competitividad Global*. Recuperado de http://reports.weforum.org

Foro Económico Mundial. (2016b). *Informe Global de Tecnologías de la Información*. Recuperado de http://www.weforum.org

Foro Económico Mundial. (2017). *Índice de Competitividad Global*. Recuperado de https://www.weforum.org

Gallardo, L. G., y Buleje, J. C. M. (2010). Hacia una mejor calidad de la gestión educativa peruana en el siglo XXI. Investigación educativa, 14(26), 39-49. Recuperado de https://revistasinvestigacion.unmsm.edu.pe/index.php/educa/article/view/4179

García, S. (2014, 19 septiembre). *Tanda extendida mejora vida de pobres*. El Nacional. Recuperado de http://elnacional.com.do/jornada-extendida-se-convierte-en-bendicion-para-familias-pobres/

García-Peñalvo, F. J., y Montoya, M. S. R. (2017). Aprendizaje, Innovación y Competitividad: La Sociedad del Aprendizaje. *Revista de Educación a Distancia*, (52). Recuperado de http://revistas.um.es

Garrido, J. M. M., y García, M. D. (2016). Las TIC en centros de Educación Primaria y Secundaria de Andalucía. Un estudio de casos a partir de buenas prácticas. *Digital Education Review*, (29), 134-165. Recuperado de https://dialnet.unirioja.e

Gehrmann, M. (2012). Combining ITIL, COBIT and ISO/IEC27002 for structuring comprehensive information technology for management in organizations [Combinando ITIL, Cobit y ISO/IEC/27002 como estructura comprensiva para la gestión de tecnología de la información en las organizaciones]. *Navus: Revista de Gestão e Tecnologia, 2(2), 66-77*. Recuperado de https://dialnet.unirioja.es

Germán, J. C., Ospina, A. P., y Ramírez, I. M. (2019). Competencias digitales, desarrollo y validación de un instrumento para su valoración en el contexto colombiano. Revista Trilogía, 11(20), 205-232. Recuperado de https://dialnet.unirioja.es/descarga/articulo/7022558.pdf

Gómez, A. y Quesada, A. (Febrero – Marzo 2005). Tecnologías digitales con visión educativa. Altablero. Recuperado de https://www.mineducacion.gov.co

González, M. D. L. E., Sanabria, J. C., y Sanabria, A. C. (2019). El docente en el siglo XXI: Retos y formación. Este documento fue dictaminado por el comité evaluador del evento.

Guerra, M. I. M., Ramos, F. N. G., y Silva, M. D. (2013). Estándares y metodologías: Instrumentos esenciales para la aplicación de la dirección de proyectos. *Revista de tecnología, 12(2), 11-23*. Recuperado de https://dialnet.unirioja.es

Guerrero, M. (2016, abril 28). *El valor social de la tanda extendida*. Acento. Recuperado de https://acento.com.do/2016/opinion/8343839-valor-social-la-tanda-extendida/

Graells, P. M. (2012). Impacto de las TIC en educación: funciones y limitaciones. *Departamento de Pedagogía Aplicada, Facultad de Educación, UAB.* Recuperado de https://www.3ciencias.com

Heredero, H., y Garrido, M. D. P. (2016). Desarrollo de la inteligencia interpersonal e intrapersonal en educación primaria a partir del uso de tecnologías de información y comunicación: estudio de casos. *Notandum*, 44, 175-188. Recuperado de http://www.hottopos.com/notand44/14HerederoGarrido.pdf

Hernández, R., Fernández, C. y Baptista, M. (2014). *Metodología de la Investigación* (6ta. Ed.). Distrito Federal, México: McGraw-Hill.

Ibarra-Morales, L. E., Woolfolk-Gallego, L. E., Meza-López, B. I., y Gelain-Rodríguez, E. T. (2020). Evaluación de la calidad en el servicio: una aplicación práctica en un establecimiento de Café. Revista CEA, 6(11), 89-107. Recuperado de http://sinergiaseducativas.mx/index.php/revista/article/view/54/105

Lapeyre, J. (2016). *Las TIC como entorno y su rol en la inclusión*. [diapositivas de PowerPoint]. Recuperado de http://utex.uladech.edu.pe

López de León, L. (2016). Proyecto de Investigación: el uso de las TICs en la etapa de Educación Infantil en el CEIP Ernesto Castro Fariñas. Recuperado de https://riull.ull.es

Lugo, M. T., y Brito, A. (2015). Las Políticas TIC en la educación de América Latina. Una oportunidad para saldar deudas pendientes. *Archivos de Ciencias de la Educación, 9(9).* Recuperado a partir de https://www.archivosdeciencias.fahce.unlp.edu.ar

Mahecha, M. G., Izquierdo, D. Z., y Zermeño, M. G. G. (2016). Apropiación tecnológica de los profesores: el uso de recursos educativos abiertos. *Educación y educadores*, 19(1), 3. Recuperado de https://dialnet.unirioja.es

Martínez, M. V. M. (2019). Conectar Igualdad: redes, representaciones y uso en los alumnos. *Reflexión Académica en Diseño y Comunicación*, 149-152. Recuperado de https://www.aacademica.org/matozo/28

Matías, D. (2015, 03 de diciembre). Los desafíos sociales y económicos de Santo Domingo Oeste. *Trapiche Digital.* Recuperado de http://www.trapichedigital.com.do/los-desafios-sociales-y-economicos-de-santo-domingo-oeste/

Ministerio de Economía, Planificación y Desarrollo - MEPyD (8 de julio de 2016). *Ley 1-12, Estrategia Nacional de Desarrollo 2030.* Recuperado de http://economia.gob.do

Ministerio de Educación de República Dominicana (MINERD). (2006). *Modelo de Gestión de la Calidad para los Centros Educativos.* Recuperado de http://www.educando.edu.do

Ministerio de Educación de República Dominicana (MINERD). (2010). Informe Nacional de Resultados - Estudio Internacional de Educación Cívica y Ciudadana 2009. Recuperado de http://www.ministeriodeeducacion.gob.do

Ministerio de Educación de República Dominicana (MINERD). (2012). *Reglamento orgánico del Ministerio de Educación de República Dominicana.* Recuperado de http://www.ministeriodeeducacion.gob.do

Ministerio de Educación de República Dominicana (MINERD). (2013). *Política y Estrategia de Intervención Educativa con las Tecnologías de la Información y Comunicación: hacia un modelo de proyecto de centro con integración de TIC.* Santo Domingo, República Dominicana: Dirección de Informática Educativa.

Ministerio de Educación de República Dominicana (MINERD). (2016a). *Tercer Estudio Regional Comparativo y Explicativo (TERCE) – Resumen Ejecutivo Informe Nacional.* Recuperado de http://www.minerd.gob.do

Ministerio de Educación de República Dominicana (MINERD). (2016b). *Listado de centros educativos.* Recuperado de http://www.minerd.gob.do

Ministerio de Educación de República Dominicana (MINERD). (2016c). *Cultura digital de los actores del sector educativo público dominicano.* Recuperado de http://www.educando.edu.do.

Ministerio de Educación de República Dominicana (MINERD). (2016d). *Acceso a las TIC de los estudiantes y docentes del sector educativo público dominicano.* Recuperado de http://www.educando.edu.do.

Ministerio de Educación de República Dominicana (MINERD). (2016e). *Estudio sobre la disponibilidad de infraestructura tecnológica en los planteles educativos del sistema educativo público.* Recuperado de http://www.educando.edu.do.

Ministerio de Educación de República Dominicana (MINERD). (2017). *Mapa de procesos del Ministerio de Educación de República Dominicana.* Recuperado de http://map.gob.do:8282/sismap_central/uploads/evidencias/63666920727367805 1-Mapa-de-procesos_MINERD.pdf

Ministerio de Educación de República Dominicana (MINERD). (2018). *Consideraciones sobre el presupuesto del 2018.* Recuperado de http://www.ministeriodeeducacion.gob.do

Mora, J. G. (2004). La necesidad del cambio educativo para la sociedad del conocimiento. *Revista Iberoamericana de educación*, 35(2), 13-37. Recuperado de http://www.redalyc.org

Morales, J. (2015). Modelos de Gobierno TI para Instituciones de Educación Superior. *Revista Politécnica,36(3),57.* Recuperado https://revistapolitecnica.epn.edu.ec

Moreira, M. A. (2010). El proceso de integración y uso pedagógico de las TIC en los centros educativos. Un estudio de casos. *Revista de educación*, 352, 77-97. Recuperado de http://www.revistaeducacion.educacion.es/re352/re352_04.pdf

Morel, M. (2016, 7 diciembre). RD en la cola de 72 países que tomaron las pruebas PISA. *El Caribe.* Recuperado de http://www.elcaribe.com.do/2016/12/07/cola-72-paises-que-tomaron-las-pruebas-pisa/

Mohanty, R. R. (2011). *ICT Advantages & Disadvantages* [comentario de blog]. Recuperado de http://ict-adv-disadv.blogspot.com

Muñoz, R. F. (2003). Competencias profesionales del docente en la sociedad del siglo XXI. *In Organización y gestión educativa: Revista del Fórum Europeo de Administradores de la Educación (Vol. 11, No. 1, pp. 4-7)*. Ciss Praxis. Recuperado de https://coleccion.siaeducacion.org/

Murillo, J., y Román, M. (2014). Disponibilidad y uso de TIC en escuelas latinoamericanas: incidencia en el rendimiento escolar. *Educ. Pesqui. vol.40 no.4 São Paulo oct./dic. 2014*. http://dx.doi.org/10.1590/s1517-97022014121528

Nina, A. (2016, 22 noviembre). *Modelos de educación en República Dominicana VS modelo de educación en Finlandia*. Siembras Matutina. Recuperado de https://siembrasmatutina.wordpress.com

Parodi, S., Ramírez, I., y Thompson, J. (2017). Tasas de retorno de la inversión en educación en República Dominicana (2000-2015). Washington: Banco Interamericano de Desarrollo. Recuperado de https://publications.iadb.org

Perrenoud, P. (2001). La formación de los docentes en el siglo XXI. Revista de Tecnología educativa, 14(3), 503-523. Recuperado de http://programa4x4-cchsur.com

OCDE. (2015). *PISA resultados claves*. Recuperado de https://www.oecd.org

OEI. (2014). *Informe sobre tendencias sociales y educativas en América Latina 2014: Políticas TIC en los Sistemas Educativos de América Latina*. Recuperado de http://www.siteal.iipe.unesco.org

OEI. (2015, septiembre 12). *Metas Educativas 2021* [Archivo de Video]. Recuperado de https://www.youtube.com/watch?v=NZHH3r0Pef8

Oficina Nacional de Estadísticas (ONE). (2010). *IX Censo Nacional de Población y Vivienda 2010: Informe General*. Recuperado de https://www.one.gob.do

Organización de las Naciones Unidas (ONU). (2000). *Objetivos del Milenio*. Recuperado de http://www.un.org/es/millenniumgoals/

Organización de las Naciones Unidas (ONU). (2015). *Objetivos de Desarrollo Sostenible*. Recuperado de http://www.un.org/sustainabledevelopment/es/

Ortiz, C. M. A., y Peña, L. V. (2019). Competencias para el uso de las TIC en estudiantes de educación superior: un estudio de caso. *RIDE Revista Iberoamericana para la Investigación y el Desarrollo Educativo*, 10(19). DOI: https://doi.org/10.23913/ride.v10i19.515

Ospina Nieto, Y. (2013). La pedagogía y su incidencia en la formación de sujetos. *Hallazgos*, 10(20), 157-170. Recuperado de http://www.scielo.org.co

Pampin, E. A., Ramos, M. E. D. S., y Bañuls, G. (2017). Estudio sobre la fase piloto de inclusión de tablets en educación inicial y primaria en Uruguay en el marco del Plan Ceibal. *RELATEC: Revista Latinoamericana de Tecnología Educativa*, 16(2), 223-238. Recuperado de

https://dialnet.unirioja.es/servlet/articulo?codigo=6244798

Pozo, J. I. (1989). *Teorías cognitivas del aprendizaje*. España, Ediciones Morata. Recuperado de https://books.google.com.do/

Puryear, J. (1997). *La educación en América Latina: Problemas y desafíos (No. 7)*. Santiago: preal. Recuperado de http://biblioteca.utec.edu.sv

Programa de las Naciones Unidas para el Desarrollo – PNUD. (2015). *Objetivos de Desarrollo Sostenible*. Recuperado de https://www.undp.org

Quezada, O. (2012, 3 de julio). *Santo Domingo Oeste quiere ser modelo de los demás municipios*. El Caribe. Recuperado de http://www.elcaribe.com.do

Quijano, A., y Fernando, K. (2016). *Nivel de conocimiento y uso de las tecnologías de información y comunicación (tic) del personal administrativo en la corte superior de justicia de la provincia de Mariscal Luzuriaga–Piscobamba en el año 2015*. Recuperado en fecha 18 julio del 2017 de http://repositorio.uladech.edu.pe

Rivoir, A. L. (2019). Desigualdades digitales y el modelo 1 a 1 como solución. El caso de One Laptop Per Child Perú (2007-2012). *Revista Iberoamericana de Educación*, 79(1), 33-52. DOI: https://doi.org/10.35362/rie7913417

Robles Garrote, P., y del Carmen Rojas, M. (2015). La validación por juicio de expertos: dos investigaciones cualitativas en Lingüística aplicada. *Revista Nebrija de*

Lingüística Aplicada a la Enseñanza de Lenguas, (18). Recuperado de https://www.nebrija.com

Rodríguez, R. (2010). *Análisis de la integración de la Tecnologías de la Información y Comunicación en educación infantil en Navarra* (tesis doctoral). Recuperado de http://e-spacio.uned.es

Román, M., y Murillo, F. J. (2014). Disponibilidad y uso de TIC en escuelas latinoamericanas: incidencia en el rendimiento escolar. Educação e Pesquisa, 40(4), 879-895. DOI: http://dx.doi.org/10.1590/s1517-97022014121528

Sachs, J. (2015). *La era del desarrollo sostenible* [PDF]. Barcelona: Deusto. Recuperado de https://www.primercapitulo.com/pdf/2016/515-la-era-del-desarrollo-sostenible.pdf

Sáez López, J. M. (2010). *Utilización de las TIC en el proceso de enseñanza aprendizaje, valorando la incidencia real de las tecnologías en la práctica docente*. URI: http://hdl.handle.net/10578/8298

Salinas, J. (2004). Cambios metodológicos con las TIC. Estrategias didácticas y entornos virtuales de enseñanza-aprendizaje. *Bordón*, 56(3-4), 469-481. Recuperado de http://mc142.uib.es:8080/

Sánchez, J. R. B., Ortega, J. I. Á., Osio, E. M., y Ponce, M. E. L. (2019). Uso de las TIC en el tecnológico de Calkini como centro educativo de nivel superior en el Estado de Campeche. Revista de la Facultad de Contaduría y Ciencias Administrativas, 4(8), 144-153. Recuperado de http://148.216.29.55/index.php/rfcca/article/view/122

Santiago, A., Severin, E., Cristia, J., Ibarrarán, P., Thompson, J., y Cueto, S. (2010). Evaluación experimental del Programa "Una Laptop por niño" en Perú. URI: http://hdl.handle.net/123456789/676

Schunk, D. H. (2012). Teorías del aprendizaje (6ta. Edición). (L.W. Pineda y M.E.Ortiz, trans.). *México, Pearson educación*. Recuperado de https://books.google.com.do/45

Silva Quiroz, J. E. (2012) Estándares TIC para la Formación Inicial Docente: una política pública en el contexto chileno. *Archivos Analíticos de Políticas Educativas, 20 (7)*. Recuperado de http://epaa.asu.edu

Silva Quiroz, J. E., Gros Salvat, B., Garrido, J. M., y Rodríguez, J. (2006). Estándares en tecnologías de la información y la comunicación para la formación inicial docente: situación actual y el caso chileno. *Revista Iberoamericana de Educación (OEI), 2006, vol. 38, num. 3*. URI: http://hdl.handle.net/2445/57091

Sunkel, G. (2006). Las Tecnologías de la Información y la Comunicación (TIC) en la educación en América Latina: una exploración de indicadores. *No. 125 United Nations Publications*. Recuperado de https://repositorio.cepal.org

Sunkel, G., y Trucco, D. (2010). Nuevas tecnologías de la información y la comunicación para la educación en América Latina: riesgos y oportunidades. *CEPAL – Serie políticas sociales No. 167*. Recuperado de https://repositorio.cepal.org

Supo, J. (2014). Cómo probar una hipótesis. J. Supo, y indexado (Ed.). México: México. Recuperado a partir de https://tesisalexzambrano.webnode.es

Tapia, S. (2016, 6 diciembre). República Dominicana se quema en Matemáticas, Ciencias y Lectura según pruebas educativas PISA. Acento. Recuperado de https://acento.com.do

Toledo, C. (2005). A Five-Stage Model of Computer Technology Infusion Into Teacher Education Curriculum [Un modelo de cinco etapas de infusión de tecnología informática en el plan de estudios de docencia]. *Contemporary Issues in Technology and Teacher Education*, 5(2), 177-191. Waynesville, NC USA: Society for Information Technology & Teacher Education. Recuperado de https://www.learntechlib.org/primary/p/4910/

Torres, M. (2019). ¿Innovan las innovaciones? Un análisis de Conectar Igualdad y Aprender Conectados. *Revista Hipertextos*, 7(12), 120-138. DOI: https://doi.org/10.24215/23143924e006

Trucco, D., y Espejo, A. (2013). Principales determinantes de la integración de las TIC en el uso educativo. El caso del Plan Ceibal del Uruguay. URI: http://hdl.handle.net

UNESCO. (s.f.). *Educación para el Siglo XXI*. Recuperado el 6 de junio del 2017 de http://es.unesco.org/themes/education-21st-century

UNESCO. (s.f.). *Evaluación de la calidad de la educación (LLECE)*. Recuperado de http://www.unesco.org/new/es/santiago/education/education-assessment-llece/

UNESCO. (s.f.). *Las TIC en la educación*. Recuperado el 24 de mayo del 2017 de http://es.unesco.org/themes/tic-educacion

UNESCO (1998). Primer Estudio Regional Comparativo y Explicativo (PERCE). Recuperado de http://www.unesco.org

UNESCO. (2004). *Las Tecnologías de la Información y la Comunicación en la Formación Docente* (pp. 28-34). Recuperado el 7 de diciembre del 2016 de http://unesdoc.unesco.org

UNESCO (2006). Segundo Estudio Regional Comparativo y Explicativo (SERCE). Recuperado de http://www.unesco.org

UNESCO. (2013a). *ICT in education in Latin American and the Caribbean: A regional analysis of ICT integration and e-readiness [archivo PDF]*. Recuperado el 24 de mayo del 2017 de http://www.uis.unesco.org

UNESCO. (2013b). *Enfoques estratégicos sobre las TIC en educación en América Latina y el Caribe* (p.15). Recuperado el 8 de junio del 2017 de la página web de UNESCO http://www.unesco.org

UNESCO. (2013c). *Tercer Estudio Regional Comparativo y Explicativo (TERCE)*. Recuperado de http://www.unesco.org

UNESCO. (2015). *La educación para todos 2000-2015: Logros y desafíos*. Recuperado de http://unesdoc.unesco.org

UNESCO (2015). Tercer Estudio Regional Comparativo y Explicativo (TERCE). Recuperado de http://www.unesco.org

UNESCO. (2016). *Recomendaciones de Políticas Educativas en América Latina en base al TERCE*. Recuperado de http://unesdoc.unesco.org

UNESCO, I. D. (2013). Uso de TIC en educación en América Latina y el Caribe. *Análisis regional de la integración de las TIC en la educación y de la aptitud digital (E-readiness). Montreal: UNESCO*. Recuperado de http://unesdoc.unesco.org

UNESCO (15 de noviembre 2017). *Bajo desempeño de jóvenes de países latinoamericanos en estudio internacional plantea desafíos sobre educación cívica y ciudadana*. Recuperado de http://www.unesco.org

Unión Internacional de Telecomunicaciones (UIT). (2003). *Informe sobre el desarrollo mundial de las telecomunicaciones*. Recuperado de http://www.itu.int/pub/D-IND-WTDR-2010/es

Unión Internacional de Telecomunicaciones (UIT). (2004). *Plan de acción*. Recuperado de http://www.itu.int

Unión Internacional de Telecomunicaciones (UIT). (2006). *Seguimiento de la CMSI*. Recuperado de https://www.itu.int

Unión Internacional de Telecomunicaciones - UIT (6 de noviembre de 2014). *Compromiso de la comunidad internacional en el Programa Mundial de las TIC para 2020. Centro de Medios de la UIT*. Recuperado de https://www.itu.int/en/mediacentre

Urquijo, S. L. S., Álvarez, J. F., y Peláez, A. M. (2019). Las competencias digitales docentes y su importancia en ambientes virtuales de aprendizaje. Revista Reflexiones y Saberes, (10), 33-41. Recuperado de https://revistavirtual.ucn.edu.co/index.php/RevistaRyS/article/view/1069

Villamizar, S. B. C., Rivera, S. E. A., y Martínez, R. A. (2017). Programa Computadoras para Educar. Caso de Estudio: "La relación TIC – Aprendizaje en la región 2". *Revista colombiana de tecnologías de avanzada* (RCTA), 2(24). DOI: https://doi.org/10.24054/16927257.v24.n24.2014.2353

Villarini, A. (11 de octubre del 2016). La Teoría de Vigostky en el Currículo del Nivel Inicial. Listín Diario. Recuperado de https://planlea.listindiario.com

Virgen, J. M. S., Bañuelos, O. M., y Ponce, A. A. (2017). Competitividad en el uso de las TIC en la educación, en el municipio de Tecomán, Colima. Red Internacional de Investigadores en Competitividad, 4(1). Recuperado de https://www.riico.net/index.php/riico/article/view/794

Woolfolk, A. (2006). Psicología educativa. *Pearson educación*. Recuperado de https://crecerpsi.files.wordpress.com

Zorraquino, E. A., y Alejandre, J. G. (2009). El placer de usar las TIC en el aula de Infantil. *Participación educativa*, 12, 110-119. Recuperado de http://personales.unican.es

Apéndice 1: Artículo científico publicado en la Revista Espacios por el autor de esta investigación y relacionado al tema investigado

ISSN 0798 1015

REVISTA ESPACIOS

HOME   Revista ESPACIOS ⌄   ÍNDICES / Index ⌄   A LOS AUTORES / To the AUTORS ⌄

EDUCACIÓN · EDUCAÇÃO · EDUCATION   Vol. 40 (Nº 29) Año 2019 · Pág. 4

Instrumento para determinar el nivel de madurez en la adopción de tecnologías escolar en la educación primaria en escuelas públicas de la República Dominicana

Instrument to determine the level of maturity in the adoption of school technologies in primary education in public schools of the Dominican Republic

RICHARDSON, Fausto 1 y LEÓN, Giraldo 2

Recibido: 03/03/2019 • Aprobado: 13/08/2019 • Publicado 02/09/2019

Contents

1. Introducción
2. Metodología
3. Resultados
4. Conclusiones
Referencias bibliográficas

RESUMEN:

El objetivo del presente trabajo es diseñar un instrumento que permita determinar el nivel de madurez de la integración de las TIC en la educación pública de República Dominicana, estableciendo un perfil tecnológico de la escuela. Corresponde a un estudio de índole correlacional, no experimental, y con un diseño transeccional y correlacional / causal. Con una muestra de 20 escuelas públicas pertenecientes al Municipio de Santo Domingo Oeste (SDO). El instrumento utilizado fue validado mediante la técnica de juicio de expertos.
Palabras claves: Educación Primaria, TIC, tecnología escolar, nivel de madurez

ABSTRACT:

The objective of this work is to design an instrument that allows determining the level of maturity of the integration of ICT in public education in the Dominican Republic, establishing a technological profile of the school. Corresponds to a study of a correlational nature, not experimental, and with a transectional and correlational / causal design. With a sample of 20 public schools belonging to the Municipality of Santo Domingo Oeste (SDO). The instrument used was validated by the expert judgment technique.
Keywords: Primary education, ICT, school technology, level of maturity

1. Introducción

Los organismos mundiales, regionales y locales, liderados por la UNESCO, que tienen que ver con la educación en los países del mundo, han reconocido el papel que juega la educación como eje principal para el progreso de las naciones, y en ese mismo sentido, como el entorno idóneo en el proceso de desarrollo de las competencias exigidas a la sociedad del siglo XXI a partir del nacimiento del fenómeno industrial reconocido como la globalización.

De acuerdo a lo analizado en varios estudios (UNESCO, 2004, 28-34; Woolfolk, 2006) se destacan como las principales teorías del aprendizaje: *La teoría sociocultural de Vygotsky* la cual destaca que la interacción social juega un rol fundamental en el desarrollo del conocimiento; la teoría del aprendizaje estudiada por *Piaget*, plantea que en el proceso de aprendizaje el individuo debe destacarse por ser un ente activo, con la capacidad de construir y resolver problemas; *el aprendizaje basado en problemas* que fomenta el trabajo en equipo, el pensamiento crítico, entre otros aspectos; y por último, *el aprendizaje cognitivo* el cual está basado en la construcción del conocimiento del individuo a partir de las experiencias y entendimiento adquirido por la interacción con docentes y sus iguales, para luego compartirlo con su entorno.

Los fundamentos que caracterizan cada una de estas teorías hacen viable la tesis de la incorporación del uso de las TIC en la educación con el fin de servir como herramientas de apoyo para desarrollar las competencias y habilidades que estas teorías sostienen. El uso de las TIC en los procesos educativos potencia y permite mejorar los entornos en los que se lleva a cabo el proceso de enseñanza / aprendizaje que envuelve a docentes y estudiantes para facilitar la construcción del conocimiento de estos últimos para lograr que el individuo pueda insertarse de manera productiva en la sociedad del presente siglo.

Otros estudios analizados (García-Peñalvo y Montoya, 2017; Graells, 2012, p. 7; López, 2016, pp. 4-6) señalan como ventajas sobre el uso de las TIC en la educación las siguientes: Ser un medio de expresión, un canal de comunicación, un instrumento para procesar información, una herramienta de diagnóstico, generadoras de nuevos escenarios formativos, un medio para el desarrollo cognitivo, y medio para influir en todos los sectores sociales.

Sin embargo, no solo se ha intentado la integración de las TIC en la educación por las bondades que estas ofrecen como un medio para potenciar la construcción del conocimiento del individuo de acuerdo a lo visto anteriormente. También, se ha perseguido en todo este tiempo lograr la reducción de las diferentes brechas sociales que han acumulado las sociedades hasta el presente, y en especial, la reducción de la brecha digital que ha existido, especialmente, en los países de la región de América Latina y el Caribe.

De acuerdo a Sunkel y Trucco (2010), una de las expectativas centrales que ha acompañado la incorporación de las TIC en el sistema escolar de la región es su impacto en la sociedad. La expectativa central ha sido que las TIC contribuyan a los procesos de integración social, reduciendo la falta de accesos de importantes sectores de la población a las nuevas oportunidades que brindan las tecnologías.

Así también opinan Trucco y Espejo (2013) cuando señalan que las TIC suponen reducir la brecha digital, aunque añaden, que este proceso ha creado lo que llaman una "superposición de brechas", dado que se ha tenido un avance considerable en cuanto al acceso a las tecnologías, sin embargo, se han creado otras brechas, como, por ejemplo, la desigualdad de capacidades de los beneficios para hacer un buen uso al acceso de las TIC para desarrollar las competencias del individuo.

Lo anteriormente expuesto, indica cómo la inserción de las TIC en la educación ha traído, aparte de los grandes beneficios que se resaltan, una mayor complejidad al intento de reducir las desigualdades sociales que se han acumulado, y al proceso mismo de su integración, dada la falta de los recursos necesarios, las metodologías correspondientes, y el cúmulo de otras brechas imperantes. Para el caso del país objeto de análisis de este artículo, se estará evaluando en los antecedentes del marco teórico de esta investigación y de cómo se abordaría la problemática haciendo uso de las metodologías que se presentan.

A partir de lo anterior, el presente trabajo tiene como objetivo **evaluar la aplicación de un instrumento fundamentado en las metodologías apropiadas a las particularidades de la educación primaria de República Dominicana para determinar el nivel de madurez en la adopción de tecnología escolar en los centros educativos públicos.**

1.1. Antecedentes

De acuerdo a varios estudios (Sunkel, 2006; Villanueva, 2003), para conocer el estado de situación del proceso de integración de las TIC en los centros educativos, es necesario establecer una serie de indicadores que permitan hacer una medición del avance en que se encuentre todo el proceso.

Entre las categorías de indicadores señaladas por estos autores, se citan: a) Política y estrategia; b) infraestructura y acceso; c) capacitación de los profesores; d) integración en el currículo; y e) la incorporación en los procesos de enseñanza / aprendizaje.

En ese mismo sentido, se destacan a continuación, aspectos importantes sobre el proceso de integración de las TIC en la República Dominicana (RD), de acuerdo a dos estudios analizados. Un primer estudio *Uso de TIC en educación en América Latina y el Caribe. Análisis regional de la integración de las TIC en la educación y de la aptitud digital* llevado a cabo por UNESCO (2013), donde se hace un análisis regional de la integración de las TIC en la educación y de la aptitud digital. El segundo estudio, es un diagnóstico llevado a cabo por el Ministerio de Educación de República Dominicana (MINERD) para conocer el estado de situación de la integración de las TIC en el país.

1.1.1. Uso de las TIC en la educación en América Latina y el Caribe

De acuerdo al análisis regional realizado por UNESCO (2013), República Dominicana obtuvo los siguientes resultados:

Definiciones sobre el uso de TIC en iniciativas educativas para América Latina y el Caribe. La República Dominicana es uno dentro de los 31 de 38 países (82%), que han una definición formal para la integración de las TIC en la educación.

*La electricidad como prerrequisito para el uso de las TIC en educación.*Prácticamente todas las escuelas públicas primarias y secundarias del Caribe cuentan con electricidad. En ese sentido, República Dominicana es la excepción, donde apenas el 43% y 34% respectivamente cuentan con las instalaciones eléctricas necesarias para apoyar la integración de las TIC.

Hay dos formas antiguas del uso de las TIC en la educación: La Enseñanza Asistida por Radio (EAR) y la Enseñanza Asistida por Televisión (EAT). Los datos proporcionados por la República Dominicana en este tipo de enseñanzas fueron los siguientes:

Enseñanza Asistida por Radio (EAR). La República Dominicana proporciona acceso a la EAR solo en apenas el 1% de las escuelas de educación primaria y secundaria.

Enseñanza Asistida por Televisión (EAT). De acuerdo al estudio, apenas el 33% de las escuelas de secundaria tienen acceso a este tipo de enseñanza, la educación primaria no tiene esta facilidad.

En cuanto a la infraestructura informática para las nuevas formas de *Enseñanza Asistida por TIC*, la disponibilidad de los recursos computacionales es prácticamente nula en la República Dominicana, donde un promedio de 122 estudiantes de educación primaria y secundaria comparten una sola computadora. En ese sentido, hay dos formas de enseñanzas a través de las TIC, la enseñanza asistida por computador (EAC) y la enseñanza asistida por internet (EAI).

1. En cuanto a la *Enseñanza Asistida por Computador (EAC)*, República Dominicana reportó que ninguna de sus escuelas contaba con EAC, asunto que se atribuye principalmente a la falta de computadoras en las escuelas del país.
2. En la *Enseñanza Asistida por Internet (EAI)*, cuyo costo es el más elevado entre los demás tipos de enseñanzas, no existe este tipo de enseñanza en la República Dominicana.   ·

1.1.2. Estudios sobre uso de las TIC por el MINERD

El Ministerio de Educación de República Dominicana en el año 2016 llevó a cabo varios estudios para hacer un levantamiento de información del estado de situación del proceso de integración de las TIC en la educación del país. Estos estudios son: i) Acceso a las TIC de los estudiantes y docentes del Sector Educativo Público Dominicano; ii) informe de cultura digital de los actores del Sector Educativo Público Dominicano; y iii) estudio sobre la disponibilidad de infraestructura tecnológica en los planteles educativos del Sistema Educativo Público (MINERD 2016a, 2016b, 2016c).

Entre los datos más importante, analizados por el autor del presente estudio investigativo, se señalan los siguientes:

En cuanto a la zona geográfica, en los resultados obtenidos la proporción de estudiantes de zonas urbanas que posee equipos tecnológicos es mayor en relación a los estudiantes de zonas rurales.

Alrededor de un 20% de los estudiantes no poseen teléfonos inteligentes, tablets, computadoras o laptops. Un 43% de los estudiantes no tienen computadora, laptop o tableta.

El equipo tecnológico cuya tenencia más frecuente entre los docentes es el teléfono inteligente (89%), seguido de la computadora portátil (49%) y la computadora de escritorio (46%).

El 29.6% de los docentes no poseen computadora de escritorio o laptop, y el 25.4% no tienen computadora, laptop o tableta.

Los docentes, coordinadores y directores de los centros educativos públicos tienen un nivel de cultura digital medio - bajo. Apenas un 14% de estos valora como alto su nivel de conocimiento de las herramientas tecnológicas.

Las mayores deficiencias en el proceso de integración de las TIC son los recursos tecnológicos inadecuados (68%) y la falta o deficiente conectividad a internet (69%).

Apenas un 44% de los centros educativos tiene equipamiento para la enseñanza informática.

Un 73% de los encuestados manifiesta no tener ningún requisito para incluir en la planificación de su asignatura la inclusión de las TIC en el proceso de enseñanza.

Los espacios tecnológicos solo están presentes en la mitad de las escuelas, siendo el *kit multimedia de laptop y proyector* (33%) y los *laboratorios de informática* (22%) los más comunes. Los *carritos de laptop* y los *kit de robótica* tienen una menor incidencia con un 5%.

• Solo la mitad de los planteles cuenta con *equipos de energía alternativa*, a pesar de la gran importancia que supone el contar con ellos.

• Solo el 48% de los planteles tiene conectividad a internet, y de ellos un 68% los utiliza para fines administrativos. Un 36% manifestó conformidad con la velocidad del servicio.

De acuerdo a lo anteriormente expuesto en los antecedentes, los estudios que se han llevado a cabo en República Dominicana respecto al nivel en que se encuentra el proceso de integración de las TIC en la educación, han hecho el intento de cuantificar para medir o verificar la existencia de políticas, cantidades de equipo, el acceso a las tecnologías, entre otras.

Sin embargo, estos estudios no han sido diseñados para establecer el nivel de adopción TIC (o madurez) existente en los centros educativos, en cada una de las categorías (o dimensiones) evaluadas de acuerdo a los indicadores establecidos, para que de esta manera se puedan establecer, mediante un enfoque de gestión de proyectos para la administración idónea de los recursos disponibles, las estrategias con sus planes de acciones a llevar a cabo para lograr la efectividad de la integración de las TIC en la educación pública Dominicana, y así evitar el estancamiento existente en el proceso, a pesar, del grandioso esfuerzo que se ha estado realizando por parte de las autoridades que dirigen el Estado Dominicano.

En el siguiente epígrafe se describirá una metodología diseñada para permitir conocer el estado de avance del proceso de integración de las TIC en un plantel educativo y los indicadores de medición correspondientes, y al mismo tiempo, categoriza en diferentes niveles cada una de las dimensiones evaluadas, lo que permite crear un perfil tecnológico (o madurez) del centro educativo.

1.1.3. Metodologías para medir el índice de preparación para la adopción de

tecnología escolar en las escuelas

De acuerdo a Toledo (2005), el STaR Chart [3] es una herramienta de autoevaluación que ayuda a las escuelas, universidades y departamentos de educación, a determinar el nivel de integración de la tecnología en el programa de formación docente. Según Toledo, el cuadro proporciona una matriz definida por tres niveles de integración de tecnología y ocho categorías que incluyen administración, facultad, estudiantes y ex alumnos. Así mismo añade, que la herramienta se puede utilizar para evaluar el estado de integración de tecnología actual de una institución y ayudar en la planificación para el futuro. Esta metodología clasifica la madurez de la integración de las TIC en educación de acuerdo a las siguientes etapas: *i) tecnología temprana, ii) tecnología en desarrollo, iii) tecnología avanzada y iv) tecnología objetivo* (p. 181).

El aplicar esta metodología ha ayudado a escuelas y distritos educativos a crear un perfil del nivel en que se encuentran en la integración de las TIC en la educación, lo que permite a las autoridades identificar dónde deben de asignar los fondos para hacer una buena gestión de los recursos. Esta metodología dentro de su estructura sistémica contempla elementos, tales como: a) Acceso; b) responsabilidad; c) evaluación; d) alineación; y e) análisis.

El STaR Chart fue elaborado *ad hoc* para la integración de las herramientas tecnológicas en la educación. Es por esta razón que permite medir el nivel de madurez del proceso de integración en cada una de las dimensiones que este marco evalúa. De igual manera puede definir el perfil tecnológico de la escuela, y facilita la construcción de un plan de acción para saber cómo avanzar hasta llegar al nivel de madurez deseado.

2. Metodología

El presente estudio se enmarca dentro de una investigación de carácter correlacional, no experimental, y el diseño transeccional y correlacional / causal.

2.1. Población y muestra

La población objetivo de este estudio es la que comprende las escuelas públicas de educación primaria del Municipio de Santo Domingo Oeste (SDO) en República Dominicana. En este municipio se encuentra la zona industrial de mayor importancia económica para el país, que es la Zona Industrial de Herrera. En la actualidad existen 108 centros educativos públicos, pertenecientes todos al distrito educativo 1505. La cantidad correspondiente a educación primaria es de 52 centros. La muestra estará enfocada en las escuelas públicas de educación primaria.

El procedimiento de muestreo utilizado fue el *estratificado proporcionado*, tomando en consideración el conglomerado de las tandas educativas, entre las que se encuentran distribuidos los centros educativos de educación primaria en el municipio de SDO, la tanda de jornada extendida (JE) [4] y la tanda matutina / vespertina (MV). El 83% de los centros son de tanda MV (lo que equivale a 43 centros) y el 17% son de tanda JE (lo que equivale a 9 centros).

La muestra fue de 20 escuelas públicas de educación primaria, cuya distribución entre las tandas, de acuerdo a la representación del conglomerado, fue de 17 centros encuestados de tanda MV y tres (3) de tanda JE, respectivamente.

2.2. Elaboración del instrumento

Para la realización de este estudio se elaboró un cuestionario *ad hoc* como instrumento de recogida de información, compuesto por preguntas *cerradas,* y que quedó formado por un total de 38 ítems, organizados de acuerdo a como se presentan en la Tabla 1. El mismo fue aplicado bajo el contexto de la *entrevista personal* a cada director de escuela. Los niveles de medición del instrumento son del tipo *nominal* y de *razón*. El orden en que están organizadas las categorías va de *menor* a *mayor*.

Tabla 1

Dimensiones y Cantidad de Ítems por Dimensión del Instrumento

Sección	**Cantidad Ítems**
Sección A. Sector educativo (MINERD)	3
Sección B. Centro educativo	15
• B1) Gestión Administrativa	3
• B2) Capacidad de infraestructura Tecnológica	12
Sección C. Competencias TIC en docentes	5
Sección D. Metodología para la enseñanza basada en TIC	8
Sección E. Competencias TIC en estudiantes	5

Fuente: Elaboración propia.

En adición a los perfiles tecnológicos adoptados para conocer el nivel de madurez de adopción de tecnología escolar en escuelas públicas, el autor del presente estudio investigativo como un aporte, incluyó el nivel *tecnología nula* y sus respectivos indicadores de medición, para aquellos casos donde no se cumple con la más mínima integración de las TIC en el aula, lo que permite su aplicación para el caso de la República Dominicana, y evitar así un sesgo en los datos recolectados.

2.3. Validación del instrumento

La validación del instrumento de recogida de datos fue realizada por (8) expertos del área de educación y tecnología, en donde el criterio de selección de estos evaluadores fue basado en su experiencia de larga data en las áreas señaladas (selección válida de acuerdo a Cabero y Llorente, 2013; citado por Robles y del Carmen, 2015; al igual que Escobar-Pérez y Cuervo-Martínez, 2008).

La herramienta de validación utilizada por los expertos fue un cuestionario dividido en (4) secciones y cada una de las secciones consta de (4) preguntas, sumando en total, 16 preguntas. Una Sección A donde se evaluó si en la presentación del cuestionario la encuesta se habla del propósito del cuestionario, de su importancia, si su lenguaje es claro y preciso, y si se agradece al evaluador su colaboración. En una Sección B, fueron evaluadas las instrucciones para responder el cuestionario, es decir, el tiempo para responder el cuestionario, si se especifican la cantidad de preguntas a responder, entre otras. Una Sección C en donde se midió si se expone el propósito de cada pregunta contenida en el instrumento de recogida de datos, la coherencia de la clasificación de las preguntas de acuerdo al contenido, el lenguaje y si están la cantidad suficiente de preguntas para aclarar los aspectos fundamentales de la investigación. Por último, una Sección D donde se hizo una valoración global del contenido del cuestionario.

Figura 1
Distribución porcentual de los resultados del criterio de los expertos en la validación del instrumento de recogida de datos

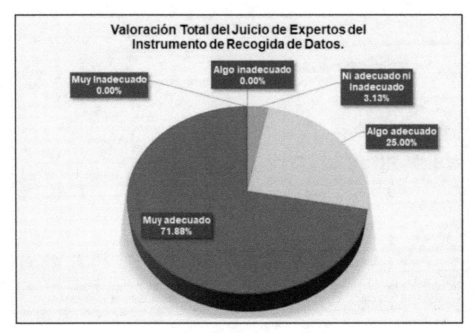

Fuente: Elaboración propia

De acuerdo a los resultados presentados en la Figura 1, en un 71.88% los expertos valoraron el instrumento de recogida de datos como muy adecuado. En un 96.88% lo valoraron como *algo adecuado* y *muy adecuado*. Apenas en un 3.13% el instrumento fue valorado como *ni adecuado ni inadecuado* en los aspectos utilizados para su validación.

2.4. Nivel de concordancia entre el juicio de expertos

Para conocer el coeficiente de concordancia entre el juicio de los expertos, de acuerdo a Escobar-Pérez y Cuervo-Martínez (2008), se utiliza el estadístico Kappa cuando la escala de los datos es nominal o el Coeficiente de Concordancia W de Kendall cuando la escala de los datos es ordinal. Para el caso de la valoración del instrumento con respecto a la concordancia del juicio de expertos fue utilizada la W de Kendall. Entre mayor es el valor de Kendall, más fuerte es la asociación que otorga validez y confiabilidad al instrumento, de esta manera, se podrá utilizar el mismo para lo que fue diseñado.

En ese sentido, existen las siguientes hipótesis:

H0: Los evaluadores no concuerdan (H0= W = 0).

H1: Hay concordancia significativa entre los evaluadores (H1= W > 0).

El resultado obtenido aplicando la herramienta de análisis de datos PSPP y elaborada con software libre, se expone en la Figura 2.

Figura 2

N	8
Kendall's W	.08
Chi-Square	9.14
df	15
Asymp. Sig.	.870

Fuente: Elaboración propia

274

De acuerdo a los resultados presentados en la Figura 2, obtenidos a partir del software PSPP, el coeficiente de concordancia de los (8) ocho evaluadores fue de .08, lo que significa que hay una fuerte asociación que le otorga la validez y confiabilidad suficiente al instrumento de recogida de datos.

2.5. Fiabilidad

Para el análisis de la confiabilidad y consistencia interna del instrumento se calculó el *Alfa de Cronbach*, que se basa en la correlación entre los elementos en promedio. El valor obtenido luego de aplicar la escala de medición en 20 escuelas públicas fue de *0.91* para las cinco dimensiones medidas, valor que se interpreta como una *confiabilidad* muy fuerte de acuerdo a Corral (2009). De igual manera, para los ítems del instrumento que establecen directamente el perfil tecnológico de la escuela, el cálculo de la confiabilidad arrojó un valor de *0.83*, lo que significa que el nivel de la fiabilidad de las estadísticas es muy bueno, en el caso de los perfiles tecnológicos establecidos para las escuelas, es muy confiable.

3. Resultados

A continuación, se presenta una síntesis de los resultados del diagnóstico obtenido en las escuelas públicas (EP) del Municipio de Santo Domingo Oeste en República Dominicana, a través de la aplicación del instrumento de recogida de datos, y que al quedar establecido su perfil tecnológico, tributa a tener una radiografía del nivel de madurez del proceso de integración de las TIC en las EP de la República Dominicana.

Figura 3
Normativas para la integración
TIC en escuelas públicas

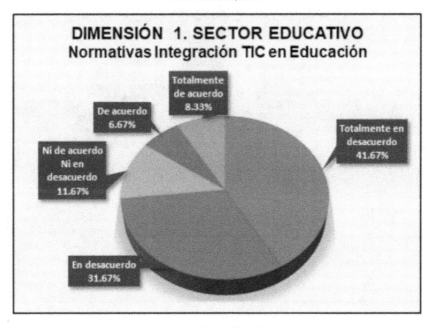

Fuente: Elaboración propia

275

De acuerdo a los resultados presentados en la Figura 3, *Dimensión 1 Sector Educativo,* el
85% de los directores de las escuelas públicas considera estar *totalmente en desacuerdo, en
desacuerdo* y *ni de acuerdo / ni en desacuerdo,* en cuanto a la claridad de las normativas del
MINERD para la integración de las TIC en la educación, y en el aprovisionamiento de
herramientas digitales a las EP para contribuir con el proceso de integración del uso de
herramientas tecnológicas en el aula en el proceso de enseñanza / aprendizaje.

En lo que respecta a la *Dimensión 2 Gestión Administrativa e Infraestructura TIC de los
centros educativos públicos* (Figura 4). En lo que respecta a la gestión administrativa, el
90% de las EP se encuentra en un perfil tecnológico de *tecnología nula,* debido a la
inexistencia de una planificación TIC, y por tanto, la falta de un presupuesto orientado a
lograr el objetivo de integración las TIC en las aulas. En lo que concierne a la parte de la
infraestructura TIC, en general, el 75% de las EP encuestadas tienen un perfil tecnológico de
tecnología nula en lo relacionado a la cantidad de estudiantes por computadora conectada a
internet para la instrucción, a pesar, de que el 85% tiene conexión a internet, debido a la
falta de equipamiento. El 55% de las EP (11 de 20) no tienen computadora para la
instrucción, (4) cuatro EP tienen de 1 a 5 computadoras, apenas (1) una EP tiene de 6 a 10
computadoras, dos (2) tienen de 11 a 20, y dos (2) tienen más de 20 computadoras.
Ningunas de estas EP cuenta con un plan de contingencia ante cualquier incidente que sufra
el equipo.

Figura 4
Gestión Administrativa e Infraestructura TIC

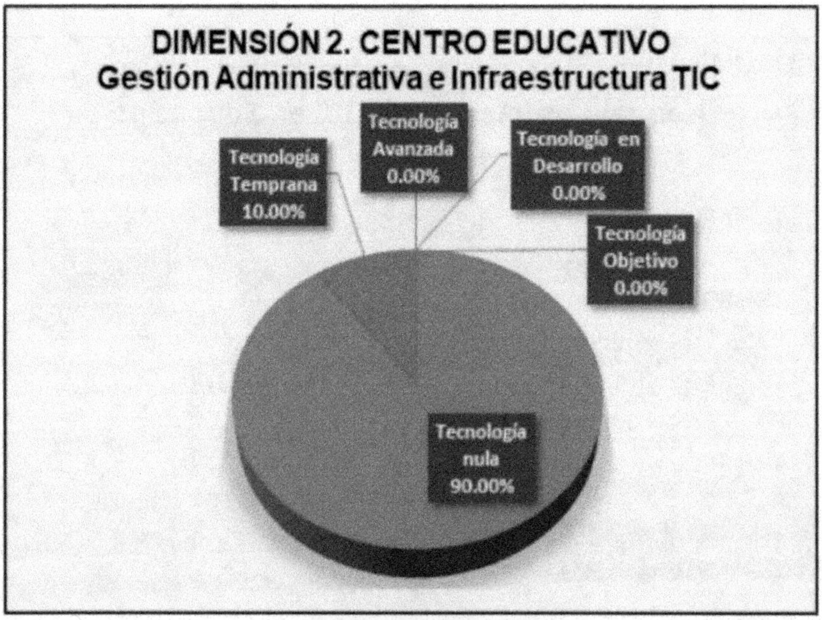

Fuente: Elaboración propia

En la Figura 5, que muestra los resultados de la *Dimensión 3, Competencias TIC del
Docente,* en general, el 70% de las EP tienen un nivel de madurez o perfil tecnológico de
tecnología nula. Aunque el 72.22% ha tomado algún curso de capacitación para la inclusión
de las TIC en sus clases, el 80.56% de estos docentes dice *nunca* hace uso de las TIC en sus
prácticas docentes.

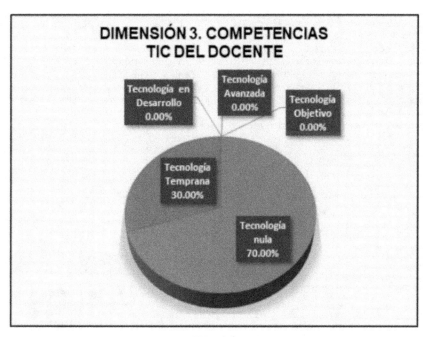

Fuente: Elaboración propia

Figura 6
Metodología para la enseñanza
basada en TIC

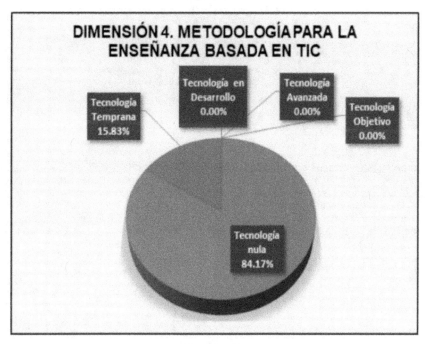

Fuente: Elaboración propia

De acuerdo a la Figura 6, el 84.17% de las EP encuestadas tienen un perfil de *tecnología nula* en lo que respecta a las metodologías para la enseñanza basadas en TIC. El 90% del formato del contenido didáctico es el tradicional, lo que dificulta el acceso a material didáctico de bajo costo que facilite la construcción del conocimiento y desarrollo de competencias del estudiante. El 98.33% de los docentes de las principales asignaturas, lengua española, matemáticas, ciencias sociales y naturales, *nunca* ha creado material didáctico digital para sus clases. Todo esto significa que la educación en estas EP sigue siendo centrada en el maestro, lo que difiere del paradigma de la educación en el siglo XXI, en donde el estudiante es quien debe tener el rol activo, como figura central, para la construcción del conocimiento.

Figura 7
Competencias TIC
del Estudiante

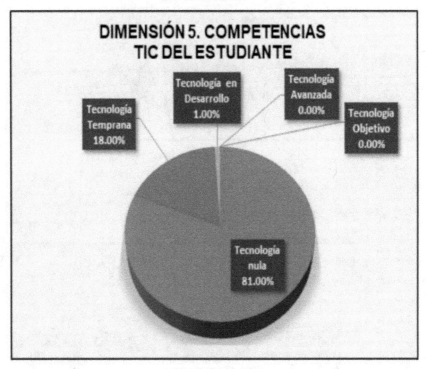

Fuente: Elaboración propia

De acuerdo a los resultados presentados en la Figura 7, en el 81% de las EP, el estudiante no cuenta con un aula TIC, y en apenas un 18% hacen un uso básico de tecnología para proyectos individuales (*tecnología nula*). En un 80% ningún estudiante tiene acceso a las TIC para la construcción del conocimiento, en donde el 20% restante puede tener acceso a las TIC en horarios distintos del escolar, pero no para realizar actividades que estén integradas como parte del proceso de aprendizaje.

Finalmente, en un 95% de las EP encuestadas, la comunidad que le rodea, no está preparada para el uso de las TIC en el contexto educativo.

3.1. Discusión

Las *normativas / políticas TIC* constituyen el 47.61% (r2 coeficiente de determinación) de la existencia de la *planificación y presupuesto TIC* en las escuelas públicas, donde el *nivel de correlación* entre las variables (r) es de 0.69 con una significancia de .001, lo cual es muy buena, de acuerdo a Sampieri *et al.* (2012, pp.302-305).

De igual manera, sin *planificación TIC*, no podrá existir un aula del siglo XXI concretizada, dado que ambas variables están *considerablemente* relacionadas (r = 0.79 / significancia = .000). Esto significa que la *planificación* constituye el 62.41% de la variación del aula (r2).

Así mismo la *cantidad de estudiantes por computadoras conectadas a Internet*, está correlacionada de manera *muy considerable* con la variable *aula siglo XXI*, (r = 0.79 / sig. 000) y *equidad de acceso* con una correlación *muy fuerte* (r = 0.90 / sig. 000).

Asimismo, el grado de integración del contenido digital en el proceso de enseñanza / aprendizaje está *considerablemente* relacionado al aprovisionamiento del *contenido digital por parte del MINERD* (r = 0.72). En ese sentido, el aprovisionamiento de contenido digital explica el 51.84% de la falta de integración de contenido digital (r2). De lo que se interpreta, que, si el Ministerio de Educación de República Dominicana no hace esfuerzos para proveer el material en contenido digital necesario, en un poco más del 50% no habrá una debida integración de este tipo de contenido en el proceso de enseñanza / aprendizaje en escuelas públicas.

De igual manera, la variable *aula siglo XXI*, tiene un nivel de correlación *perfecto*, con la variable *alcance comunitario* (r = 1.00 / sig. 000). Por lo que se puede interpretar que, si no avanza el nivel de integración de las TIC en el proceso de enseñanza / aprendizaje, la comunidad no podrá estar preparada para insertarse en el aparato productivo del país, por la falta de un aula que garantice lo establecido por los Objetivos de Desarrollo Sostenible, PNUD (2015), que indican que la educación debe ser equitativa, inclusiva y de calidad, en donde el uso de las TIC en la educación tributa a garantizar estos aspectos.

3.2. Limitaciones

Esta investigación no pudo ser llevada a cabo en todas las EP de educación primaria del municipio objeto de estudio por limitaciones de tiempo y recursos. Sin embargo, los hallazgos y conclusiones presentados muestran una radiografía del estado de situación de la integración de las TIC en la República Dominicana.

4. Conclusiones

Partiendo de lo anterior, se puede concluir lo siguiente:

En general, el nivel de madurez en la adopción de tecnología escolar en el Municipio de Santo Domingo Oeste en República Dominicana, es prácticamente inexistente, siendo así el perfil tecnológico más frecuente el de *tecnología nula*.

De acuerdo a lo anteriormente expuesto, sin importar el tipo de tandas educativas que conformaron el conglomerado en que fue seleccionada la muestra de escuelas públicas encuestadas para esta investigación, el perfil tecnológico más frecuente de acuerdo al nivel de madurez en que se encuentra la adopción de tecnología escolar en el proceso de enseñanza / aprendizaje en la educación primaria en escuelas públicas del Municipio de Santo Domingo Oeste en República Dominicana, sigue siendo de *tecnología nula* en ambos conglomerados.

Queda claramente evidenciado que el instrumento diseñado permite establecer el perfil tecnológico para cada escuela pública donde sea aplicado el mismo. Esto representa un elemento de innovación para conocer el nivel de madurez de la adopción de tecnología escolar en escuelas públicas de República Dominicana.

4.1. Investigaciones futuras

Los elementos tomados en consideración en el presente artículo, fundamentan parte de la propuesta del diseño de un modelo, que permita potenciar el nivel de preparación para la adopción de tecnología escolar en las escuelas que componen el sistema de educación público de la República Dominicana. Para esto es necesario utilizar el instrumento aquí diseñado con los indicadores de medición establecidos por los estándares y metodologías existentes, bajo un enfoque de gestión de proyectos para la buena administración de los recursos.

Referencias bibliográficas

Corral de Franco, Y. J. (2009). Validez y confiabilidad de los instrumentos de investigación para la recolección de datos. URI http://hdl.handle.net/123456789/1949

García-Peñalvo, F. J., y Montoya, M. S. R. (2017). Aprendizaje, Innovación y Competitividad: La Sociedad del Aprendizaje. Revista de Educación a Distancia, (52). Recuperado de http://revistas.um.es

Graells, P. M. (2012). Impacto de las TIC en educación: funciones y limitaciones. Departamento de Pedagogía Aplicada, Facultad de Educación, UAB. Recuperado de https://www.3ciencias.com

López de León, L. (2016, pp. 4-6). Proyecto de Investigación: el uso de las TICs en la etapa de Educación Infantil en el CEIP Ernesto Castro Fariñas. Recuperado de https://riull.ull.es

Ministerio de Educación de República Dominicana (MINERD). (2016a). Acceso a las TIC de los estudiantes y docentes del sector educativo público dominicano. Recuperado de http://www.educando.edu.do.

Ministerio de Educación de República Dominicana (MINERD). (2016b). Cultura digital de los actores del sector educativo público dominicano. Recuperado de http://www.educando.edu.do.

Ministerio de Educación de República Dominicana (MINERD). (2016c). Estudio sobre la disponibilidad de infraestructura tecnológica en los planteles educativos del sistema educativo público. Recuperado de http://www.educando.edu.do.

Programa de las Naciones Unidas para el Desarrollo – PNUD. (2015). *Objetivos de Desarrollo Sostenible*. Recuperado de https://www.undp.org

UNESCO. (2004). Las Tecnologías de la Información y la Comunicación en la Formación Docente (pp. 28-34). Recuperado el 7 de diciembre del 2016 de http://unesdoc.unesco.org

UNESCO, I. D. (2013). Uso de TIC en educación en América Latina y el Caribe. Análisis regional de la integración de las TIC en la educación y de la aptitud digital (E-readiness). Montreal: UNESCO.

Toledo, C. (2005). A Five-Stage Model of Computer Technology Infusion Into Teacher Education Curriculum [Un modelo de cinco etapas de infusión de tecnología informática en el plan de estudios de docencia]. Contemporary Issues in Technology and Teacher Education, 5(2), 177-191. Waynesville, NC USA: Society for Information Technology & Teacher Education. Recuperado de https://www.learntechlib.org/primary/p/4910/

Trucco, D., y Espejo, A. (2013). Principales determinantes de la integración de las TIC en el uso educativo. El caso del Plan Ceibal del Uruguay. URI: http://hdl.handle.net

Sunkel, G. (2006). Las Tecnologías de la Información y la Comunicación (TIC) en la educación en América Latina: una exploración de indicadores (No. 125). United Nations Publications. Recuperado de https://www.oei.es

Sunkel, G., y Trucco, D. (2010). Nuevas tecnologías de la información y la comunicación para la educación en América Latina: riesgos y oportunidades. CEPAL – Serie políticas sociales No. 167. Recuperado de https://repositorio.cepal.org/handle/11362/6174

Villanueva, C. (2003, December). Measuring ICT use in education in Asia and the Pacific through performance indicators. In Keynote paper, presentado en el Joint UNECE/UNESCO/ITU/OECD/Eurostat Statistical Workshop: Monitoring the Information Society: Data, Measuremen and Methods, Geneva (pp. 8-9).

Woolfolk, A. (2006). Psicología educativa. Pearson educación. Recuperado de https://crecerpsi.files.wordpress.com

---

1. Licenciado y Máster en Gestión del Manejo de la Información en Sistemas de Información, Máster en Gestión Universitaria, Especialidad en Derechos Humanos y Derecho Internacional Humanitario, Especialidad en Seguridad Nacional relacionada a la Ciberseguridad y Doctorando en Gestión de Proyecto por la Universidad Iberoamericana (UNINI – México). faustorichardson@gmail.com

2. Ingeniero y Máster en Sistemas Automatizados de Dirección, PhD en Ciencias de la Educación, Docente Facultad de Ingenierías de la Universidad Tecnológica ECOTEC. gleon@ecotec.edu.ec

3. School Technology and Readiness Chart – Gráfico para la Preparación para la adopción de Tecnología Escolar.

4. Es un nuevo horario de clases establecido por el Estado Dominicano, que pretende reemplazar las demás tandas existentes. Esta incrementa la cantidad de horas de clases en escuelas públicas a ocho (8) horas, procurando obtener mejores resultados en el aprendizaje de los estudiantes con relación a las tandas matutinas y vespertinas. Su enfoque es orientado a una educación de calidad.

Revista ESPACIOS. ISSN 0798 1015
Vol. 40 (Nº 29) Year 2019

[Índice]

[In case you find any errors on this site, please send e-mail to webmaster]

Apéndice 2: Grupos de variables a medir por dimensiones

DIMENSIONES	VARIABLES
2. Sector Educativo (Gobierno)	• Políticas. • Desarrollo curricular. • Recurso de aprendizaje digital.
3. Centros educativos	• Políticas. • Gestión administrativa. • Visión y planificación. • Infraestructura tecnológica. • Presupuesto para TIC
4. Desarrollo profesional y competencias TIC del Docente	• Uso de las TIC. • Presupuesto para el desarrollo profesional. • Modelos de desarrollo profesional. • Contenido del desarrollo profesional.
5. Metodología para la enseñanza basada en TIC	• Herramientas basadas en el currículo. • Diseño del entorno instruccional. • Impacto de las TIC en los roles del profesor. • Patrones uso profesores / estudiantes.
6. Competencias TIC en el estudiante	• Nivel de pobreza. • Matriculación en programas TIC. • Uso de la tecnología. • Salón de clases adaptado al Siglo 21. • Alcance comunitario. • Nivel de acceso.

Fuente: Elaboración propia

Apéndice 3: Dimensiones y técnicas para la recolección de datos

Dimensión de Análisis	Técnicas de recogida de datos
Sector Educativo (Gobierno)	• Entrevistas al Director del Distrito Educativo 1505.
Centros educativos	• Entrevistas y encuestas a los directores de los centros educativos (instrumento de recogida de datos).
Desarrollo profesional y competencias TIC del Docente	• Entrevista a docentes. • Aplicación del instrumento de recogida de datos.
Metodología para la enseñanza basada en TIC	• Entrevistas al Equipo Coordinador TIC. • Aplicación del instrumento de recogida de datos. • Observaciones en el aula / laboratorios.
Competencias TIC en el estudiante	• Entrevistas a estudiantes. • Aplicación del instrumento de recogida de datos.

Fuente: Autor de la Investigación.

Apéndice 4: Instrumento para medir el Nivel de Madurez del uso de las TIC en Escuelas Públicas de la República Dominicana

Regional *

Short answer text

Distrito Educativo *

Short answer text

Código de la Escuela *

Short answer text

Nombre de la Escuela *

Short answer text

Tipo de Escuela *

○ Público

○ Semi (Público / Privado)

Tipo de tanda de la Escuela *

◯ Jornada extendida

◯ Matutina

◯ Matutina - Vespertina

◯ Nocturna

◯ Semi - Presencial

◯ Vespertina

Fecha *

Month, day, year 📅

SECCIÓN A. Sector Educativo

Esta sección pretende medir el nivel de madurez de las políticas, el contenido y los recursos que provee el Ministerio de Educación de República Dominicana (MINERD) desde la óptica del Administrador del centro educativo.

A1) El Ministerio de Educación tiene una política clara definida en cuanto a la integración TIC en la educación.

	1	2	3	4	5	
Totalmente en desacuerdo	◯	◯	◯	◯	◯	Totalmente de acuerdo

A2) Está contenida claramente la integración TIC en el currículo.

	1	2	3	4	5	
Totalmente en desacuerdo	◯	◯	◯	◯	◯	Totalmente de acuerdo

A3) Provee el Ministerio de Educación de herramientas digitales para el aprendizaje del Docente / Estudiante.

	1	2	3	4	5	
Totalmente en desacuerdo	◯	◯	◯	◯	◯	Totalmente de acuerdo

SECCIÓN B. Centro Educativo

Esta sección ha sido dividida en dos apartados. Un primer apartado (B1) que mide la madurez de la gestión administrativa del centro orientada a las TIC. Y un segundo apartado (B2) que procura analizar la infraestructura con la que cuenta el centro educativo para integrar en sus practicas educativas el uso de los recursos tecnológicos.

B1) Gestión Administrativa

Gestión administrativa del centro educativo orientada al uso de las TIC.

B1-1) Gestión de la planificación *

○ No tiene planificación.

○ Una planificación tecnológica independiente.

○ Una planificación alineada con los planes del Distrito y el Estado.

○ Plan tecnológico educativo integrado al aprendizaje de los estudiantes.

○ La administración del centro educativo, los profesores y todo el personal apoyan activamente el plan de te ...

B1-2) Gestión del presupuesto *

○ No tiene presupuesto asignado

○ Presupuesto para la compra de hardware, software y desarrollo profesional

○ Presupuesto para hardware y software accesible para todos los estudiantes, desarrollo profesional y algun...

○ Presupuesto para hardware y software accesible para todos los estudiantes, desarrollo profesional y todo ...

○ Presupuesto también se destina a las instalaciones y la investigación de nuevas tecnologías. El presupues...

B1-3) Gestión de los fondos *

○ No tiene fondos asignados para la planificación TIC

○ El centro educativo tiene fondos asignados para la planificación TIC

○ Los fondos provienen del Distrito Educativo / Regional / Ministerio de Educación

○ Obtiene con éxito fondos adicionales de una fuente distinta de su asignación presupuestaria

○ Obtiene con éxito fondos de dos o más fuentes distintas de su asignación presupuestaria

B2) Infraestructura Tecnológica del centro educativo

Levantamiento de información de la infraestructura con la que cuenta el centro educativo.

B2-1) Cantidad de computadoras para la gestión administrativa

○ 0

○ 1-5

○ 6-10

○ 11-15

○ 16-20

○ 20+

B2-2) Cantidad de computadoras para la instrucción

○ 0

○ 1-5

○ 6-10

○ 11-15

○ 16-20

○ 20+

B2-3) ¿Tiene el centro educativo conectividad a internet? *

○ Si

○ No

B2-4) Pago del Internet

◯ No se paga internet

◯ Ministerio de Educación

◯ Autogestión del Centro Educativo

◯ Donación de Empresa Privada

◯ Donación de Empresa del Estado (ejemplo INDOTEL - Instituto Dominicano de las Telecomunicaciones)

B2-5) Porcentaje de oficinas administrativas y aulas disponibles para instrucción basada en TIC *
conectadas a internet

◯ No hay disponibilidad o la existente es menos de un 25% (*)

◯ De un 25% a 49%

◯ De un 50% a 74%

◯ 75% o más

◯ Conectividad directa en todas las aulas con un ancho de banda adecuado para evitar retrasos

B2-6) Cantidad de estudiantes por computadora conectada a internet para instrucción *

◯ No hay computadoras conectadas a internet

◯ Más de 10

◯ De 6 a 10 estudiantes

◯ De 2 a 5 estudiantes

◯ 1 estudiante por computadora

B2-7) Uso y disponibilidad de otras formas de tecnologías para la enseñanza *

◯ No tienen disponibilidad de otras formas de tecnologías para la enseñanza

◯ Acceso limitado a algunos equipos de instrucción (es decir, televisores, videograbadoras, cámaras digitale...

◯ Uso compartido del equipo de instrucción entre grupos de maestros. El software basado en herramientas i...

◯ Equipo de instrucción asignado a cada área de instrucción / instrucción incluyendo por lo menos una com ...

◯ Áreas de instrucción totalmente equipadas con toda la tecnología disponible para mejorar la instrucción d ...

B2-8) Apoyo tecnológico instruccional *

◯ No tienen apoyo tecnológico instruccional

◯ El apoyo tecnológico de instrucción proviene de fuera de la escuela

◯ Especialista en tecnología de instrucción en la escuela a tiempo parcial

◯ Especialista en tecnología de instrucción a tiempo completo basado en la escuela

◯ Especialista en tecnología de instrucción a tiempo completo basado en la escuela y personal adicional se ...

B2-9) Velocidad de la conexión a internet del centro educativo *

◯ No hay internet

◯ Más de 1Mbps o Menos de 4Mbps

◯ Más de 4Mbps o Menos de 10Mbps

◯ Más de 10Mbps o Menos de 20Mbps

◯ Más de 20Mbps o Menos de 30Mbps

◯ Más de 30Mbps

B2-10) Calidad del uso de la conexión a internet del centro educativo

	1	2	3	4	5	
Muy deficiente	◯	◯	◯	◯	◯	Óptimo

B2-11) Tiempo de respuesta a las necesidades de soporte técnico *

◯ No hay soporte técnico disponible

◯ Tarda varios días

◯ Responde al día siguiente

◯ Responde el mismo día

◯ Soporte técnico 24 / 7

B2-12) ¿Cuenta el centro con algún plan de seguridad y sostenibilidad de los servicios tecnológicos ante cualquier eventualidad? (Plan de Seguridad y Plan de Contingencia)

◯ Si

◯ No

SECCIÓN C. Competencias TIC en Docentes

Esta sección pretende medir el nivel de desarrollo profesional y competencias TIC del Docente.

C1) ¿Ha tomado recientemente cursos de capacitación para la inclusión de las TIC en el contenido de sus clases?

	Si	No
Lengua Española	◯	◯
Matemáticas	◯	◯
Ciencias Sociales	◯	◯
Ciencias de la Naturaleza	◯	◯
Educación Física	◯	◯
Educación Artística	◯	◯
Formación Integral Humana y Reli...	◯	◯
Inglés	◯	◯
Francés	◯	◯

C2) Uso de las TIC en la práctica docente *

	Nunca	Rara vez	Pocas veces	Casi siempre	Siempre
Lengua Española	◯	◯	◯	◯	◯
Matemáticas	◯	◯	◯	◯	◯
Ciencias Social...	◯	◯	◯	◯	◯
Ciencias de la ...	◯	◯	◯	◯	◯
Educación Física	◯	◯	◯	◯	◯
Educación Artís...	◯	◯	◯	◯	◯
Formación Inte...	◯	◯	◯	◯	◯
Inglés	◯	◯	◯	◯	◯
Francés	◯	◯	◯	◯	◯

C3) Uso de las TIC por parte de los docentes *

◯ No hacen uso de las TIC

◯ Los maestros usan programas de correo electrónico y de procesamiento de textos. La tecnología no es uti ...

◯ Tareas administrativas simplificadas (calificaciones, asistencia, planificación de las lecciones, etc.). La te ...

◯ La tecnología es utilizada para la investigación; Crean plantillas para los estudiantes; Presentaciones mult ...

◯ Los profesores exploran y evalúan las nuevas tecnologías y su impacto educativo; la tecnología es utilizad ...

C4) Porcentaje (%) del presupuesto tecnológico asignado al desarrollo profesional *

◯ No tiene asignación

◯ Menos del 10%

◯ De un 11% a un 15%

◯ De un 16% a un 29%

◯ Un 30% o más

C5) Comprensión y uso de contenidos digitales por parte de los educadores *

◯ No comprenden ni utilizan contenidos digitales

◯ Los maestros se familiarizan con la tecnología (es decir, las habilidades básicas de computación)

◯ Los maestros aprenden a usar la tecnología en el aula (es decir, administración, administración y / o softw...

◯ Los maestros aprenden a usar la tecnología con currículo / estudiantes (es decir, habilidades de integraci ...

◯ Los maestros aprenden acerca de las tecnologías emergentes y sus usos con el plan de estudios / estudi ...

SECCIÓN D. Metodología para la enseñanza basada en TIC

Esta sección pretende medir el nivel de madurez en aspectos como: Herramientas basadas en TIC en el curriculum, diseño del entorno instruccional orientado a TIC, impacto de las TIC en los roles del Docente y los patrones de uso profesores / estudiantes de las TIC en el contenido de las clases.

D1) Formato del contenido *

◯ No han recibido ningún contenido en formato digital

◯ Recibe la información / herramientas de software preempaquetado

◯ Recibe la información en CD-ROM y contenido en línea

◯ Contenidos digitales manipulables y herramientas disponibles

◯ Amplia gama de contenidos digitales y herramientas estructuradas para apoyar la producción y la colabor ...

D2) ¿Ha creado material didáctico digital para sus clases?

	Nunca	Rara vez	Pocas veces	Casi siempre	Siempre
Lengua Española	○	○	○	○	○
Matemáticas	○	○	○	○	○
Ciencias Social...	○	○	○	○	○
Ciencias de la ...	○	○	○	○	○
Educación Física	○	○	○	○	○
Educación Artís...	○	○	○	○	○
Formación Inte...	○	○	○	○	○
Inglés	○	○	○	○	○
Francés	○	○	○	○	○

D3) Papel del educador y grado en que el contenido digital se integra en la instrucción *

○ Educación centrada en el maestro.

○ Educación centrada en el maestro. Complementa la instrucción con algún contenido en digital

○ Dirigida por el maestro. Inicia la incorporación del uso de las TIC en clases

○ El maestro es un facilitador en aulas locales o virtuales. Integra completamente el uso de TIC en la instruc ...

○ Educación centrada en el estudiante. El maestro es un guía. El contenido digital cambia el proceso de ens ...

D4) Uso que hacen los estudiantes del contenido digital en el proceso de aprendizaje *

○ Ningún uso

○ Para reforzar las habilidades académicas básicas

○ Para investigación, comunicaciones y presentaciones

○ Lo utilizan para la investigación, resolver problemas, analizar datos, colaborar y corresponder con experto ...

○ El contenido digital cambia el proceso de aprendizaje, permitiendo mayores niveles de colaboración, inves ...

D5) Porcentaje de estudiantes que utilizan contenido digital *

○ No hacen uso de contenido digital (0%)

○ Menos del 50% (*)

○ El 50% o más usan contenido digital.

○ El 75% o más utilizan contenido digital.

○ El 100% de los estudiantes utilizan contenido digital.

○ El contenido digital se integra perfectamente en todas las clases y materias a diario.

D6) Frecuencia del uso del contenido digital por parte de los estudiantes *

○ Ningún uso del contenido digital

○ Uso semanal

○ Uso de 3-4 veces a la semana

○ Utilizan contenido digital diario. 30% tienen unidades del curso en línea.

○ El contenido digital se integra perfectamente en todas las clases y materias a diario. El 100% tienen unida ...

D7) Asignación de presupuesto de contenido para la compra de contenido digital *

○ No hay fondos asignados

○ Utilizan algunos fondos de materiales de instrucción suplementarios solamente

○ Utilizar un presupuesto significativo de materiales didácticos, pero poco o ningún presupuesto de libros d …

○ Examinan todo el presupuesto según sea apropiado y desplazan fondos del presupuesto de libros de texto…

○ El 100% del presupuesto de materiales didácticos está disponible para comprar el contenido "más apropia …

D8) Evaluaciones

○ Ninguno.

○ Menos del 25% integra estrategias digitales en la evaluación. (*)

○ 25% o más comienzan a integrar las estrategias digitales en la evaluación. Limitado al uso del formato de …

○ 50% o más integran las estrategias digitales en la evaluación. Mide el 25% de las habilidades del siglo XXI.

○ El 75% o más integran las estrategias digitales en la evaluación. Mide el 50% de las habilidades del siglo X …

○ 100% integran las estrategias digitales en la evaluación. Mide el 100% de la gama entera de habilidades de…

SECCIÓN E. Competencias TIC en estudiantes

Esta sección pretende medir las competencias TIC de los estudiantes, tomando en consideración aspectos como: Nivel de pobreza, uso de la tecnología para la construcción del conocimiento, nivel de acceso, el entorno comunitario.

E1) Aula del Siglo XXI en el centro educativo *

○ Aprendizaje centrado en el profesor.

○ Aprendizaje centrado en el profesor. Los maestros permiten a los estudiantes usar la tecnología para trab …

○ Aprendizaje dirigido por el maestro. Los maestros animan a los estudiantes a usar la tecnología para proy …

○ Aprendizaje facilitado por el profesor. Los maestros establecen comunidades de investigación para que lo …

○ Aprendizaje centrado en el estudiante. La tecnología es vital para todas las áreas curriculares e incorpora …

E2) Equidad de acceso *

◯ Ningún estudiante tiene acceso a las TIC para construcción del conocimiento

◯ Algunos estudiantes tienen acceso a la tecnología para reforzar las habilidades básicas

◯ Puede acceder a Internet en horarios distintos del horario escolar. Todos los maestros están debidamente ...

◯ Puede acceder al contenido digital en momentos distintos de las horas escolares. El 75% o más de los est ...

◯ La tecnología es de acceso equitativo a todos los estudiantes en cualquier momento y lugar. 100% de los ...

E3) Uso que hacen los estudiantes de las TIC en el proceso de aprendizaje *

◯ No hacen uso de las TIC en el proceso de aprendizaje

◯ Uso poco frecuente por parte de los estudiantes como herramienta básica para ejercicios y práctica y / o l ...

◯ Uso frecuente individual por los estudiantes para acceder a recursos de información para proyectos de co ...

◯ Los estudiantes utilizan regularmente la tecnología para trabajar con sus compañeros y expertos, evaluar l...

◯ Los estudiantes usan regularmente la tecnología para trabajar en colaboración en las comunidades de inv ...

E4) Alcance Comunitario *

◯ La comunidad NO tiene acceso a las TIC para la construcción del conocimiento facilitada por el centro.

◯ Acceso unidireccional a la página web de la escuela que comunica políticas, estándares e iniciativas.

◯ Acceso limitado a comunicaciones bidireccionales por correo electrónico, y herramientas web protegidas ...

◯ Comunicación de dos vías a través del correo electrónico, y herramientas web protegidas por la privacidad...

◯ Padres participan activamente en la definición de objetivos educativos, establecen planes individuales de ...

E5) ¿Está preparada la comunidad para el uso de las TIC en el contexto educativo? *

	1	2	3	4	5	
Totalmente en desacuerdo	◯	◯	◯	◯	◯	Totalmente de acuerdo

Apéndice 5: Cuestionario utilizado para validar el instrumento de recogida de datos

Sección A. En cuanto a la presentación de la encuesta
A1) Se informa el propósito de la investigación.
A2) Se expone la importancia de la investigación.
A3) Se usa un lenguaje claro y conciso.
A4) Se anima y agradece la colaboración del instructor.
Sección B. En relación a las instrucciones para responder el cuestionario
B1) Se indica el tiempo estimado para responder el cuestionario.
B2) Se informa del número de preguntas que debe contestar.
B3) Se informa de la tipología de las preguntas y respuestas del cuestionario.
B4) Se usa un lenguaje claro y conciso.
Sección C. En relación a las preguntas incluídas en el cuestionario
C1) Se expone el propósito de cada pregunta claramente.
C2) Se clasifican las preguntas de un modo coherente atendiendo a secciones de contenidos.
C3) Se usa un lenguaje claro y conciso.
C4) Se ofrecen suficientes preguntas para aclarar los aspectos fundamentales.
Sección D. En relación a la valoración global del cuestionario
D1) Se otorga relevancia equitativa a todos los apartados del instrumento.
D2) Se infiere el significado global de la información presentada.
D3) Se han utilizado suficientes ítems y preguntas alusivas a la temática en cuestión.
D4) Se expone la información en general, de un modo claro y comprensible.

Fuente: Elaboración propia.

Apéndice 6: Resultados de la validación del instrumento de recogida de datos

SECCION A. EN CUANTO A LA PRESENTACIÓN DE LA ENCUESTA					
	Muy Inadecuado	Algo inadecuado	Ni adecuado ni Inadecuado	Algo adecuado	Muy adecuado
A1 (Respuestas)	0	0	0	1	7
A2 (Respuestas)	0	0	0	3	5
A3 (Respuestas)	0	0	0	2	6
A4 (Respuestas)	0	0	0	2	6
SECCION B. EN RELACIÓN A LAS INSTRUCCIONES PARA RESPONDER EL CUESTIONARIO					
	Muy Inadecuado	Algo inadecuado	Ni adecuado ni Inadecuado	Algo adecuado	Muy adecuado
B1 (Respuestas)	0	0	1	0	7
B2 (Respuestas)	0	0	0	0	8
B3 (Respuestas)	1	0	0	1	6
B4 (Respuestas)	0	0	0	1	7
SECCION C. EN CUANTO A LAS PREGUNTAS INCLUIDAS EN EL CUESTIONARIO					
	Muy Inadecuado	Algo inadecuado	Ni adecuado ni Inadecuado	Algo adecuado	Muy adecuado
C1 (Respuestas)	0	0	0	3	5
C2 (Respuestas)	0	0	0	1	7
C3 (Respuestas)	0	0	0	2	6
C4 (Respuestas)	0	0	1	1	6
SECCION D. EN RELACION A LA VALORACION GLOBAL DEL CUESTIONARIO					
	Muy Inadecuado	Algo inadecuado	Ni adecuado ni Inadecuado	Algo adecuado	Muy adecuado
D1 (Respuestas)	0	0	1	1	6
D2 (Respuestas)	0	0	0	2	6
D3 (Respuestas)	0	0	0	3	5
D4 (Respuestas)	0	0	0	2	6
TOTALES	1	0	3	25	99

Fuente: Elaboración propia.

Apéndice 7: Resultados de la validación de la confiabilidad, validez y objetividad de los resultados del instrumento de recogida de datos

Case Processing Summary

		N	%
Cases	Valid	20	100.00
	Excluded	0	.00
	Total	20	100.00

Reliability Statistics

Cronbach's Alpha	N of Items
.91	48

Item-Total Statistics

	Scale Mean if Item Deleted	Scale Variance if Item Deleted	Corrected Item-Total Correlation	Cronbach's Alpha if Item Deleted
A1	22.20	214.80	.65	.91
A2	22.40	203.09	.80	.90
A3	22.95	215.94	.43	.91
B1_1	24.45	226.26	.77	.91
B1_2	24.50	229.95	.52	.91
B1_3	24.55	232.58	.33	.91
B2_2	23.35	196.34	.65	.91
B2_4	22.40	230.36	.10	.91
B2_5	24.60	234.88	NaN	.91
B2_6	23.95	210.16	.68	.91
B2_7	23.80	231.75	.18	.91
B2_8	24.50	227.63	.52	.91
B2_9	23.15	220.66	.45	.91
B2_10	21.10	214.94	.45	.91
B2_11	24.10	208.31	.70	.91
C2_1	23.90	212.09	.63	.91
C2_2	24.20	221.22	.53	.91
C2_3	24.20	221.54	.57	.91
C2_4	23.95	212.47	.67	.91
C2_5	24.40	226.88	.41	.91
C2_6	24.40	223.73	.59	.91
C2_7	24.35	223.29	.59	.91
C2_8	24.45	227.21	.50	.91
C2_9	24.45	227.21	.50	.91
C3	24.40	228.99	.46	.91
C4	24.60	234.88	NaN	.91
C5	23.90	230.62	.28	.91
D1	24.40	228.15	.34	.91
D2_1	24.40	224.99	.34	.91
D2_2	24.55	232.26	.38	.91
D2_3	24.60	234.88	NaN	.91
D2_4	24.40	224.99	.34	.91
D2_5	24.60	234.88	NaN	.91
D2_6	24.60	234.88	NaN	.91
D2_7	24.60	234.88	NaN	.91
D2_8	24.60	234.88	NaN	.91
D2_9	24.60	234.88	NaN	.91
D3	24.25	227.04	.52	.91
D4	24.40	227.31	.60	.91
D5	24.40	227.31	.60	.91
D6	24.40	227.31	.60	.91
D7	24.60	234.88	NaN	.91
D8	24.60	234.88	NaN	.91
E1	24.50	228.89	.63	.91
E2	24.40	227.31	.60	.91
E3	24.50	228.89	.63	.91
E4	24.60	234.88	NaN	.91
E5	23.00	223.79	.60	.91

Fuente: Elaboración propia.

Apéndice 8: Resultados del cálculo del Coeficiente de Conocimiento o Información de los candidatos a expertos evaluados

Experto / Preguntas	P1	P2	P3	P4	P5	P6	P7	P8	Suma	Promedio
Candidato Experto 1	1.00	1.00	1.00	0.80	1.00	0.90	1.00	1.00	7.70	**0.96**
Candidato Experto 2	0.30	0.20	0.30	0.80	0.80	0.60	0.10	0.10	3.20	**0.40**
Candidato Experto 3	0.30	0.10	0.10	0.10	0.40	0.30	0.10	0.10	1.50	**0.19**
Candidato Experto 4	0.70	0.70	0.90	0.80	0.80	0.70	1.00	0.70	6.30	**0.79**
Candidato Experto 5	0.80	1.00	0.90	1.00	1.00	1.00	1.00	0.80	7.50	**0.94**
Candidato Experto 6	1.00	0.80	1.00	1.00	1.00	0.80	0.40	0.40	6.40	**0.80**
Candidato Experto 7	0.90	0.90	0.80	0.80	0.70	0.70	1.00	1.00	6.80	**0.85**
Candidato Experto 8	1.00	1.00	1.00	1.00	0.80	0.80	1.00	1.00	7.60	**0.95**
Candidato Experto 9	0.80	0.70	0.90	0.90	0.90	0.80	1.00	1.00	7.00	**0.88**
Candidato Experto 10	0.90	0.70	0.90	1.00	0.90	0.90	1.00	1.00	7.30	**0.91**
Candidato Experto 11	0.80	0.50	0.60	0.90	0.90	0.80	0.80	0.60	5.90	**0.74**
Candidato Experto 12	0.50	0.50	0.60	0.90	1.00	0.70	0.70	0.70	5.60	**0.70**
Candidato Experto 13	0.80	0.70	0.80	1.00	1.00	1.00	0.70	0.50	6.50	**0.81**
Candidato Experto 14	0.80	0.80	0.90	1.00	1.00	1.00	1.00	1.00	7.50	**0.94**
Candidato Experto 15	0.90	0.50	0.90	0.90	0.90	0.90	0.80	0.80	6.60	**0.83**
Candidato Experto 16	0.90	0.80	0.90	0.90	0.90	0.90	0.70	0.80	6.80	**0.85**
Candidato Experto 17	0.80	0.50	0.60	1.00	0.80	1.00	0.80	0.40	5.90	**0.74**
Candidato Experto 18	0.40	0.20	0.50	0.80	1.00	0.50	0.40	0.40	4.20	**0.53**
Candidato Experto 19	0.40	0.50	0.50	0.60	1.00	0.10	0.10	0.40	3.60	**0.45**
Candidato Experto 20	0.70	0.70	0.70	0.90	1.00	1.00	1.00	0.50	6.50	**0.81**
Candidato Experto 21	0.40	0.40	0.40	0.70	0.70	0.70	0.30	0.30	3.90	**0.49**
Candidato Experto 22	0.60	0.50	0.80	0.70	0.80	0.70	0.70	0.80	5.60	**0.70**
Candidato Experto 23	0.40	0.40	0.40	0.50	0.40	0.60	0.40	0.50	3.60	**0.45**
Candidato Experto 24	0.40	0.10	0.40	0.80	0.60	0.40	0.30	0.30	3.30	**0.41**
Candidato Experto 25	1.00	1.00	1.00	0.80	0.80	0.80	1.00	1.00	7.40	**0.93**

Fuente: Elaboración propia.

Apéndice 9: Resultados del nivel de influencia en el candidato a experto en las fuentes de argumentación presentadas

Experto / Respuestas	P1	P2	P3	P4	P5	P6
Candidato Experto 1	A	A	A	A	A	A
Candidato Experto 2	A	M	M	B	M	M
Candidato Experto 3	A	A	M	A	A	A
Candidato Experto 4	M	M	M	M	B	M
Candidato Experto 5	A	A	A	A	A	A
Candidato Experto 6	A	A	A	A	A	A
Candidato Experto 7	A	A	M	A	A	A
Candidato Experto 8	A	A	A	A	A	A
Candidato Experto 9	A	A	A	A	A	A
Candidato Experto 10	A	A	A	A	A	A
Candidato Experto 11	M	A	M	M	M	M
Candidato Experto 12	A	A	M	M	M	M
Candidato Experto 13	M	A	M	A	A	A
Candidato Experto 14	M	A	A	A	A	A
Candidato Experto 15	A	A	M	A	A	A
Candidato Experto 16	A	M	M	A	A	A
Candidato Experto 17	M	A	B	M	B	A
Candidato Experto 18	M	B	M	B	B	M
Candidato Experto 19	M	B	B	B	B	M
Candidato Experto 20	A	M	A	A	B	A
Candidato Experto 21	M	M	B	B	B	M
Candidato Experto 22	M	A	M	M	B	B
Candidato Experto 23	M	M	B	B	B	A
Candidato Experto 24	M	M	M	M	B	M
Candidato Experto 25	A	A	A	A	A	A

Fuente: Elaboración propia.

301

Apéndice 10: Resultados del Cálculo de Coeficiente de Argumentación Candidatos Expertos

Experto / Respuestas	P1	P2	P3	P4	P5	P6	Ka
Candidato Experto 1	0.30	0.50	0.05	0.05	0.05	0.05	**1.00**
Candidato Experto 2	0.30	0.37	0.04	0.03	0.03	0.02	**0.79**
Candidato Experto 3	0.30	0.50	0.04	0.05	0.05	0.05	**0.99**
Candidato Experto 4	0.20	0.37	0.04	0.04	0.02	0.02	**0.69**
Candidato Experto 5	0.30	0.50	0.05	0.05	0.05	0.05	**1.00**
Candidato Experto 6	0.30	0.50	0.05	0.05	0.05	0.05	**1.00**
Candidato Experto 7	0.30	0.50	0.04	0.05	0.05	0.05	**0.99**
Candidato Experto 8	0.30	0.50	0.05	0.05	0.05	0.05	**1.00**
Candidato Experto 9	0.30	0.50	0.05	0.05	0.05	0.05	**1.00**
Candidato Experto 10	0.30	0.50	0.05	0.05	0.05	0.05	**1.00**
Candidato Experto 11	0.20	0.50	0.04	0.04	0.03	0.02	**0.83**
Candidato Experto 12	0.30	0.50	0.04	0.04	0.03	0.02	**0.93**
Candidato Experto 13	0.20	0.50	0.04	0.05	0.05	0.05	**0.89**
Candidato Experto 14	0.20	0.50	0.05	0.05	0.05	0.05	**0.90**
Candidato Experto 15	0.30	0.50	0.04	0.05	0.05	0.05	**0.99**
Candidato Experto 16	0.30	0.37	0.04	0.05	0.05	0.05	**0.86**
Candidato Experto 17	0.20	0.50	0.03	0.04	0.02	0.05	**0.84**
Candidato Experto 18	0.20	0.30	0.04	0.03	0.02	0.02	**0.61**
Candidato Experto 19	0.20	0.30	0.03	0.03	0.02	0.02	**0.60**
Candidato Experto 20	0.30	0.37	0.05	0.05	0.02	0.05	**0.84**
Candidato Experto 21	0.20	0.37	0.03	0.03	0.02	0.02	**0.67**
Candidato Experto 22	0.20	0.50	0.04	0.04	0.02	0.02	**0.82**
Candidato Experto 23	0.20	0.37	0.03	0.03	0.02	0.05	**0.70**
Candidato Experto 24	0.20	0.37	0.04	0.04	0.02	0.02	**0.69**
Candidato Experto 25	0.30	0.50	0.05	0.05	0.05	0.05	**1.00**

Fuente: Elaboración propia.

Apéndice 11: Resultados del Cálculo del Coeficiente de Competencia de candidatos a expertos

Experto / Respuestas	Kc	Ka	(Kc + Ka)	Kcomp	Coef. Comp.
Candidato Experto 1	0.96	1.00	1.96	0.98	ALTO
Candidato Experto 2	0.40	0.79	1.19	0.60	MEDIO
Candidato Experto 3	0.19	0.99	1.18	0.59	MEDIO
Candidato Experto 4	0.79	0.69	1.48	0.74	MEDIO
Candidato Experto 5	0.94	1.00	1.94	0.97	ALTO
Candidato Experto 6	0.80	1.00	1.80	0.90	ALTO
Candidato Experto 7	0.85	0.99	1.84	0.92	ALTO
Candidato Experto 8	0.95	1.00	1.95	0.98	ALTO
Candidato Experto 9	0.88	1.00	1.88	0.94	ALTO
Candidato Experto 10	0.91	1.00	1.91	0.96	ALTO
Candidato Experto 11	0.74	0.83	1.57	0.78	ALTO
Candidato Experto 12	0.70	0.93	1.63	0.82	ALTO
Candidato Experto 13	0.81	0.89	1.70	0.85	ALTO
Candidato Experto 14	0.94	0.90	1.84	0.92	ALTO
Candidato Experto 15	0.83	0.99	1.82	0.91	ALTO
Candidato Experto 16	0.85	0.86	1.71	0.86	ALTO
Candidato Experto 17	0.74	0.84	1.58	0.79	ALTO
Candidato Experto 18	0.53	0.61	1.14	0.57	MEDIO
Candidato Experto 19	0.45	0.60	1.05	0.53	MEDIO
Candidato Experto 20	0.81	0.84	1.65	0.83	ALTO
Candidato Experto 21	0.49	0.67	1.16	0.58	MEDIO
Candidato Experto 22	0.70	0.82	1.52	0.76	ALTO
Candidato Experto 23	0.45	0.70	1.15	0.58	MEDIO
Candidato Experto 24	0.41	0.69	1.10	0.55	MEDIO
Candidato Experto 25	0.93	1.00	1.93	0.96	ALTO

Fuente: Elaboración propia.

Apéndice 12: Resultados de la valoración del Cálculo de Coeficiente de Competencia de los candidatos a expertos evaluados

Experto / Respuestas	Kcomp	Coeficiente Competencia
Candidato Experto 1	0.98	ALTO
Candidato Experto 2	0.60	MEDIO
Candidato Experto 3	0.59	MEDIO
Candidato Experto 4	0.74	MEDIO
Candidato Experto 5	0.97	ALTO
Candidato Experto 6	0.90	ALTO
Candidato Experto 7	0.92	ALTO
Candidato Experto 8	0.98	ALTO
Candidato Experto 9	0.94	ALTO
Candidato Experto 10	0.96	ALTO
Candidato Experto 11	0.78	ALTO
Candidato Experto 12	0.82	ALTO
Candidato Experto 13	0.85	ALTO
Candidato Experto 14	0.92	ALTO
Candidato Experto 15	0.91	ALTO
Candidato Experto 16	0.86	ALTO
Candidato Experto 17	0.79	ALTO
Candidato Experto 18	0.57	MEDIO
Candidato Experto 19	0.53	MEDIO
Candidato Experto 20	0.83	ALTO
Candidato Experto 21	0.58	MEDIO
Candidato Experto 22	0.76	ALTO
Candidato Experto 23	0.58	MEDIO
Candidato Experto 24	0.55	MEDIO
Candidato Experto 25	0.96	ALTO

Fuente: Elaboración propia.

Apéndice 13: Resultados de las Normativas para la integración TIC en las escuelas públicas

Sección A. Sector Educativo						
Preguntas		**Categorías**				
		Totalmente en desacuerdo (1)	En desacuerdo (2)	Ni de acuerdo Ni en desacuerdo (3)	De acuerdo (4)	Totalmente de acuerdo (5)
A1) El Ministerio de Educación tiene una política clara definida en cuanto a la integración TIC en la educación.	Cantidad de Respuestas	3	9	6	1	1
	Porcentaje	15.00%	45.00%	30.00%	5.00%	5.00%
A2) Está contenida claramente la integración TIC en el currículo.	Cantidad de Respuestas	7	8	1	2	2
	Porcentaje	35.00%	40.00%	5.00%	10.00%	10.00%
A3) Provee el Ministerio de Educación de herramientas digitales para el aprendizaje del Docente / Estudiante.	Cantidad de Respuestas	15	2	0	1	2
	Porcentaje	75.00%	10.00%	0.00%	5.00%	10.00%

Fuente: Elaboración propia a partir de los resultados de la aplicación del instrumento.

Apéndice 14: Resultados de la Gestión Administrativa e Infraestructura TIC

Sección B. Centro Educativo

B1) Gestión Administrativa

Preguntas		Perfil Tecnológico				
		Tecnología nula (0)	Tecnología Temprana (1)	Tecnología en Desarrollo (2)	Tecnología Avanzada (3)	Tecnología Objetivo (4)
B1_1) Gestión de la planificación.	Cantidad de Respuestas	17	3	0	0	0
	Porcentaje	85.00%	15.00%	0.00%	0.00%	0.00%
B1_2) Gestión del presupuesto.	Cantidad de Respuestas	18	2	0	0	0
	Porcentaje	90.00%	10.00%	0.00%	0.00%	0.00%
B1_3) Gestión de los fondos.	Cantidad de Respuestas	19	1	0	0	0
	Porcentaje	95.00%	5.00%	0.00%	0.00%	0.00%

B2) Infraestructura Tecnológica del Centro Educativo

Preguntas		Cantidades				
		(0) Computadoras	(1-5) Computadoras	(6-10) Computadoras	(11-20) Computadoras	(Más de 20) Computadoras
B2-1) Cantidad de computadoras para la gestión administrativa por centro.	Cantidad de Respuestas	0	19	1	0	0
	Porcentaje	0.00%	95.00%	5.00%	0.00%	0.00%
B2-2) Cantidad de computadoras para la instrucción.	Cantidad de Respuestas	11	4	1	2	2
	Porcentaje	55.00%	20.00%	5.00%	10.00%	10.00%

Preguntas		Cantidades		
		(0) No		(1) Si
B2-3) ¿Tiene el centro educativo conectividad a internet?	Cantidad de Respuestas	3		17
	Porcentaje	15.00%		85.00%

Preguntas		Perfil Tecnológico				
		Tecnología nula (0)	Tecnología Temprana (1)	Tecnología en Desarrollo (2)	Tecnología Avanzada (3)	Tecnología Objetivo (4)
B2-4) Pago del Internet	Cantidad de Respuestas	3	5	11	1	0
	Porcentaje	15.00%	25.00%	55.00%	5.00%	0.00%
B2-5) Porcentaje de oficinas administrativas y aulas disponibles para instrucción basada en TIC conectadas a internet.	Cantidad de Respuestas	20	0	0	0	0
	Porcentaje	100.00%	0.00%	0.00%	0.00%	0.00%
B2-6) Cantidad de estudiantes por computadora conectada a internet para instrucción.	Cantidad de Respuestas	15	0	2	3	0
	Porcentaje	75.00%	0.00%	10.00%	15.00%	0.00%

B2-7) Uso y disponibilidad de otras formas de tecnologías para la enseñanza.	Cantidad de Respuestas	5	14	1	0	0
	Porcentaje	25.00%	70.00%	5.00%	0.00%	0.00%
B2-8) Apoyo tecnológico instruccional.	Cantidad de Respuestas	19	0	1	0	0
	Porcentaje	95.00%	0.00%	5.00%	0.00%	0.00%
B2-9) Velocidad de la conexión a internet del centro educativo.	Cantidad de Respuestas	3	5	10	0	2
	Porcentaje	15.00%	25.00%	50.00%	0.00%	10.00%

Preguntas		Categorías				
		Muy deficiente (1)	Deficiente (2)	Regular (3)	Muy bueno (4)	Óptimo (5)
B2-10) Calidad del uso de la conexión a internet del centro educativo.	Cantidad de Respuestas	3	1	4	7	5
	Porcentaje	15.00%	5.00%	20.00%	35.00%	25.00%

Preguntas		Perfil Tecnológico				
		Tecnología nula (0)	Tecnología Temprana (1)	Tecnología en Desarrollo (2)	Tecnología Avanzada (3)	Tecnología Objetivo (4)
B2-11) Tiempo de respuesta a las necesidades de soporte técnico.	Cantidad de Respuestas	17	0	0	2	1
	Porcentaje	85.00%	0.00%	0.00%	10.00%	5.00%

Preguntas		Cantidades		
		(0) No		(1) Si
B2-12) ¿Cuenta el centro con algún plan de seguridad y sostenibilidad de los servicios tecnológicos ante cualquier eventualidad? (Plan de Seguridad y Plan de Contingencia)	Cantidad de Respuestas	20		0
	Porcentaje	100.00%		0.00%

Fuente: Elaboración propia a partir de los resultados de la aplicación del instrumento.

307

Apéndice 15: Resultados de las Competencias TIC del Docente

Sección C. Competencias TIC del Docente						
Preguntas		**Cantidades**				
		(0) **No**			**(1)** **Si**	
C1) ¿Ha tomado recientemente cursos de capacitación para la inclusión de las TIC en el contenido de sus clases? (Lengua española, Matemática, Ciencias Sociales, Ciencias Naturales, Educación Física, Educación Artística, Formación Integral Humana y Religiosa, inglés, francés)	**Cantidad de Respuestas**	50			130	
	Porcentaje	27.78%			72.22%	

Preguntas		**Categorías**				
		Nunca **(0)**	**Rara vez** **(1)**	**Pocas veces** **(2)**	**Casi siempre** **(3)**	**Siempre** **(4)**
C2) Uso de las TIC en la práctica docente. (Lengua española, Matemática, Ciencias Sociales, Ciencias Naturales, Educación Física, Educación Artística, Formación Integral Humana y Religiosa, Inglés, Francés)	**Cantidad de Respuestas**	145	14	17	2	2
	Porcentaje	80.56%	7.78%	9.44%	1.11%	1.11%

Preguntas		**Perfil Tecnológico**				
		Tecnología nula **(0)**	**Tecnología Temprana** **(1)**	**Tecnología en Desarrollo** **(2)**	**Tecnología Avanzada** **(3)**	**Tecnología Objetivo** **(4)**
C3) Uso de las TIC por parte de los docentes.	**Cantidad de Respuestas**	16	4	0	0	0
	Porcentaje	80.00%	20.00%	0.00%	0.00%	0.00%
C4) Porcentaje (%) del presupuesto tecnológico asignado al desarrollo profesional.	**Cantidad de Respuestas**	20	0	0	0	0
	Porcentaje	100.00%	0.00%	0.00%	0.00%	0.00%
C5) Comprensión y uso de contenidos digitales por parte de los educadores.	**Cantidad de Respuestas**	6	14	0	0	0
	Porcentaje	30.00%	70.00%	0.00%	0.00%	0.00%

Fuente: Elaboración propia a partir de los resultados de la aplicación del instrumento.

Apéndice 16: Resultados de la metodología para la enseñanza basada en TIC

Sección D. Metodología para la enseñanza basada en TIC

Preguntas		Perfil Tecnológico				
		Tecnología nula (0)	Tecnología Temprana (1)	Tecnología en Desarrollo (2)	Tecnología Avanzada (3)	Tecnología Objetivo (4)
D1) Formato del contenido.	Cantidad de Respuestas	18	2	0	0	0
	Porcentaje	90.00%	10.00%	0.00%	0.00%	0.00%

Preguntas		Categorías				
		Nunca (0)	Rara vez (1)	Pocas veces (2)	Casi siempre (3)	Siempre (4)
D2) ¿Ha creado material didáctico digital para sus clases? (Lengua española, Matemática, Ciencias Sociales, Ciencias Naturales, Educación Física, Educación Artística, Formación Integral Humana y Religiosa, Inglés, Francés)	Cantidad de Respuestas	177	1	0	0	2
	Porcentaje	98.33%	0.56%	0.00%	0.00%	1.11%

Preguntas		Perfil Tecnológico				
		Tecnología nula (0)	Tecnología Temprana (1)	Tecnología en Desarrollo (2)	Tecnología Avanzada (3)	Tecnología Objetivo (4)
D3) Papel del educador y grado en que el contenido digital se integra en la instrucción.	Cantidad de Respuestas	13	7	0	0	0
	Porcentaje	65.00%	35.00%	0.00%	0.00%	0.00%
D4) Uso que hacen los estudiantes del contenido digital en el proceso de aprendizaje.	Cantidad de Respuestas	16	4	0	0	0
	Porcentaje	80.00%	20.00%	0.00%	0.00%	0.00%
D5) Porcentaje de estudiantes que utilizan contenido digital.	Cantidad de Respuestas	16	4	0	0	0
	Porcentaje	80.00%	20.00%	0.00%	0.00%	0.00%
D6) Frecuencia del uso del contenido digital por parte de los estudiantes.	Cantidad de Respuestas	16	4	0	0	0
	Porcentaje	80.00%	20.00%	0.00%	0.00%	0.00%
D7) Asignación de presupuesto de contenido para la compra de contenido digital.	Cantidad de Respuestas	20	0	0	0	0
	Porcentaje	100.00%	0.00%	0.00%	0.00%	0.00%
D8) Evaluaciones.	Cantidad de Respuestas	20	0	0	0	0
	Porcentaje	100.00%	0.00%	0.00%	0.00%	0.00%

Fuente: Elaboración propia a partir de los resultados de la aplicación del instrumento.

Apéndice 17: Resultados competencias TIC en estudiantes

Sección E. Competencias TIC en Estudiantes						
Preguntas		**Perfil Tecnológico**				
		Tecnología nula (0)	Tecnología Temprana (1)	Tecnología en Desarrollo (2)	Tecnología Avanzada (3)	Tecnología Objetivo (4)
E1) Aula del Siglo XXI en el centro educativo.	Cantidad de Respuestas	18	2	0	0	0
	Porcentaje	90.00%	10.00%	0.00%	0.00%	0.00%
E2) Equidad de acceso.	Cantidad de Respuestas	16	4	0	0	0
	Porcentaje	80.00%	20.00%	0.00%	0.00%	0.00%
E3) Uso que hacen los estudiantes de las TIC en el proceso de aprendizaje.	Cantidad de Respuestas	18	2	0	0	0
	Porcentaje	90.00%	10.00%	0.00%	0.00%	0.00%
E4) Alcance Comunitario.	Cantidad de Respuestas	20	0	0	0	0
	Porcentaje	100.00%	0.00%	0.00%	0.00%	0.00%
Preguntas		**Categorías**				
		Totalmente en desacuerdo (1)	En desacuerdo (2)	Ni de acuerdo Ni en desacuerdo (3)	De acuerdo (4)	Totalmente de acuerdo (5)
E5) ¿Está preparada la comunidad para el uso de las TIC en el contexto educativo?	Cantidad de Respuestas	9	10	1	0	0
	Porcentaje	45.00%	50.00%	5.00%	0.00%	0.00%

Fuente: Elaboración propia a partir de los resultados de la aplicación del instrumento.

Apéndice 18: Etapas y contenido de las instrucciones metodológicas propuestas

Etapa I: Diagnóstico		
Objetivo: Identificar el estado de situación en que se encuentra la integración de las TIC en el proceso de enseñanza y aprendizaje, realizando un diagnóstico que permita evaluar la situación del avance del proceso.		
Acciones	**Métodos, Herramientas**	**Resultados**
• Diagnosticar el nivel de integración de las TIC en la EPEP de República Dominicana. • Establecer el perfil tecnológico de la escuela pública.	• Aplicación del instrumento diseñado para categorizar el nivel de madurez del centro educativo. • Análisis documental del informe sobre el estado de avance.	• Estado de avance del nivel en que se encuentra la integración de las TIC. • Indicadores a cumplir para elevar el nivel de madurez de integración TIC en los centros.
Etapa II: Planificación		
Objetivo: Potenciar el proceso de integración de las TIC en la EPEP definiendo la planificación estratégica con sus objetivos y metas a lograr a partir de los resultados encontrados en el diagnóstico inicial.		
Acciones	**Métodos, Herramientas**	**Resultados**
• Definir políticas claras y los cambios organizacionales necesarios. • Planificar los objetivos a lograr (metas, indicadores, entregables). • Determinar los roles, funciones y responsabilidades de los actores participantes. • Definir las necesidades de capacitación. • Determinar el soporte técnico requerido. • Establecer el cronograma con el tiempo de ejecución y los recursos necesarios.	• Observación participante. • Grupos focales. • Análisis de campos de fuerza. • Diagrama de causa / efecto. • Análisis de riesgos.	• Estrategia a llevar a cabo para potenciar la integración de las TIC en la EPEP. • Cronograma y asignación de recursos. • Roles, funciones y responsabilidades definidas, asociadas al modelo. • Plan de capacitación a docentes para potenciar la integración de las TIC en las metodologías de enseñanza. • Informe sobre el tratamiento a los riesgos identificados y los posibles controles a ser aplicados.

• Identificar los riesgos que pudieran atentar contra el logro de los objetivos planificados, y cómo serán tratados.		

Etapa III: Aprobación

Objetivo: Presentar la propuesta del modelo a la Comisión Académica para su aprobación con miras a proceder con la etapa de ejecución de lo planificado.

Acciones	Métodos, Herramientas	Resultados
• Presentación del proyecto al Ministro de Educación y demás autoridades pertinentes del sistema de educación de República Dominicana. • Aprobación del proyecto por el Ministro de Educación de República Dominicana.	• Reuniones con la Comisión Académica para exponer el modelo.	• Compromiso del Ministerio de Educación para la implementación del modelo para potenciar la integración de las TIC en la EPEP en República Dominicana, y la asignación de los recursos necesarios.

Etapa IV: Ejecución

Objetivo: Aplicar el modelo en los centros educativos para su interacción con el entorno tecnológico.

Acciones	Métodos, Herramientas	Resultados
• Implementación de los cambios organizacionales, implementación de las TIC en el proceso de enseñanza / aprendizaje, desarrollo de las capacitaciones necesarias para asegurar la integración de las herramientas tecnológicas en el aula. • Monitoreo y control de la implementación de acuerdo a lo planificado.	• Equipamiento de los centros educativos. • Aprovisionamiento de herramientas tecnológicas. • Cursos de capacitación para desarrollar las competencias TIC en los docentes y puedan integrarlas a las metodologías de enseñanza y aprendizaje. • Integración del entorno social a través de cursos de capacitación y la mejora de sus condiciones.	• Integración de las TIC en el proceso de enseñanza y aprendizaje en la educación primaria en escuelas públicas de la República Dominicana. • Docentes con las competencias que permitan viabilizar el proceso de integración. • Mejora de las condiciones sociales del entorno para garantizar la integración.

Etapa V: Evaluación

Objetivo: Evaluar el nivel de avance de la integración de las TIC en la EPEP mediante indicadores definidos en la etapa de diseño.		
Acciones	**Métodos, Herramientas**	**Resultados**
• Evaluación del nivel de integración de las TIC en la educación primaria en escuelas públicas de República Dominicana. • Evaluación del impacto de la aplicación del modelo en el sistema de educación de Rep. Dominicana, y las mejoras que requiere (en caso de ser necesario) para garantizar el proceso de integración de las TIC en la educación primaria en escuelas públicas de Rep. Dominicana.	• Aplicación del instrumento diseñado para diagnosticar el nivel de integración de las TIC en los centros educativos. • Análisis documental de informes de los Directores de Regionales y Distritos Educativos con relación al estado de avance de la integración de las TIC en la educación.	• Estado actual del cumplimiento del modelo. • Constatación del nivel de avance del proceso de integración de las TIC en la educación. • Nuevos requerimientos. • Plan de mejora.

Apéndice 19: Gráfico de las etapas de implementación del modelo para potenciar la integración de las TIC en la educación primaria en escuelas públicas de República Dominicana

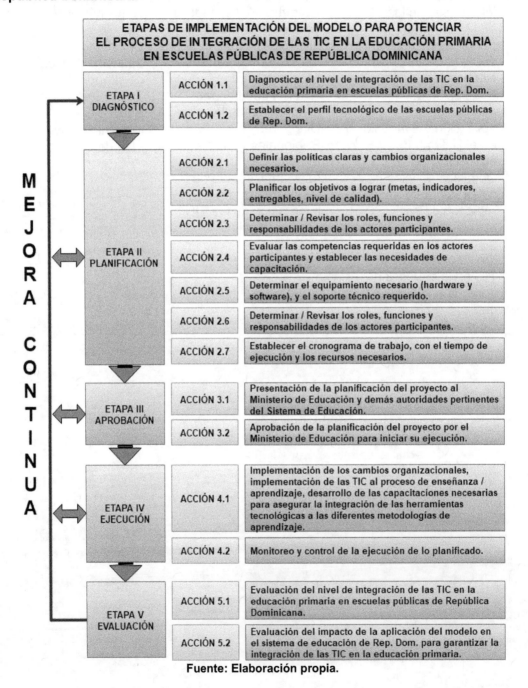

Fuente: Elaboración propia.

Anexo 1: Características de los modelos de aprendizaje y su relación con las TIC

Modelo Pedagógico	Características	Inclusión de las TIC en el modelo
Cognitivo	Capacidades mentales: percepción, atención, aprendizaje y memoria, comunicación, comprensión y razonamiento.	El uso del "campus virtual" puede apoyar determinados procesos mentales de los estudiantes, como la memoria, que le proporciona datos para comparar diversos puntos de vista, simulador donde probar hipótesis, entorno social para colaborar con otros, proveedor de herramientas que facilitan la articulación y representación de conocimientos.
Conductista	Evolución del usuario en la conducta operativa: estímulo y respuesta.	La operación de un software para realizar diagramación.
Constructivista	Construcción de contenidos de aprendizaje.	Trabajar con recursos como los wikis.
Aprendizaje basado en resolución de problemas	Desarrollar el pensamiento del individuo para lograr la resolución de problemas de casos de la vida real.	El uso de la programación y la robótica en los niños a temprana edad permite desarrollar las competencias de dar solución a casos complejos de la vida real.

Fuente: Recreado de Ávila y Riascos (2011).

Anexo 2: Evolución presupuestaria del Ministerio de Educación de República Dominicana

Período	Presupuesto MINERD en Millones de RD$	Presupuesto MINERD en Millones de USD	Porcentaje del PIB Corriente	Gasto en Función Educación como porcentaje PIB
2004	12,778	305	1.51%	1.66%
2005	17,091	564	1.73%	1.69%
2006	19,860	596	1.75%	1.80%
2007	24,932	749	1.82%	2.15%
2008	26,789	776	1.79%	2.24%
2009	33,359	927	1.82%	2.33%
2010	37,428	1,032	1.89%	2.26%
2011	45,832	1,200	2.25%	2.47%
2012	58,524	1,452	2.46%	3.00%
2013	99,648	2,491	4.00%	4.40%
2014	109,170	2,611	4.00%	4.40%
2015	119,363	2,688	4.00%	4.40%
2016	129,874	2,751	4.00%	4.40%
2017	142,999	2,964	4.00%	4.40%
2018	153,495	3,059	4.00%	4.40%

Fuente: Recreado de MINERD (2018).

Anexo 3: Características de los diferentes estándares internacionales

Estándar	Objetivo	Enfoque	Dimensiones
ISTE	Dotar al docente de referencias para la creación de ambientes más interactivos de aprendizaje.	Se basa en las destrezas técnicas y pedagógicas, organizados en un itinerario, que incluye una formación escolar y finaliza con una formación a lo largo de la vida.	Las áreas que considera este estándar incluyen: • Manejo Tecnológico Operativo (básico y de Productividad). • Diseño de ambientes de Aprendizaje. • Vinculación TIC con el Currículo. • Evaluación de Recursos y Aprendizajes. • Mejoramiento profesional. • Ética y Valores.
INTEL	Ayudar a que los docentes tengan referencias y orientaciones para integrar de manera efectiva, el uso de TIC en los programas de estudios y el proceso de aprendizaje con estudiantes.	Se sustenta en un conjunto de módulos de formación, que conllevan niveles y tipo de aprendizajes que integran el uso de las TIC y el desarrollo curricular, mediante un proceso permanente de elaboración por parte del docente.	Las áreas que consideran este estándar son: • Manejo tecnológico operativo (básico y de productividad). • Diseño de ambientes de aprendizaje. • Vinculación TIC con el currículo. • Evaluación de usos y aprendizajes. • Mejoramiento profesional. • Ética y valores.
QTS	Establecido como una referencia de un currículo nacional para la FID en el Reino Unido. Se centra en articular las áreas curriculares como el inglés, matemáticas, ciencias y aprendizaje propio de las TIC.	Se organizan en torno a tres ejes temáticos que implican conocer, enseñar y reflexionar sobre la práctica profesional.	Las áreas que considera este estándar incluyen: • Manejo Tecnológico Operativo (básico y de Productividad). • Diseño de Ambientes de Aprendizaje. • Vinculación TIC con el Currículo. • Evaluación de uso y Aprendizajes. • Mejoramiento Profesional.

European Pedagogical ICT	Busca la acreditación pedagógica, del nivel de los docentes y el uso de las TIC, con miras a contribuir una mejora en las prácticas docentes.	Integra una perspectiva operativa y una pedagógica, para lo cual se basa en el desarrollo y adaptación de propuestas contextualizadas en el aula. Su modalidad de trabajo está organizada en módulos obligatorios y opcionales, de carácter virtual.	Las áreas que consideran este estándar incluyen: • Manejo Tecnológico Operativo (básico y de Productividad). • Vinculación TIC con currículo. • Evaluación de usos y aprendizajes. • Mejoramiento profesional.
INSA	Mejora la formación continua de los docentes desde la propia práctica, facilitando la orientación para propuestas de innovación con TIC.	Articula objetivos curriculares con aquellos operativos, en torno a desempeños más centrados en lo cognitivo y su concreción en actividades con alumnos.	Las áreas que consideran este estándar incluyen: • Manejo Tecnológico Operativo (básico y de Productividad). • Diseño de ambientes de aprendizaje. • Vinculación TIC con el currículo. • Evaluación de uso y aprendizajes. • Mejoramiento profesional. • Ética y valores.
AUSTRALIA	Establecer qué tipo de destrezas y habilidades debe poseer un docente, al ingresar al sistema educativo.	Se consideran las categorías operativas y pedagógicas,desglosadas por habilidades de uso y de toma de decisiones, en un contexto formador.	Las áreas que consideran este estándar incluyen: • Manejo Tecnológico Operativo (básico y de Productividad). • Diseño de ambientes de aprendizajes. • Vinculación TIC con el currículo. • Evaluación de uso de aprendizajes. • Mejoramiento profesional. • Ética y valores.

Fuente: Recreado de Silva Quiroz, et al. (2006, pp.5-6)

318

Anexo 4: Conectar 2020: Metas y Objetivos

META	OBJETIVOS
META 1: Crecimiento – Permitir y fomentar el acceso a las telecomunicaciones/TIC y aumentar su utilización	• Objetivo 1.1: Mundial, el 55% de los hogares deberían tener acceso a Internet en 2020. • Objetivo 1.2: Mundial, el 60% de las personas físicas deberían poder utilizar Internet en 2020. • Objetivo 1.3: Mundial, las telecomunicaciones/TIC deberían ser 40% más asequibles en 2020.
META 2: Integración – Reducir la brecha digital y lograr el acceso universal a la banda ancha.	• Objetivo 2.1.A: En los países en desarrollo, el 50% de los hogares deberían tener acceso a Internet en 2020. • Objetivo 2.1.B: En los Países Menos Adelantados (PMA), el 15% de los hogares deberían tener acceso a Internet en 2020. • Objetivo 2.2.A: En los países en desarrollo, el 50% de las personas físicas deberían utilizar Internet en 2020. • Objetivo 2.2.B: En los Países Menos Adelantados (PMA), el 20% de las personas físicas deberían utilizar Internet en 2020. • Objetivo 2.3.A: La brecha de la asequibilidad entre países desarrollados y en desarrollo debería haberse reducido en 40% en 2020. • Objetivo 2.3.B: Los servicios de banda ancha no deberían costar más de 5% del ingreso mensual medio en los países en desarrollo en 2020. • Objetivo 2.4: Mundial, los servicios de banda ancha deberían abarcar al 90% de la población rural en 2020. • Objetivo 2.5.A: La igualdad de género entre los usuarios de Internet debería haberse alcanzado en 2020. • Objetivo 2.5.B: Deberían establecerse unos entornos propicios que garanticen unas telecomunicaciones/TIC accesibles para las personas con discapacidad en todos los países en 2020.
META 3: Sostenibilidad – Resolver las dificultades que plantee el desarrollo de las telecomunicaciones / TIC.	• Objetivo 3.1: La preparación para la ciberseguridad debería haber mejorado en 40% en 2020. • Objetivo 3.2: El volumen de residuos electrónicos redundantes debería haberse reducido en 50% en 2020. • Objetivo 3.3: Las emisiones de gases de efecto invernadero generados por el sector de las telecomunicaciones/TIC deberían haber disminuido en 30% por dispositivo en 2020.
META 4: Innovación y asociación – Dirigir, mejorar y adaptarse a los cambios del entorno de las telecomunicaciones / TIC.	• Objetivo 4.1: Entorno de las telecomunicaciones/TIC propicio a la innovación. • Objetivo 4.2: Asociaciones efectivas de interesados en el entorno de las telecomunicaciones/TIC.

Fuente: Recreación de UIT (2014).

Anexo 5: Ejes y Objetivos Generales de la Ley 1-12

Ejes Estratégicos	Objetivos Generales
Primer Eje que procura un Estado Social Democrático de Derecho.	**Un Estado social y democrático de derecho, con instituciones que actúan con ética, transparencia y eficacia al servicio de una sociedad responsable y participativa, que garantiza la seguridad y promueve la equidad, la gobernabilidad, la convivencia pacífica y el desarrollo nacional y local.** • Objetivo General 1.1. Administración pública eficiente, transparente y orientada a resultados. • Objetivo General 1.2. Imperio de la ley y seguridad ciudadana. • Objetivo General 1.3. Democracia participativa y ciudadanía responsable. • Objetivo General 1.4. Seguridad y convivencia pacífica.
Segundo Eje, que procura una Sociedad con Igualdad de derechos y oportunidades.	**Una sociedad con igualdad de derechos y oportunidades, en la que toda la población tiene garantizada educación, salud, vivienda digna y servicios básicos de calidad, y que promueve la reducción progresiva de la pobreza y la desigualdad social y territorial.** • Objetivo General 2.1. Educación de calidad para todos y todas. • Objetivo General 2.2. Salud y seguridad social integral. • Objetivo General 2.3. Igualdad de derechos y oportunidades. • Objetivo General 2.4. Cohesión territorial. • Objetivo General 2.5. Vivienda digna en entornos saludables. • Objetivo General 2.6. Cultura e identidad nacional en un mundo global. • Objetivo General 2.7. Deporte y recreación física para el desarrollo humano.
Tercer Eje, que procura una Economía sostenible, integradora y competitiva.	**Una economía territorial y sectorialmente integrada, innovadora, diversificada, plural, orientada a la caliad y ambientalmente sostenible, que crea y desconcentra la riqueza, genera crecimiento alto y sostenido con equidad y empleo digno, y que aprovecha y potencia las oportunidades del mercado local y se inserta de forma competitiva en la economía global.** • Objetivo General 3.1. Economía articulada, innovadora y ambientalmente sostenible, con una estructura productiva que genera crecimiento alto y sostenido, con trabajo digno, que se inserta de forma competitiva en la economía global. • Objetivo General 3.2. Energía confiable, eficiente y ambientalmente sostenible. • Objetivo General 3.3. Competitividad e innovación en un ambiente favorable a la cooperación y la responsabilidad social. • Objetivo General 3.4. Empleos suficientes y dignos. • Objetivo General 3.5. Estructura productiva sectorial y territorialmente articulada, integrada competitivamente a la economía global y que aprovecha las oportunidades del mercado local.
Cuarto Eje, que procura una Sociedad de Producción y Consumo Ambientalmente sostenibles, que adapta al cambio climático.	Una sociedad con cultura de producción y consumo sostenibles, que gestiona con equidad y eficacia los riesgos y la protección del medio ambiente y los recursos naturales y promueve una adecuada adaptación al cambio climático. • Objetivo General 4.1. Manejo sostenible del medio ambiente. • Objetivo General 4.2. Eficaz gestión de riesgos para minimizar pérdidas humanas económicas y ambientales. • Objetivo General 4.3. Adecuada adaptación al cambio climático.

Fuente: Recreado de MEPyD (2016).

Anexo 6: Ley 1-12 / Objetivo General 2.1 – Educación de Calidad para Todos

Objetivos Específicos	Líneas de Acción
2.1.1 Implantar y garantizar un sistema educativo nacional de calidad, que capacite para el aprendizaje continuo a lo largo de la vida, propicie el desarrollo humano y un ejercicio progresivo de ciudadanía responsable, en el marco de valores morales y principios éticos consistentes con el desarrollo sostenible y la equidad de género.	• 2.1.1.1 Impulsar la modernización institucional del sistema educativo público a todos los niveles de gestión (escuela, distrito educativo, regional de educación y Sede Central), tomando como foco de atención el centro educativo, con el propósito de producir una desconcentración progresiva hacia el nivel local que permita mejorar la eficacia y eficiencia del sistema educativo. • 2.1.1.2 Programar los recursos presupuestarios del Ministerio de Educación sobre la base de la proyección de la demanda de servicios educativos públicos preuniversitarios y del costo por estudiantes según niveles, consistente con los requerimientos para proveer una educación integral y de calidad. • 2.1.1.3 Asignar los recursos financieros a los centros educativos públicos sobre la base de asegurar la correspondencia entre la población servida y recursos percibidos por centro, para contribuir a un eficaz proceso de desconcentración de la gestión y al aumento de la calidad educativa. • 2.1.1.4 Fortalecer la formación, profesionalización y capacitación en el servicio de los docentes y los formadores de docentes de la educación pública, con miras a dotarlos de las destrezas y habilidades para impartir una formación de calidad. • 2.1.1.5 Crear una instancia, regulada por el órgano rector del sistema de educación, que tenga la responsabilidad de aplicar un sistema de certificación y recertificación de la idoneidad del personal docente, técnico-docente y administrativo y administrativo-docente para un sistema educativo de calidad. • 2.1.1.6 Revalorizar la profesión docente, mediante un sistema de evaluación de desempeño y el consecuente mecanismo de incentivos económicos y reconocimiento moral. • 2.1.1.7 Revisar periódicamente los currículos de todos los niveles preuniversitarios y asegurar su plena implementación como guía del diario quehacer de las escuelas, con el fin de garantizar su pertinencia con el desarrollo de capacidades para el aprendizaje continuo, y la formación en valores y principios éticos, incluyendo los vinculados al desarrollo sostenible, la gestión de riesgos, los derechos humanos, la igualdad y la equidad de género, la ciudadanía responsable y la convivencia pacífica. • 2.1.1.8 Fortalecer la enseñanza de las ciencias, tecnologías de la información y la comunicación y las lenguas como vía para insertarse en la sociedad del conocimiento.

	• 2.1.1.9 Fomentar una cultura de investigación y desarrollo de la creatividad desde la enseñanza básica y media.
	• 2.1.1.10 Aplicar un sistema de monitoreo, evaluación y sanciones que garantice el cumplimiento de las actividades docentes, el calendario y el horario oficial de clases.
	• 2.1.1.11 Establecer un sistema de monitoreo y evaluación del logro de los objetivos pedagógicos de acuerdo a estándares internacionales, y de identificación de buenas prácticas y limitaciones en el proceso de enseñanza-aprendizaje, con miras a introducir mejoras continuas en el sistema educativo y en la formación profesional.
	• 2.1.1.12 Fortalecer el Instituto Dominicano de Evaluación e Investigación de Calidad Educativa (IDEICE), como organismo autónomo, con independencia técnica, financiera y de gestión, para poner en marcha el Sistema Nacional de Evaluación de la Calidad de la Educación que, mediante una adecuada reglamentación, asegure la realización de evaluaciones regulares, con objetividad, rigor técnico y transparencia, que sirvan de instrumento para corregir, modificar, adicionar, reorientar o suspender las acciones de la política educativa.
	• 2.1.1.13 Promover la participación de niños, niñas y adolescentes, padres y madres, comunidades, instituciones y gobiernos locales como actores comprometidos en la construcción de una educación de calidad.
	• 2.1.1.14 Fomentar el uso de las TIC como herramienta de gestión del sistema educativo.
	• 2.1.1.15 Fortalecer la función de rectoría del Ministerio de Educación, mediante la concentración de sus esfuerzos en la ejecución de sus funciones centrales y el traspaso de las funciones no educativas a otros organismos gubernamentales especializados.
	• 2.1.1.16 Fortalecer y desarrollar el sistema de supervisión distrital para promover el acompañamiento moral y técnico de los docentes.
	• 2.1.1.17 Estimular la inversión privada sin fines de lucro en el fortalecimiento del sistema educativo.
2.1.2 Universalizar la educación desde el nivel inicial hasta completar el nivel medio, incluyendo niños y niñas sin documentación.	• 2.1.2.1 Proveer en todo el territorio nacional la infraestructura física adecuada, la dotación de recursos pedagógicos, tecnológicos y personal docente que posibiliten la universalización de una educación de calidad desde los 3 años de edad hasta concluir el nivel medio.
	• 2.1.2.2 Brindar apoyo especial a estudiantes con dificultades de aprendizaje o discapacidad, a fin de reducir las tasas de sobre-edad, repitencia y deserción.

	• 2.1.2.3 Diversificar la oferta educativa, incluyendo la educación técnico profesional y la escolarización de adultos, para que respondan a las características de los distintos grupos poblacionales, incluidas las personas con necesidades especiales y capacidades excepcionales y a los requerimientos del desarrollo regional y sectorial, brindando opciones de educación continuada, presencial y virtual.

Fuente: Recreado de MEPyD (2016).

Anexo 7: Metas de la Cumbre Mundial de la Sociedad de la Información para conectar a escuelas primarias y secundarias

METAS	INDICADORES DE MEDICIÓN
META 2. Utilizar las TIC para conectar las escuelas primarias y secundarias.	1. Proporción de escuelas que cuentan con una radio para uso pedagógico. 2. Proporción de escuelas que cuentan con un televisor para uso pedagógico. 3. Ratio de alumnos por computadora. 4. Proporción de escuelas con acceso a Internet, por tipo de acceso.
META 7. Adaptar los planes de estudio de las escuelas primarias y secundarias al cumplimiento de los objetivos de la Sociedad de la Información, teniendo en cuenta las circunstancias de cada país	1. Proporción de docentes calificados en TIC en las escuelas. 2. Proporción de docentes capacitados para enseñar materias mediante el uso de TIC. 3. Proporción de establecimientos educativos con enseñanza asistida por computadora (EAC). 4. Proporción de establecimientos educativos con enseñanza asistida por Internet (EAI).

Fuente: Recreado de UNESCO (2013).

Anexo 8: Estrato de las escuelas públicas de la República Dominicana

Tanda	Cantidad
Completa	110
Jornada Extendida	3,729
Matutina	3,405
Matutina / Nocturna	2
Matutina / Vespertina	2,399
Matutina / Vespertina / Nocturna	4
Nocturna	795
Nocturna / Semi Presencial	7
Semi Presencial	440
Vespertina	394
TOTAL DE CENTROS	**11,285**

Fuente: Recreado de Datos Abiertos (2018).

www.ingramcontent.com/pod-product-compliance
Lightning Source LLC
LaVergne TN
LVHW081515050326
832903LV00025B/1495